Strackee
bouwadviesbureau

Constructieve vormgeving
met oog voor detail

102 Friends woningen in de Houthavens in Amsterdam
Architect: M3H Architecten
Opdrachtgever: Lieven de Key
Uitvoering: Bouwbedrijf Hillen & Roosen
Fotograaf: Roos Aldershoff Fotografie

3 woonensembles met elk acht woningen in Heemskerk
Architect: Marlies Rohmer Architecture & Urbanism
Opdrachtgever: Gemeente Heemskerk/
Bouwbedrijf M.J. de Nijs en Zonen
Uitvoering: Bouwbedrijf M.J. de Nijs en Zonen
Fotograaf: Roos Aldershoff Fotografie

Met 28 enthousiaste collega's is Bouwadviesbureau Strackee een middelgroot ingenieursbureau in Amsterdam. Wij adviseren met name op het gebied van binnenstedelijk bouwen waarbij duurzaamheid, constructieve detaillering en heldere communicatie speerpunten van beleid zijn.

Ons team bestaat uit ervaren adviseurs, projectleiders, constructeurs en modelleurs. Onze deskundigheid zetten wij in op het gebied van herbestemming van bestaande gebouwen, (bij uitstek duurzaam), restauraties van monumenten, en nieuwbouw.

De woningbouwprojecten Lariks van M3H architecten en Apart Together van Marlies Rohmer Architecture & Urbanism onderscheiden zich door een zorgvuldige metselwerk detaillering waarin de constructie faciliteert. Gecombineerd met onze projecten op het gebied van herbestemmingen, restauraties en onderwijsgebouwen is het tekenend voor de spreiding in ons portfolio.

Wij feliciteren de architecten, opdrachtgevers en bouwers met het mooie resultaat!

dK

WE GO BEYOND · WE GO BEYOND · WE GO BEYOND

Discover our new website
printing.diekeure.be

printing@diekeure.be ———— @diekeureprinting

Pieters Bouwtechniek bestaat dit jaar 50 jaar. Wij zijn uw betrokken partner in constructieadvies. Graag danken we al onze samenwerkingspartners voor het vertrouwen dat zij de afgelopen 50 jaar in Pieters hebben gesteld.

Pieters 50

www.pietersbouwtechniek.nl

Question the predictable
Stand for innovation

Wij zijn een advies- en ingenieursbureau met grensverleggende experts die dagelijks werken aan een toekomstbestendige leefomgeving.

- Paleis Het Loo -

Een toekomstgerichte visie omgezet in een constructief ontwerp, met een focus op duurzaamheid en lange levensduur.

*Samen geven we vorm
aan de toekomst.*

wsp.com/nl

Architectuur
in Nederland

Architecture in
the Netherlands

Jaarboek

Yearbook

2023 | 2024

Redactie

Uri Gilad
Stephan Petermann
Annuska Pronkhorst

Editors

nai010 uitgevers

nai010 publishers

Teksten | Texts

Projecten | Projects

Appendix

Omslagfoto Cover photo
Pim Top – Shift architecture urbanism, Domūs Houthaven, Amsterdam

Deze uitgave wordt mede gefinancierd door advertenties van de volgende bedrijven
This publication was partly financed through advertisements from the following companies

ABT (omslag/cover)
Strackee (1)
Trespa International (2)
DGMR (3)
Die Keure (4)
Pieters Bouwtechniek (5)
WSP (6)
Vorm (173)
Zonneveld Ingenieurs (174)
MWPO (175)
Valstar Simonis Adviseurs Installatietechniek(176)
Reynaers Aluminium (omslag/cover)

Woord vooraf

Uri Gilad, Stephan Petermann en Annuska Pronkhorst

Preface

Uri Gilad, Stephan Petermann and Annuska Pronkhorst

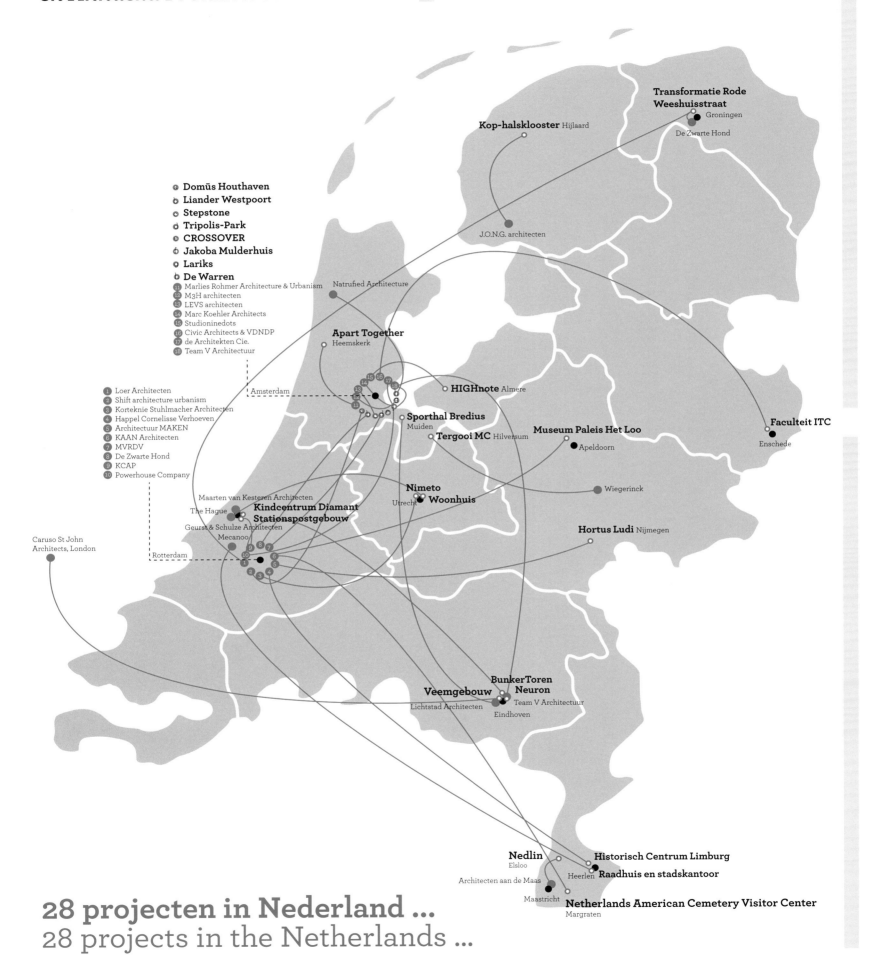

ⓐ **Domūs Houthaven**
ⓑ **Liander Westpoort**
ⓒ **Stepstone**
ⓓ **Tripolis-Park**
ⓔ **CROSSOVER**
ⓕ **Jakoba Mulderhuis**
ⓖ **Lariks**
ⓗ **De Warren**
⑪ Marlies Rohmer Architecture & Urbanism
⑫ M3H architecten
⑬ LEVS architecten
⑭ Marc Koehler Architects
⑮ Studioninedots
⑯ Civic Architects & VDNDP
⑰ de Architekten Cie.
⑱ Team V Architectuur

① Loer Architecten
② Shift architecture urbanism
③ Korteknie Stuhlmacher Architecten
④ Happel Cornelisse Verhoeven
⑤ Architectuur MAKEN
⑥ KAAN Architecten
⑦ MVRDV
⑧ De Zwarte Hond
⑨ KCAP
⑩ Powerhouse Company

Amsterdam

Maarten van Kesteren Architecten

The Hague

Geurst & Schulze Architecten
Mecanoo

Caruso St John
Architects, London

Rotterdam

Transformatie Rode Weeshuisstraat Groningen
De Zwarte Hond

Kop-halsklooster Hijlaard

J.O.N.G. architecten

Natrufied Architecture

Apart Together
Heemskerk

HIGHnote Almere

Sporthal Bredius
Muiden

Tergooi MC Hilversum

Museum Paleis Het Loo
Apeldoorn

Faculteit ITC
Enschede

Wiegerinck

Nimeto
Woonhuis
Utrecht

Hortus Ludi Nijmegen

Kindcentrum Diamant
Stationspostgebouw

Veemgebouw
Lichtstad Architecten

BunkerToren
Neuron
Team V Architectuur
Eindhoven

Nedlin
Elsloo

Architecten aan de Maas

Maastricht

Historisch Centrum Limburg
Heerlen **Raadhuis en stadskantoor**

Netherlands American Cemetery Visitor Center
Margraten

28 projecten in Nederland ...
28 projects in the Netherlands ...

Het *Jaarboek Architectuur in Nederland 2023–2024* is door een gedeeltelijk nieuwe redactie gemaakt. De scherpe pennen van Teun van den Ende en Arna Mačkić maakten plaats voor die van Stephan Petermann en Annuska Pronkhorst. Uri Gilad bleef als Jaarboek-routinier in het team en zorgt voor de nodige continuïteit. Aangevuld met de vaste kracht van beeldredacteur Ingrid Oosterheerd bezochten we met zijn vieren in het najaar van 2023 stad en land op zoek naar de staat en stand van de Nederlandse architectuur. Het resultaat van onze bevindingen tijdens deze expeditie kreeg vorm in dit Jaarboek.

Voor de gestaalde Jaarboeklezer kent deze editie, naast de redactiewisseling, een aantal wijzigingen in vorm en inhoud. Daarom deze korte *tour d'horizon*. Voorafgaand aan de 28 projecten die in het Jaarboek worden gepresenteerd, onderzoekt de redactie in het introducerende essay 'De 99,85 procent' wat bouwend Nederland in het afgelopen jaar heeft opgeleverd. Statistiek vormt het belangrijkste instrument voor het vaststellen van ijkpunten om de Jaarboekselectie van slechts 0,15 procent van de totale bouwproductie te duiden. Infographics vergelijken de geselecteerde projecten op basis van belangrijke criteria als duurzaamheid, geografische spreiding, budget en teamsamenstelling. In het essay 'De resterende 0,15 procent' wordt vervolgens ingezoomd en gereflecteerd op de projecten die uiteindelijk voor dit Jaarboek werden geselecteerd. Welke tendensen en ontwikkelingen vielen ons dit jaar op en welke thema's vinden wij relevant? Niet geheel onverwacht eisen duurzaamheid en hergebruik en transformatie van bestaande bouw een dominante rol op. In het derde essay 'Wonend in Nederland' neemt de redactie de lezer op een meer 'atmosferische' wijze mee naar de woningbouw die ze aantrof in uitbreidingswijken Sphinx (Maastricht), Oostenburg (Amsterdam), Leidsche Rijn (Utrecht) en Woensel-West (Eindhoven), waar men fijn en gelukkig lijkt te wonen. De getalenteerde fotograaf Rubén Dario Kleimeer

bezocht deze locaties op uitnodiging van de redactie en legde het dagelijkse leven in deze wijken voor het Jaarboek vast.

De 28 projecten die de redactie na inspectie ter plekke selecteerde, zijn thematisch gegroepeerd om de onderlinge relatie te verhelderen. In de traditie van voormalig redacteuren Hans van Dijk, Piet Vollaard en Bernard Colenbrander, *amongst many others*, leggen de projectteksten een sterkere nadruk op het gebruik van de gebouwen dan op de technische omschrijving ervan. Geheel in lijn met de toename van het aantal transformatieprojecten in dit Jaarboek, greep de redactie ook in de inhoud van de editie 2023–2024 terug op de oervorm van het Jaarboek. Zo zijn de rubrieken over de architectencultuur in Nederland na drie jaar afwezigheid in afgeslankte vorm teruggekeerd. Want, al lijkt het er niet altijd op, het zijn ontwerpers die in gemeenschap het fundament onder de gebouwde massa bedenken.

The *Yearbook of Architecture in the Netherlands 2023-24* has been produced by a partially new editorial team. The discerning pens of Teun van den Ende and Arna Mačkić have made way for those of Stephan Petermann and Annuska Pronkhorst. Yearbook old hand Uri Gilad has remained in place, providing the necessary continuity. In autumn 2023, together with long-standing picture editor Ingrid Oosterheerd, the editors scoured the highways and byways of the Netherlands in a quest to determine the state and status of Dutch architecture. The findings resulting from this expedition have shaped this Yearbook.

Apart from the changing of the editorial guard, seasoned Yearbook readers will note a number of changes in form and content. Hence this brief *tour d'horizon*. Before unveiling the 28 projects featured in this Yearbook, the editors take a look at what the Dutch construction sector has delivered in the past year in an introductory essay entitled 'The 99.85 per cent'. Statistics are the main tool for establishing benchmarks for elucidating the Yearbook selection, which represents a mere 0.15 per cent of total building production. Infographics compare the selected projects in terms of important criteria like sustainability, geographical distribution, budget and team composition. A second essay, 'The remaining 0.15 per cent', zooms in and reflects on the projects that were eventually selected for inclusion in this Yearbook. What trends and developments caught our eye this year and what themes do we consider relevant? Not entirely unexpectedly, sustainability and the reuse and transformation of existing structures feature prominently. In the third essay, 'Living in the Netherlands', the editors take the reader on a more 'atmospheric' journey to the growth-area housing they discovered in Sphinx (Maastricht), Oostenburg (Amsterdam), Leidsche Rijn (Utrecht) and Woensel-West (Eindhoven), where people appear to be living well and happily. At the invitation of the editors, the talented photographer Rubén Dario Kleimeer visited these four locations and recorded daily life there for the Yearbook.

The 28 projects that the editors selected following site visits, are thematically grouped in order to highlight the interrelationships. In the tradition of the former editors Hans van Dijk, Piet Vollaard and Bernard Colenbrander, among many others, the project descriptions place greater emphasis on how the buildings are used than on technical specifications. In keeping with the theme of transformation in this Yearbook, the editors have drawn on the original Yearbook format when planning the contents of the 2023–2024 edition. Accordingly, after a three-year absence, the sections on architectural culture have returned in a slimmed-down version. For although it may not always seem so, it is designers collectively who constitute the bedrock beneath the built masses.

De 99,85 procent,

of hoe een Jaarboek te beginnen in tijden van omwenteling

The 99.85 percent,

or how to begin a Yearbook in turbulent times

Involvement of the architect

SD PD FD TD DD

2007 2011 2014 2015 2017 2019 2021 2023

- Veemgebouw Caruso St John Architects
- Tergooi MC Wiegerinck
- Jakoba Mulderhuis Powerhouse Company & de Architekten Cie. with Marc Koehler Architects
- BunkerToren Powerhouse Company
- Museum Paleis Het Loo KAAN Architecten
- Apart Together Marlies Rohmer Architecture & Urbanism
- Domūs Houthaven Shift architecture urbanism
- CROSSOVER Team V Architectuur
- Raadhuis en stadskantoor Mecanoo
- Transformatie Rode Weeshuisstraat* De Zwarte Hond & Loer Architecten
- Tripolis-Park MVRDV
- Kop-halsklooster J.O.N.G. architecten
- Lariks M3H architecten
- Neuron Team V Architectuur
- Historisch Centrum Limburg Happel Cornelisse Verhoeven
- Netherlands American Cemetery Visitor Center KAAN Architecten
- Kindcentrum Diamant Geurst & Schulze architecten
- HIGHnote Studioninedots
- Nimeto Maarten van Kesteren architecten
- Stationspostgebouw KCAP
- Faculteit ITC Civic Architects & VDNDP
- Stepstone LEVS architecten
- Nedlin Architecten aan de Maas
- De Warren Natrufied Architecture
- Sporthal Bredius Lichtstad Architecten
- Liander Westpoort De Zwarte Hond
- Woonhuis Korteknie Stuhlmacher Architecten
- Hortus Ludi Architectuur MAKEN

SD   Sketch design
PD   Provisional design
FD   Final design
TD   Technical design
DD   Detailed design

● Construction start

* The Warehouse De Zwarte Hond
Mercado De Zwarte Hond & Loer Architecten
Groot Handelshuis De Zwarte Hond

... gerealiseerd in 2023 ...
... realized in 2023 ...

'Ik zag een engel in het marmer en beeldhouwde tot ik hem bevrijdde.'
– toegeschreven aan Michelangelo (1475–1564)

Wat de meest geïnstalleerde wc-pot van Nederland is, valt nog niet eens zo makkelijk te bepalen. Het Centraal Bureau voor de Statistiek (CBS) houdt het niet bij, en andere onafhankelijke bronnen zijn niet te vinden. AI-tools sputteren algemene disclaimers over beperkte courante kennis en strooien alleen met enkele grotere merknamen. Er is uiteraard Installatie.nl. Desgevraagd laat hoofdredacteur Eddy Buiting weten dat in het segment inbouwreservoirs Geberit met kop en schouders boven de concurrentie uitsteekt. Het pottenlandschap is volgens Buiting gemêleerd, waarbij met name Duravit en Villeroy & Boch de dominantie van Geberit bevechten. Op basis van observerend veldwerk van de redactie tijdens het bezoeken van de projecten voor dit Jaarboek, vallen de zwevende toiletten van Geberit inderdaad het meest op. Gemaakt in Duitsland zijn de modellen van de Zwitserse sanitairgigant favoriet onder installateurs, omdat ze nu eenmaal eenvoudig te installeren, betrouwbaar en ook nog concurrerend geprijsd zijn. Een pot met toebehoren van Geberit is voor 350 euro te krijgen, vergelijkbare modellen van concurrenten Villeroy & Boch en Duravit zijn aanzienlijk duurder. Andere verkenningen naar de meest gebruikte baksteensoort, RAL-kleur voor kozijnen, of vloerafwerkingen stuiten op inhoudelijke en methodologische onzekerheid. In feite komen we tot de socratische conclusie dat we weten dat we niets weten.

Met Michelangelo's tot veelvuldig herkauwd cliché verworden uitspraak over het bevrijden van beeldhouwwerken uit blokken steen in de hand beginnen we dit Jaarboek. Het Jaarboek is al 37 jaar een poging om een maatstaf te geven voor wat Nederland bouwt. Het is een distillaat, koren zonder kaf. 'Best-practices' noteren en zo het werk te schragen van een architectuurvakgemeenschap, zodat deze er vervolgens

de hort mee op kan om nieuwe opdrachtgevers te werven. Het is daarmee een nobel instituut. De cruciale vraag hierbij is – uiteraard – hoe uit het blok steen het beeld tot stand komt. Want wie zijn wij als redactie? In een Nederland dat zich politiek woelig wentelt. Waarin instituties, besturen en adviesraden niet alleen gewantrouwd worden, maar nu ook electoraal aan de kant gezet worden. Waar halen wij het lef vandaan om uit de 154 ingezonden projecten een selectie te maken? Als feiten, specialisme en ervaring het afleggen tegen emotie of charisma? Een groot deel van de maatschappij houvast zoekt in fictieve verledens van een pre-geglobaliseerd Nederland, toen geluk nog gewoon was. Op welke criteria kan deze kleine redactie terugvallen om te ontkomen aan zichzelf? Was het mooi? Rook het er een beetje raar? Het detail? Een geste? Betaalbaarheid? Duurzaamheid? Inclusiviteit? En als je het Jaarboek als thermometer van de staat van een vak ziet, waar steken we deze dan überhaupt in?

Het meest gemiddelde project van Nederland

De selectie van 28 projecten in dit Jaarboek betreft grofweg 0,15 procent van wat er in Nederland aan projecten in een jaar wordt gebouwd. De resterende 99,85 procent bestaat uit ruim 20.000 bouwaanvragen in Nederland die in één jaar werden ingediend.[1] Volgens het CBS bestaat 72 procent van deze projecten uit woningbouw. De overige 28 procent uit respectievelijk 2.447 aanvragen voor hallen, loodsen, kassen en stallen, 360 voor kantoren, 344 winkels, 324 scholen en de rest in een ruime categorie 'overig'.[2] Van alle projecten betrof 56 procent een renovatie, 43 procent was nieuwbouw.[3] Dit komt ongeveer overeen met het Europese gemiddelde.[4] Aan de projecten in Nederland werd in 2023 totaal bijna 20 miljard euro uitgegeven aan bouwkosten, waarvan 78 procent naar nieuwbouwprojecten ging, de rest naar renovatie. Ter vergelijking: de Bond Nederlandse Architecten (BNA) schatte in 2023 de totale omzet van

'I saw the angel in the marble and carved until I set him free.'
– Attributed to Michelangelo (1475–1564)

It is actually not all that easy to determine what is the most frequently installed toilet bowl in the Netherlands. The CBS (Statistics Netherlands) doesn't keep records and alternative independent sources don't appear to exist. AI tools issue general disclaimers about limited up-to-date information and only name-drop a few of the big brands. There's always the building services website Installatie.nl, of course. When asked, its editor-in-chief Eddy Buiting reveals that when it comes to built-in cisterns, Geberit is head and shoulders above the competition. According to Buiting the toilet bowl sector is a mixed bag in which the main rivals to Geberit's dominance are Duravit and Villeroy & Boch. Based on observational fieldwork by the editors during visits to the projects for this Yearbook, Geberit's wall-hung toilets are indeed the most ubiquitous. Made in Germany, the models from the Swiss sanitary products giant are the plumbers' favourite because they are easy to install, reliable and what's more competitively priced. A bowl plus fittings from Geberit costs 350 euros, comparable models from Villeroy & Boch and Duravit are considerably more expensive. Other inquiries as to the most frequently used type of brick, RAL colour for frames, or floor finishings run up against questions as to exactly what and how to measure. In the end we reach the Socratic conclusion that all we know is that we know nothing.

We began this Yearbook essay with Michelangelo's now clichéd remark about freeing sculptures from blocks of stone. For 37 years the Yearbook has been attempting to provide a yardstick by which to measure what the Netherlands builds. It is a distillation, wheat without chaff. Single out the 'best practices' and in so doing support the work of a 'select' architectural cohort so that it can flaunt this accolade to acquire new clients. It is as such a noble institution. The crucial question is – of course – how the sculpture emerges from the block of stone. For what gives us,

the Yearbook editors, the right to pontificate? In a country that is wallowing in political uncertainty. Where the institutions, administrations and advisory councils are not only distrusted, but have now been electorally spurned. How do we have the nerve to make a selection from the 154 submitted projects? At a time when facts, specialized knowledge and experience are no match for emotion or charisma. And a large proportion of the population seeks certainty in fictional histories of a pre-globalized Netherlands, when happiness was still taken for granted. What criteria can this trio of editors fall back on to escape their own preconceptions? Was it beautiful? Did it smell a bit odd? The detail? A gesture? Affordability? Sustainability? Inclusivity? And if you see the Yearbook as a yardstick for gauging the state of the profession, where, oh where do you stick it?

The Netherlands' most average project

The selected 28 projects featured in this Yearbook represent roughly 0.15 per cent of the projects built in the Netherlands in one year.[1] The remaining 99.85 per cent consists of the over 20,000 building applications that were submitted in the Netherlands in a single year. According to the CBS, 72 per cent of these projects involve housing. The other 28 per cent are made up of 2,447 applications for industrial buildings, warehouses, greenhouses and sheds, 360 for offices, 344 for retail premises and 324 for schools, while the rest fall into the sizeable category of 'other'.[2] Fifty-six per cent of all projects involved renovation, 43 per cent new-build.[3] This is more or less in line with the European average.[4] The building costs for the projects in the Netherlands totalled almost 20 billion euros, 78 per cent of which went to new-build, the rest to renovation. To put this into perspective: in 2023 the BNA (Royal Institute of Dutch Architects) estimated the total turnover of the architectural sector in 2022 at 1.05 billion euros.[5] In the case of new-build, 46 per cent of the building costs were disbursed by private parties, 40 per cent by commercial

de architectuur als branche in 2022 op 1,05 miljard euro.[5] Voor nieuwbouw werd 46 procent van de bouwkosten uitgegeven door particulieren, 40 procent door bouwers in de markt en 16 procent door de overheid en woningcorporaties.[6] Van de totale bouwkosten werd 63 procent uitgegeven aan woningbouw.

Van de 79.000 woningen die aan de woningvoorraad werden toegevoegd, was 62 procent een meergezinswoning (lees appartement), 37 procent eengezinswoningen en 8 procent vrijstaand.[7] Dit is een kleine afname aan nieuwbouwwoningen ten opzichte van 2022 en voor 2024 wordt een verdere krimp verwacht, die geschat wordt tussen een tiental procenten en een halvering.[8] Volgens Eurostat investeerde Nederland in 2021 5,5 procent van het Bruto Binnenlands Product in woningen, waarmee het een middenplek in de Europese Unie inneemt.[9] Als onderdeel van de toegevoegde waarde in de economie is het ongeveer gelijk aan de financiële sector, en tweeënhalf keer groter dan de landbouw.[10] Volgens het CBS lagen de gemiddelde bouwkosten voor een nieuwbouwwoning per vierkante meter bij 1.200 euro in 2023, een kleine stijging ten opzichte van eerdere jaren.[11] De gemiddelde prijs van een bestaande Nederlandse woning bedroeg 422.000 euro tegenover 474.000 euro voor een nieuwbouwwoning in december 2023.[12] Tussen 2010 en 2021 stegen de woningprijzen overigens met 64 procent volgens Eurostat, terwijl de bouwkosten slechts met 19 procent stegen in dezelfde periode.[13] Binnen het bouwbudget zelf gaat een steeds groter deel naar installaties. De 'installatiequote' (het deel van de kosten voor installaties in de totale bouwsom) ligt volgens de branche inmiddels in veel gevallen boven de 50 procent.[14] Industriële woningbouw met prefab elementen bedroeg minder dan 10 procent, maar neemt volgens een expert in 2023 toe tot een aandeel van meer dan 20 procent.[15]

In 2023 werden de meeste projecten uitgevoerd in Amsterdam. Daar werden ook de meeste nieuwbouwwoningen opgeleverd, bijna 4.500 in totaal, een toename van één procent van de gemeentelijke woningvoorraad. Rotterdam bouwde 3.200 nieuwe woningen en in de gemeenten Utrecht en Den Haag zijn elk meer dan 2.000 nieuwe woningen gebouwd. Relatief gezien was de grootste groei in woningbouw door nieuwbouw te vinden in de gemeenten Zoeterwoude (+4,8 procent), Eemnes (+4,3 procent), Vijfheerenlanden (+3,1 procent), Waddinxveen (+3,1 procent) en Lansingerland (+2,8 procent).[16] Het leeuwendeel van de (woning)bouw in Nederland vindt plaats onder NAP.

Hoe al die productie er precies uitziet, hoe er gebouwd wordt en of er een architect aan te pas gekomen is, daar laat geen van de publiek toegankelijke rekenmeesters zich over uit. Een blik op de catalogi van aannemers en een brede rondgang door het land doen in ieder geval sterk vermoeden dat de gemiddelde nieuwbouwwoning in Nederland een baksteenachtige buitenkant heeft. Welke steen dit gemiddeld is blijft onduidelijk, evenals het aandeel minerale steenstrips, dat, getuige de catalogi, wel aan een onmiskenbare opmars bezig is. Behalve voor de stallen en loodsen is baksteen ook dominant in andere gebouwtypen. Zij die nog steeds voor een modernistisch Nederland vrezen, kunnen daarmee definitief gerustgesteld worden.

De meest gebouwde woningplattegrond is eveneens moeilijk te bepalen. Maar uitgaande van de catalogi is het een pijpenla met de kleinste standaard stramienbreedte van 3,9 meter en een gemiddelde diepte van 8 á 9 meter, of 12 meter totale diepte voor rug-aan-rugwoningen. De breedte is gebaseerd op de maat van drie auto's in een parkeergarage en is eigenlijk aan de smalle kant, maar omdat het voldoet aan het Bouwbesluit en Woonkeur kan het net. In nieuwbouwprojecten krimpt de gemiddelde oppervlakte van huurwoningen de laatste jaren. In oktober 2020 had de gemiddelde nieuwbouwhuurwoning een oppervlakte van 128 m², in september 2023 was dit 113 m². Koopwoningen blijven relatief stabiel bij een oppervlakte van 190 m². De gemiddelde oppervlakte van de woning in Nederland is al jaren stabiel op 120 m² tegenover 214 m² in de Verenigde Staten en Australië, 76 m² in het Verenigd Koninkrijk en 45 m² in Hongkong.[17] Per bewoner blijft hier gemiddeld in

builders, and 16 per cent by government and housing associations.[6] Sixty-three per cent of the total building costs went on housing.

Of the 79,000 dwellings added to the housing stock, 62 per cent were apartments, 37 per cent single-family dwellings, and 8 per cent freestanding.[7] This represents a small drop in new-build dwellings compared with 2022 and a further decline – estimated at between ten and fifty per cent – is expected in 2024.[8] According to Eurostat, the Netherlands invested 5.5 per cent of its GDP in housing in 2021, putting it in the middle of EU member states.[9] Its contribution to economic added value is roughly equivalent to that of the financial sector, and two-and-a-half times that of agriculture.[10] According to the CBS, the average cost per square metre for a new-build dwelling was 1,200 euros in 2023, a slight increase on previous years.[11] The average price of an existing Dutch dwelling was 422,000 euros compared with 474,000 euros for a new-build dwelling in December 2023.[12] Between 2010 and 2021 the price of dwellings increased by 64 per cent according to Eurostat, while the building costs rose by only 19 per cent in the same period.[13] Within the building budget itself, building services account for a growing share. According to the sector, the 'building services quote' (building services' share of the total building costs) is in many cases above 50 per cent.[14] Industrial housing construction employing prefab elements used to account for less than 10 per cent of housing construction, but one expert forecast that it would account for over 20 per cent in 2023.[15]

In 2023 most construction projects were realized in Amsterdam. It also had the highest number of new-build dwellings, almost 4,500 in all, an increase of one per cent in the city's housing stock. Rotterdam built 3,200 new dwellings and Utrecht and The Hague both built more than 2,000 new homes. Relatively speaking, the biggest increase in new-build housing construction was in the municipalities of Zoeterwoude (+4.8 per cent), Eemnes (+4.3 per cent), Vijfheerenlanden (+3.1 per cent), Waddinxveen (+3.1 per cent) and Lansingerland (+2.8 per cent).[16]

The vast majority of construction in the Netherlands, including housing, takes place below sea level.

What all that production actually looks like, what form that construction takes and whether an architect is involved are matters not covered by any of the publicly accessible statistical records. A browse through contractors' catalogues and a wide-ranging tour of the country do however suggest that the average new-build dwelling in the Netherlands has a brick-like exterior. The average type of brick involved is unclear, as is the proportion of mineral brick slips that, judging by the catalogues, are definitely on the rise. In addition to livestock sheds and warehouses, brick is also dominant in other types of buildings. Those who are still phobic about a modernist takeover of the Netherlands can finally rest easy.

The most frequently used domestic floor plan is similarly difficult to determine. But going by the catalogues it is a long narrow space with the smallest standard grid width of 3.9 metres and an average depth of 8 to 9 metres, or 12 metres total depth for back-to-back dwellings. The width is based on the width of three parallel-parked cars and is actually a bit on the small side, but because it conforms to the relevant regulations (Bouwbesluit and Woonkeur) it is just acceptable. In new-build projects, the average surface area of rental housing has been shrinking in recent years. In October 2020 the average surface area of a new-build rental dwelling was 128 m²; by September 2023 it had shrunk to 113 m². Owner-occupied dwellings have remained fairly stable at 190 m². The average surface area of dwellings in the Netherlands has for many years now remained at 120 m², compared with 214 m² in the United States and Australia, 76 m² in the United Kingdom and 45 m² in Hong Kong.[17] The average living space per inhabitant in the Netherlands is 53 m², compared with a European average of 35 m², and outliers of 72 m² in Canada, 77 m² in the United States and up to 89 m² in Australia.[18] For every Dutch resident there is about 7.1 m² of office space and 1.6 m² retail space, both of which are declining rather than

Nederland 53 m² aan woonoppervlakte over, tegenover een Europees gemiddelde rond de 35 m², en uitschieters van 72 m² in Canada, 77 m² in de Verenigde Staten tot 89 m² in Australië.[18] Voor iedere Nederlander is er ongeveer 7,1 m² aan kantoorruimte en 1,6 m² winkeloppervlakte, beide cijfers nemen eerder af dan toe, naast 1.250 m² landbouwgrond, 285 m² bos, 66 m² asfalt en 6 m² kas.[19] Er is geen recent publiekelijk toegankelijk onderzoek naar de ontwikkeling van gebruikte oppervlakten door de tijd.

De meest gemiddelde architect van Nederland

De in dit Jaarboek opgenomen architectenbureaus vertegenwoordigen 0,5 promille van de 54.910 architecten- en ingenieursbureaus die ingeschreven staan bij de Kamer van Koophandel in het eerste kwartaal 2024.[20] Er kwamen in een jaar tijd verbluffend genoeg 4.810 bureaus bij, met steeds verder verdunde bezettingen.[21] Meer dan 90 procent van de bureaus is een- of tweepitter.[22] Eenzelfde trend is breder te zien in Europa.[23] Het aantal inschrijvingen om bouwkunde te studeren blijft volgens *Cobouw* zowel op hbo's als aan academische instellingen stijgen.[24] Eén op 1.685 inwoners van Nederland zou architect zijn.[25] Volgens de laatst beschikbare informatie is de gemiddelde Nederlandse architect ouder dan 45 jaar.[26] En bij de in loondienst werkende architecten is het bureau waarvoor ze werken gemiddeld 15 jaar oud. 60 procent van de medewerkers werkt 35 uur per week of meer.[27] Een architect verdient volgens nationaleberoepengids.nl gemiddeld 24,40 euro bruto per uur, 2,50 euro meer dan het gemiddelde inkomen per uur in Nederland.[28] Qua best betaalde beroepen staat de architect in Nederland op plek 393.[29] Een architect verdiende gemiddeld 4.164 euro bruto per maand, al is de betrouwbaarheid van dit getal moeilijk te onderbouwen.[30] In 2021 was bijna 29 procent van de architecten vrouw, een aandeel dat zeer gestaag lijkt te stijgen.[31] In Europa is de man-vrouwverhouding bij architectenbureaus ondertussen ongeveer gelijk, en loopt

Nederland achter.[32] Nederlandse bureaus zijn voornamelijk gevestigd in Amsterdam (15 procent), Rotterdam (13 procent), Den Haag (6 procent), Delft (4 procent) en Utrecht (3 procent). Meer dan de helft van de bureaus zijn buiten de grote steden te vinden.[33] In de beroepsprestigeladder uit 2016 staat architect op de 15de plek, onder commandant bij de brandweer en boven medisch analist.[34] Qua veelvoorkomende beroepen staat architect op de 70ste plek.[35]

Waar architecten in Nederland vandaan komen, wordt nauwelijks bijgehouden. Ondanks alle aandacht voor diversiteit en inclusie in beleid, codes, debatten en polemieken is er nauwelijks statistisch onderzoek naar de diversiteit van de Nederlandse architectenpopulatie. De CBS Barometer Culturele Diversiteit schat dat 80 procent van alle architecten in Nederland uit Nederland komt, 7 procent uit Europa en 13 procent van buiten Europa.[36] Ten opzichte van geschatte percentages voor heel Nederland is dat minder divers (76 procent Nederland, 8 procent Europa, 17 procent buiten Europa).[37] Wie zich afvraagt wie al die projecten realiseert: van de 195.000 medewerkers op de bouwplaats kwam volgens de laatste gegevens uit 2019 21 procent uit het buitenland. De meesten daarvan waren afkomstig uit Polen (24 procent), gevolgd door Turkije en Bulgarije.[38]

De meest gemiddelde boekhouding van architecten in Nederland

Volgens de BNA kwam de omzet van de Nederlandse architect in 2022 voor 48 procent voort uit woningbouwprojecten, 12 procent uit kantoren, 9 procent uit de gezondheidszorg, 6 procent uit onderwijs, 4 procent uit landbouw en industrie en 3 procent uit winkels.[39] Meer dan twee derde van wat de Nederlandse architect ontwerpt, doet hij of zij in opdracht van de markt, de publieke sector (slechts) 15 procent.[40] Het aandeel van architectenbureaus dat volgens de laatste data deelneemt aan prijsvragen is 7 procent in 2020, een afname ten opzichte

---

increasing, as well as 1,250 m² agricultural land, 285 m² forest, 66 m² asphalt and 6 m² greenhouses.[19] There is no recent, publicly available research into changes in relative land uses over time.

The most average Dutch architect

The architectural practices featured in this Yearbook represent 0.5 per thousand of the 54,910 architectural and engineering firms registered with the Dutch Chamber of Commerce (KvK) in the first quarter of 2024.[20] In the space of a year a staggering 4,810 firms were added, with steadily diminishing staffing levels.[21] Over 90 per cent of firms are one- or two-person operations.[22] A similar trend can be seen elsewhere in Europe.[23] According to *Cobouw*, the number of enrolments to study architecture continues to grow at both tertiary and university institutions.[24] It appears that one in every 1,685 inhabitants of the Netherlands is an architect.[25] According to the most recent available information, the average Dutch architect is older than 45 years of age.[26] And in the case of salaried architects, the firm for which they work is 15 years old on average. Sixty per cent of salaried architects work 35 hours or more a week.[27] According to nationaleberoepengids.nl, the average gross hourly wage of an architect in the Netherlands is 24.40 euros.[28] In the list of best paid occupations in the Netherlands, architects stand at 393.[29] An architect earns on average 4,164 euros gross per month, although there is some doubt as to the reliability of this figure.[30] In 2021 nearly 29 per cent of architects were women, a proportion that appears to be rising steadily.[31] In Europe as a whole the male-female ratio in architectural firms is now more or less equal so the Netherlands is lagging behind.[32] Geographically, Dutch architectural practices are based in Amsterdam (15 per cent), Rotterdam (13 per cent), The Hague (6 per cent), Delft (4 per cent), Utrecht (3 per cent). Over half the practices are based outside the big cities.[33] On the 2016 occupational prestige ladder, the architects were ranked 15th, below senior fire officers and

above medical technicians.[34] In terms of the most common occupations, architects are ranked 70th.[35]

There are very few records of where architects working in the Netherlands hail from. Despite all the attention paid to diversity and inclusion in policy, codes of conduct, debates and polemics, there is a dearth of statistical research into the diversity of the architectural population in the Netherlands. The CBS barometer of cultural diversity estimates that 80 per cent of all architects in the Netherlands were born here, 7 per cent come from other European countries and 13 per cent from outside Europe.[36] Compared with estimated percentages for the Netherlands as a whole it is less diverse (76 per cent Dutch, 8 per cent European, 17 per cent non-European).[37] For anyone interested in who builds all those projects: of the 195,000 workers on building sites, 21 per cent were from outside the Netherlands according to the most recent data from 2019. Most of those were from Poland (24 per cent), followed by Turkey and Bulgaria.[38]

The most average architects' bookkeeping in the Netherlands

According to the BNA, 48 per cent of the turnover of Dutch architects in 2022 came from housing projects, 12 per cent from offices, 9 per cent from health care, 6 per cent from education, 4 per cent from agriculture and industry and 3 per cent from retail.[39] Over two thirds of what Dutch architects design is commissioned by the private sector and (only) 15 per cent by the public sector.[40] The proportion of architectural practices that take part in competitions according to the most recent data was 7 per cent in 2020, a decrease compared with 2018.[41] The average cost of participating in a competition according to research carried out by the BNA, is 35,000 euros, while the average commission is worth 128,000 euros.[42] In 2020, 31 per cent of total income came from draft designs, 38 per cent from design elaboration, 8 per cent from interior design commissions, and 25 per cent from other sources. Architects spend 65 per cent of their time on projects,

... ontworpen door ...

Van onder naar boven en van links naar rechts/From bottom to top and left to right: Museum Paleis Het Loo, KAAN Architecten Martine Huijsmans, Paolo Faleschini, Joost Harteveld, Samara Zukoski, Sebastian van Damme, Niels Vernooij, Valentina Bencic, Kees Kaan, Michael Geensen, Marija Mateljan, Narine Gyulkhasyan, Walter Hoogerwerf, Aleksandra Gojnic, Floris Sikkel, Antony Laurijsen, Laura Ospina, Edyta Milczarek, Javier Cuartero, Katarzyna Ephraim, Julia Gousset, Nicki van Loon, Christan Sluijmer, Christiaan Frankin, Dennis Bruijn, Roel Wijmans, Dikkie Scipio, Vincent Panhuysen Netherlands American Cemetery Visitor Center, KAAN Architecten Alexis Oh, Thomas Hagemeijer, Kees Kaan, Alice Columbo, Frane Stančić, Bas Barendse, Rita Alessio, Edoardo Mancini, Vincent Panhuysen, Nicki van Loon, Claudio Zampaglione, Dikkie Scipio, Adam Kelly, Alessandro Arcangeli Nimeto, Maarten van Kesteren architecten Meng Ye, Jesse van der Ploeg, Leonardo Rossi, Maarten van Kesteren, Eline Degenaar, Camillo Fiorito Apart Together, Marlies Rohmer Architecture & Urbanism Reinoud Buurman, Etienne de Mortier, Maria Kraaijkamp, Mariska van Eldonk, Jonathan de Veen, Kilian Mol, Marlies Rohmer, Edward O'Neil Transformatie Rode Weeshuisstraat, Loer Architecten Tijs Niessen, Jesús Macias, Steef Meijer, Rianne Vossen, Frank Loer, Jan Loerakker Kindcentrum Diamant, Geurst & Schulze architecten Jan Paulus, Jeroen Geurst, Maarten Plomp, Elco van de Kreke, Rens Schulze Stationspostgebouw, KCAP Irma van Oort, Wim Haasnoort, Yana Daynovich

De Warren, Natrufied Architecture Dinand Kruize, Boris Zeisser, Gabriela Manrique, Sebastiaan van Kints, Anja Verdonk Jakoba Mulderhuis, de Architekten Cie. Ron Garritsen, Louis Afonso, Paulos Kinfu, Boris van Gorkom, Rink Alberda, Arjan Janson, Pi de Bruijn,

Frank Segaar, Andrew Page Woonhuis, Korteknie Stuhlmacher Architecten Rien Korteknie, Leonie Boelens, Rutger Brouwers, Joppe Douma Hortus Ludi, Architectuur MAKEN Ferry in 't Veld, Nina Aalbers, Noëlle Dooper Neuron, Team V Architectuur Alessia Biffi,

Renate, Patrick Bil, Sanne Buser, Bart-Jan Hopman, João Carolino, Valentino Gigante, Annette Bos, Jan van Wel, Do Janne Vermeulen, Martijn Perik CROSSOVER, Team V Architectuur Joeri Apontoweil, Margarida Konig dos Santos, Coen

Ooijevaar, Anne van Schooten, Jeroen van Schooten, Aisling Cleary, Renate Patrick Bil, Jan van Wel Kop-halsklooster, J.O.N.G. architecten Esther Postma, Geert de Heij, Jacqueline Hofman, Gert-Jan Groenewoud, Jan Eric Valkema, Marjolijn

Lariks, M3H Architecten

Tripolis-Park, MVRDV

Sporthal Bredius, Lichtstad Architect

Domūs Houthaven, Shift architecture urbanism

HIGHnote, Studioninedots

...koba Mulderhuis, Marc Koehler Architects

Nedlin, Architecten aan de Maas

CROSSOVER, Team V Architectuur

De Warren, Natrufied Architecture

Jakoba Mulderhuis, de Architekten Cie.

Nimeto, Maarten van Kesteren architecten

Apart Together, Marlies Rohmer Architecture & Urbanism

Tjokrokoesoemo, Erik Roerdink, Chris ten Have **Raadhuis en stadskantoor, Mecanoo architecten** Anne-Marie van der Weide, Seger Bekkers, Marloes Dijkink, Gijs Sluijter, Francine Houben, Luuk van Wijlick, Rodrigo Louro, Luuk Verweij **HIGHnote, Studioninedots** Marina Bonet, Stijn de Jongh, Vincent van der Klei, Ania Bozek, Albert Herder, Metin van Zijl, Eva Souren, Sem Holweg, Arie van der Neut, Isabel Albert Lopez **Transformatie Rode Weeshuisstraat, De Zwarte Hond** Erik Roerdink, Fedde Karst Kooij, Jurjen van der Meer, Nick Domhof, Tjeerd Jellema, Bas Frieling, Henk Stadens, Joren Moorman **Historisch Centrum Limburg, Happel Cornelisse Verhoeven** Ninke Happel, Floris Cornelisse, Paul Verhoeven, Corné Schep, Anouk Sweringa, Jan Konings **Sporthal Bredius, Lichtstad Architecten** Maron Vondeling, Robert van Vugt, Elke Dierx, Max Pereboom **Domūs Houthaven, Shift architecture urbanism** Paul Voorbergen, Philip de Klerk, Oana Rades, Thijs van Bijsterveldt, Harm Timmermans, Marinda Verschoor, Martina Drys, Elise Osterloo **Faculteit ITC, Civic Architects** Ingrid van der Heijden, Rick ten Doeschate, Jan Lebbink, Laura Berasaluce Achaerandio, Manca Kranjc, Fernanda Rome, Maeve Corke Butters, Rick Hospes, Gert Kwekkeboom **Faculteit ITC, VDNDP** Wilma Visser, Ana Celina Rubio, Nico Hesseling, Don van Dasler, Wouter Zwerink, Theresia van Koppen, Fred Jager **Tripolis-Park, MVRDV** Rebecca Fiorentino, Sanne van Manen, Piotr Janus, Rico van de Gevel, Cas Esbach, Bob de Rijk, Karolina Duda, Winy Maas, Claudia Mainardi, Rik Lambers, Karolina Szóstkiewicz, Urszula Kuczma, Gideon Maasland, Aleksandra Wypior, Claudia Storelli, Guillermo Corella Dekker, Roxana Aron, Guido Boeters, Michele Tavola, Nika Koraca, Maxime Sauce, Mark van Wasbeek, Nefeli Stamatari, Olesya Vodenicharska, Laurens Veth, Teodora Cirjan, Valentina Fantini, Gijs Rikken, Rugile Ropolaite, Steven Anton, Joao Viaro Correa, Irgen Salianji, Mariya Badeva **Tergooi MC, Wiegerinck** Jörn-Ole Stellmann, Bert Muijres, Jasper Vrugte, Gert van Rijssen, Mark Kreijkes, Milee Herweijer, Koen Arts, Jarno Nillesen, Stephanie Klein Holkenborg, Abel Brouwer, Menno Roefs, Joris Alofs, Roel van Brussel, Maurice van Dinther **Lariks, M3H architecten** Marc Reniers, Sebastiaan van Heusden, Tobias Bader, Jeroen Caderius van Veen, Brigitte Kwa, Quita Schabracq, Machiel Spaan, Menno Ubink

Schotsman, Kees de Haan, Wytze Bouma, Marlies van der Ziel **Stepstone, LEVS architecten** Natalia Yakovleva, Surya Steijlen, Maikel Blouw, Marijn Luijmes, Marianne Loof, Jurriaan van Stigt, Adriaan Mout, Ingeborg van Lent, Christiaan Schuit **Nedlin, Architecten aan de Maas** Amber de Vrede, Jan de Jong, Ramon Grooten, Erwin de Jong,

Pierre van Neer, Han Westelaken, Jacques Penders **BunkerToren, Powerhouse Company** Sanja Kralj, Stefan de Meijer, Stijn Kemper, Meagan Kerr, Maarten Diederix, Romano van den Dool, Paul Stavert, Antonia Pohankova, Thomas Ponds, Bjørn Andreassen, Giovanni Coni, Erwin van Strien, Nanne de Ru, Daan Masmeijer,

Martijn Ravia, Gert Ververs, Gerben Knol, Yoon Kyun (Peter) Lee, Ahmad Hallak, Robbert Verheij, Philip Weber, Lesia Topolnyk, Loz Mills, Sven Janse **Jakoba Mulderhuis, Marc Koehler Architects** Eric Thijssen, Marc Koehler **Liander Westpoort, De Zwarte Hond** Sameri Kachachee, Buddy de Kleine, Iso van der Meer, Pavel Berger, Kjai

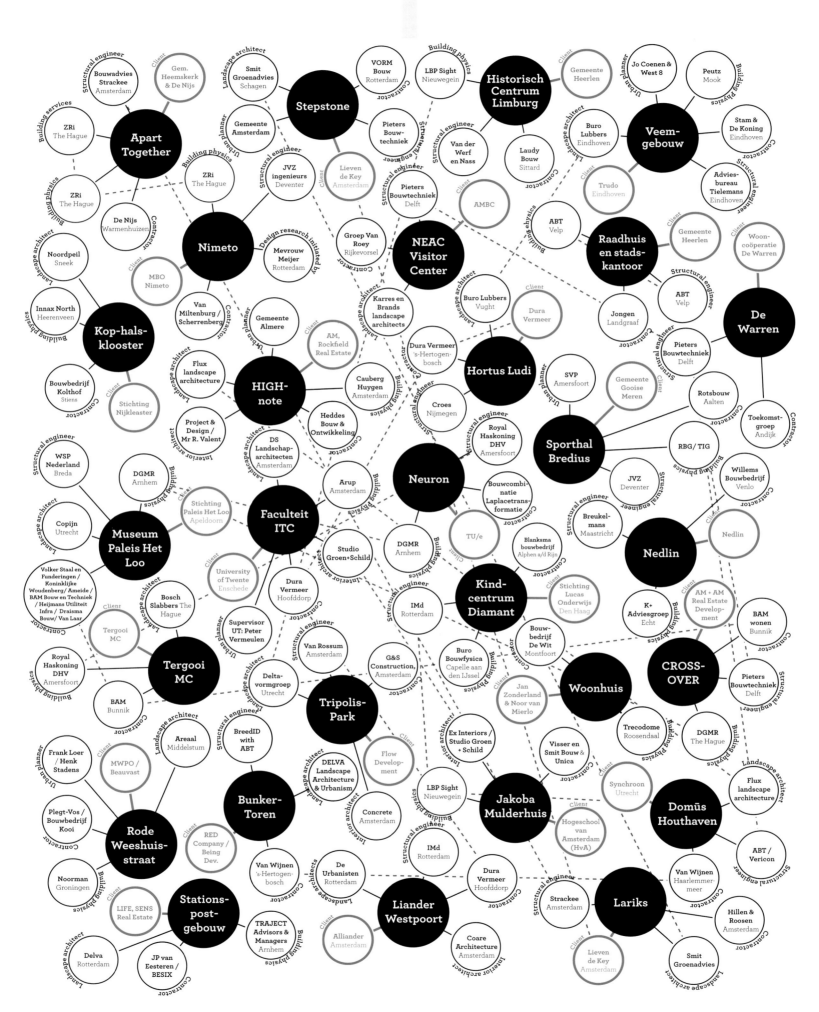

van 2018.[41] De gemiddelde deelnamekosten aan een prijsvraag waren volgens BNA-onderzoek 35.000 euro, tegen een gemiddelde opdracht omvang van 128.000 euro.[42] Van de inkomsten komt in 2020 31 procent voort uit het maken van concept-ontwerpen, 38 procent uit de uitwerking, 8 procent uit interieur-opdrachten, en 25 procent uit andere bronnen. Architecten besteden 65 procent van hun tijd aan projecten, 14 procent aan het maken van offertes.[43] Ongeveer 1 op de 7 van alle architecten in Nederland is betrokken bij onderwijs. Het gemiddelde (externe) uurtarief is naar de laatste data van de BNA uit 2023 tussen de 102 en 115 euro voor een architect in 2022, een stijging van ongeveer 10 procent ten opzichte van 2021.[44] Vanuit het nieuwe bestuur van de BNA klonk eerder dit jaar het signaal dat de collectieve arbeidsovereenkomst voor architecten steeds sterker onder druk staat. De kritische ondergrens van 60 procent BNA-lidmaatschap van alle architecten-werknemers die nodig is om een algemeen geldende cao te houden, komt in zicht. Het opheffen van de cao kan als effect hebben dat de collectieve kracht voor het handhaven van werkbare omstandig-heden in de sector verdwijnt.

Het aantal maanden werkvoorraad voor architectenbureaus is gemiddeld 4,9 in het najaar van 2023.[45] Het zicht op de directe toekomst is troebel: 32 procent van de bureaus denkt aan afname van de werkvoorraad, 27 procent denkt dat de werkvoorraad toeneemt. Vergeleken met andere delen in de bouwsector is de relatieve groei van de omzet bij architectenbureaus het laagst. De geïndexeerde omzetontwikkeling in 2022 is 125 punten ten opzichte van 2016 (=100 punten), tegenover 170 bij installatie-bedrijven, 160 bij bouwbedrijven en 145 punten bij ingenieurs-bureaus.[46] De productiviteit van de gehele bouwsector is kijkend vanuit 2021 met 43 procent gestegen ten opzichte van 1995.[47] Uit de jaarverslagen van enkele van de grootste bureaus in Nederland blijkt dat het ze niet slecht gaat. In het (gunstige) jaar 2022 heeft OMA de hoogste omzet (30 miljoen euro in 2022) en een winstmarge na belastingen van 20 procent. MVRDV is

tweede met 29,5 miljoen euro omzet en een winst van 12 procent. UNStudio had voor de gehele holding nog geen jaarverslag ingediend, maar de Nederlandse bv had een omzet van 16 miljoen euro en een winst na belasting van 5 procent. Mecanoo had een omzet van 12 miljoen euro met 11 procent winst.[48] De gemiddelde winst binnen de categorie architecten- en ingenieursbureaus bij het CBS voor 2021 was 12 procent.[49]

Wie dat plaatst tegenover de omzet van de grootste ontwikkelaars en bouwers actief in Nederland houdt ook een optimistisch beeld over aan 2022. Heijmans behaalde een recordwinst van 59 miljoen (3 procent) over een omzet van 1,8 miljard euro. BPD behaalde 1,3 miljard euro omzet, en een winst van 126 miljoen euro (9 procent); het Nederlandse deel van BAM had een omzet van 2,9 miljard euro en 172 miljoen euro winst (6 procent).[50] Ook volgens het Economisch Instituut voor de Bouw is de rentabiliteit in de aanneemwereld in 2021 aanzienlijk op 18 procent. Nederlandse pensioenfondsen hadden eind 2022 voor in totaal 158 miljard euro aan beleggingen in vastgoed, ofwel 10,9 procent van hun belegd vermogen.[51] Aan 'linkse hobby's' zoals onderzoek en uitwisseling in architectuur werd ongeveer 0,3 procent van de totale omzet van de bouw-keten uitgegeven, voor het overgrote deel uit rijksmiddelen. Het budget voor publicaties over architectuur binnen dit geheel is verwaarloosbaar.[52]

De nog altijd beperkte duurzaamheid van de Nederlandse architect

Wie blind op LinkedIn posts zou vertrouwen, zou haast denken dat de Nederlandse bouw al vrijwel volledig duurzaam is. Helaas is dat niet waar. Hoewel de uitstoot van broeikasgassen door de gebouwde omgeving blijft afnemen in Nederland, is de Nederlandse bouw nog ver verwijderd van klimaatneutraliteit. Uit *The Circularity Gap Report* uit 2022 blijkt dat 88 procent van het Nederlandse bouwafval weliswaar gerecycled wordt

14 per cent on preparing quotes and tender submissions.[43] Around 1 in 7 architects in the Netherlands are engaged in education. According to the BNA's latest data, the average (external) hourly rate was between 102 and 115 euros for an architect in 2022, a rise of around 10 per cent compared with 2021.[44] Earlier this year the new BNA board indicated that the collective bargaining agreement (CAO) for architects is under increasing pressure. The critical minimum of 60 per cent BNA membership among salaried architects needed to maintain a branch-wide collective agreement is fast approaching. Rescinding the CAO may lead to the loss of the collective power required to maintain acceptable conditions in the sector.

On average, architectural practices had 4.9 months of work-in-hand in autumn 2023.[45] Immediate prospects are mixed: 32 per cent of practices expect a decrease in work-in-hand, 27 per cent think work-in-hand will increase. Compared with other areas of the construction sector, the relative growth in turnover is lowest for architectural practices. The indexed turnover growth in 2022 was 125 points compared with the 2016 baseline (=100 points), compared with 170 for building services companies, 160 for construction companies, and 145 points for engineering firms.[46] The productivity of the entire building sector rose 43 per cent between 1995 and 2021.[47] Judging by the annual reports of some of the biggest firms in the Netherlands they are not doing too badly. In 2022 (a good year), OMA had the highest turnover (30 million euros) and an after-tax profit margin of 20 per cent. MVRDV comes in second with a turnover of 29.5 million euros and a 12 per cent profit. UNStudio had yet to submit an annual report for the entire holding, but the Dutch company had a turnover of 16 million euros and an after-tax profit of 5 per cent. Mecanoo had a turnover of 12 million euros and an 11 per cent profit.[48] According to CBS figures, the average after-tax profit margin for architectural and engineering firms in 2021 was 12 per cent.[49]

When these results are placed alongside the turnover of the major developers and construction companies active in the

Netherlands, it is clear that 2022 results gave cause for optimism. Heijmans made a record profit of 59 million euros (3 per cent) on a turnover of 1.8 million euros. BPD had a turnover of 1.3 million euros and a profit of 126 million (9 per cent); the Dutch division of BAM booked a turnover of 2.9 billion euros and a 172 million profit (6 per cent).[50] The EIB (Economic Institute for Construction), put the rate of return in the contracting world in 2021 at a pretty healthy 18 per cent. At the end of 2022, Dutch pension funds had a total of 158 billion euros invested in real estate, or 10.9 per cent of their total invested capital.[51] Expenditure on 'lefty hobbies' like research and international exchange in architecture represented around 0.3 per cent of the total turnover of the building chain, primarily government-funded. The budget for publications on architecture in all this is negligible.[52]

The still underwhelming sustainability of Dutch architects

Anyone who takes LinkedIn posts at face value would be disposed to believe that Dutch construction is already almost completely sustainable. Unfortunately, that is not the case. Although green-house gas emissions caused by the built environment continue to decline in the Netherlands, climate neutrality is still a long way off in Dutch construction. According to the 2022 *Circularity Gap Report*, while 88 per cent of Dutch construction waste is recycled and less than 10 per cent ends up at the rubbish dump or in the incinerator, the bulk of all recycled and down-cycled materials ends up as road-construction aggregate. Only 8 per cent of building materials consist of recycled material. Every year 20 million tonnes of materials are used in Dutch construction, 90 per cent of which consists of newly extracted materials, in particular for the production of brick and concrete. According to the report, only 1 per cent consists of regenerative or bio-based material. ING Group reports that while the percentage of timber is on the rise, cement and concrete construction is increasing at the same rate.[53]

en er minder dan 10 procent eindigt op de vuilnisbelt of in de verbrander, maar ook dat het overgrote deel van alle recycling en downcycling tot aggregaat in de wegenbouw leidt. Slechts 8 procent van het bouwmateriaal bestaat uit hergebruikt materiaal. Er wordt jaarlijks 20 miljoen ton aan materiaal gebruikt in de Nederlandse bouw, waarvan 90 procent uit nieuw materiaal bestaat, met name baksteen en beton. Slechts 1 procent bestaat volgens het rapport uit regeneratieve of biobased materialen. Volgens ING groeit het aandeel houtbouw weliswaar, maar de cement- en betonbouw groeit even hard.[53]

Wat we niet weten, maar zouden moeten weten

Het CBS geniet dit jaar zijn 125-jarig bestaan. Het was ooit het product van maatschappelijke onmacht. Opkomende socialisten wilden onder leiding van politicus Domela Nieuwenhuis (1846–1919) nauwkeuriger kunnen weten hoe slecht het met de arbeider gesteld was. Men probeerde samenlevingbrede waarnemingen te verkrijgen, op basis waarvan beleid getoetst kon worden. Statistiek was een middel om de onmacht van onwetendheid op te heffen en door gedeelde kennis grip te krijgen op het maken van een voor iedereen acceptabel beeld. Statistiek werd daarna vrij snel door links en rechts omarmd en stond aan de wieg van de technocratie. Het zorgde ervoor dat meningen er steeds minder toededen, de feiten en cijfers spraken voor zich. Het was lange tijd een motor onder het onbetwistbare doel van toenemende economische voorspoed. Dat onze economische groei in percentages uitgedrukt kon worden gaf vertrouwen, maar maakte ons vervolgens ook verslaafd aan die groei. Zaken die moeilijker te kwantificeren waren als kwaliteit, schoonheid, waardigheid, experiment en natuur kwamen steeds verder buitenspel te staan of werden niet mee geteld.

In 2005 publiceerde Kevin O'Keefe *The Average American: The Extraordinary Search for the Nation's Most Ordinary*

Citizen, een vrij lichtvoetig boek over zijn zoektocht naar de gemiddelde Amerikaan. Spoileralert: hij vond hem/haar niet. Want gaandeweg zijn zoektocht kwam hij erachter dat hoe meer data hij vond, hoe onscherper het beeld eigenlijk werd. Hij raakte verstrikt in een web van vragen waar hij die Amerikaan(se) nou echt zou moeten vinden. In ons land werd in 2007 de uitspraak 'Dé Nederlander bestaat niet' als een publieke faux pas beschouwd van prinses Máxima. Al die data met gemiddelden maken een belofte van kennis niet altijd waar. Meer recent betoogde voormalig PvdA-prominent en publicist Paul Scheffer in *de Volkskrant* dat winst van de PVV in de verkiezingen van 2023 niet voortkomt uit een probleem met vluchtelingen *an sich*, maar uit het gevoel van onmacht over stromen die niet gestuurd kunnen worden. De samenleving ziet getallen voorbijkomen, maar heeft geen idee wat eraan gedaan zou kunnen worden. Zou hetzelfde niet ook kunnen gelden voor architecten en hun werk?

De hoeveelheid beschikbare data over het vak is even gigantisch als nietig. Velen van u zijn waarschijnlijk ergens afgehaakt in de bovenstaande opsomming, omdat het simpelweg te veel is. Sommige data, bijvoorbeeld over de aantallen architecten of de precieze verdiensten, lijken haaks op elkaar te staan of zijn moeilijk te begrijpen. Onze zoektocht naar een fundering voor dit Jaarboek maakte des te meer duidelijk wat we met name niét weten. Uit de afgehakte hopen steen van Michelangelo's beeldhouwwerk blijkt dat we over de belangrijkste thema's in het maatschappelijke debat bijzonder veel meningen hebben, maar nauwelijks iets echt weten. Betrouwbare data over milieu-impact zijn er nauwelijks, over diversiteit in de sector net zo. We weten niet wat de samenleving van 'onze' architectuur vindt. We weten niet hoe de technische ontwikkeling de levensduur van gebouwen beïnvloedt. Over levensduur van gebouwen weten we sowieso nauwelijks iets. Het is gissen naar de omvang van de effecten van bodemdaling op bouw in een land waar de meeste nieuwbouw op kwetsbare

What we don't know, but should know

The CBS, which celebrates its 125th anniversary this year, was the product of a sense of social impotence. Emerging socialists led by the politician Domela Nieuwenhuis (1846-1919) wanted more accurate information about just how bad conditions were for workers. They were keen to obtain society-wide observational data that could be used to evaluate policy. Statistics were seen as a means to ending the impotence of ignorance and, through shared knowledge, to understanding how to create an image of reality acceptable to all. Statistics, which were fairly rapidly embraced by both sides of politics, laid the foundations of technocracy. One outcome was that opinions mattered less and less: facts and figures spoke for themselves. For a long time, they were a driving force behind the pursuit of the unquestioned goal of increasing economic prosperity. The fact that economic growth could be expressed in percentages inspired confidence, but also meant that society became addicted to that growth. Things that were more difficult to quantify, like quality, beauty, dignity, innovation and nature were increasingly sidelined or not counted at all.

In 2005 Kevin O'Keefe published *The Average American: The Extraordinary Search for the Nation's Most Ordinary Citizen*, a fairly light-hearted book about his search for the average American. Spoiler alert: he failed to find them. As his search proceeded, he realized that the more data he accumulated, the more blurred the picture became. He became tangled in a web of questions as to where exactly he should look for that average American. In the Netherlands in 2007 Princess Maxima stated that 'The typical Dutch man or woman does not exist'. (Unfortunately, the wording was sufficiently ambiguous that it could be misinterpreted as 'there is no such thing as a Dutch identity' and regarded as a public faux pas.) The take-home message here is that the wealth of data on averages does equate to knowledge. More recently Paul Scheffer, a former labour party luminary and publicist, argued in *de Volkskrant* that the right-wing PVV's

success in the 2023 elections was due not to a problem with refugees as such, but to a feeling of powerlessness to do anything to stem the tide. Society sees the statistics but has no idea what can be done about it. Might the same not also apply to architects and their work?

The amount of available data about the profession is both prodigious and paltry. Many of you probably gave up at some point in the preceding enumeration because it is simply too overwhelming. Some of the data, such as the number of architects or the precise earnings, seems contradictory, or difficult to understand. Our search for a basis for this Yearbook served to highlight those things that we *don't* know. What those piles of marble chips from Michelangelo's sculpture tell us is that when it comes to the most important themes in the social debate, we have an awful lot of opinions but very little actual knowledge. Reliable data on environmental impact is hard to come by, likewise data on diversity in the sector. We don't know what society thinks about 'our' architecture. We don't know how technological developments affect the lifespan of buildings. In fact, we know very little about the lifespan of buildings full stop. We are left guessing as to the magnitude of the effects of ground subsidence on construction in a country where most new-build takes place on vulnerable land. The enormous financial construct underpinning our architecture is completely obscure, from investors, through valuation and depreciation, to taxation, and yet it is crucial to the significance and quality of that architecture.

That is why the most telling moment of 2023 for architecture in the Netherlands was a roundtable discussion with the House of Representatives. Respected representatives from the architectural community, minus the BNA, had been invited by the House – four of whose one hundred and fifty members were present – not as experts on the above-mentioned social issues, but as mediators of beauty. Because that is what architects do according to society, isn't it? The experts patiently explained the wide-

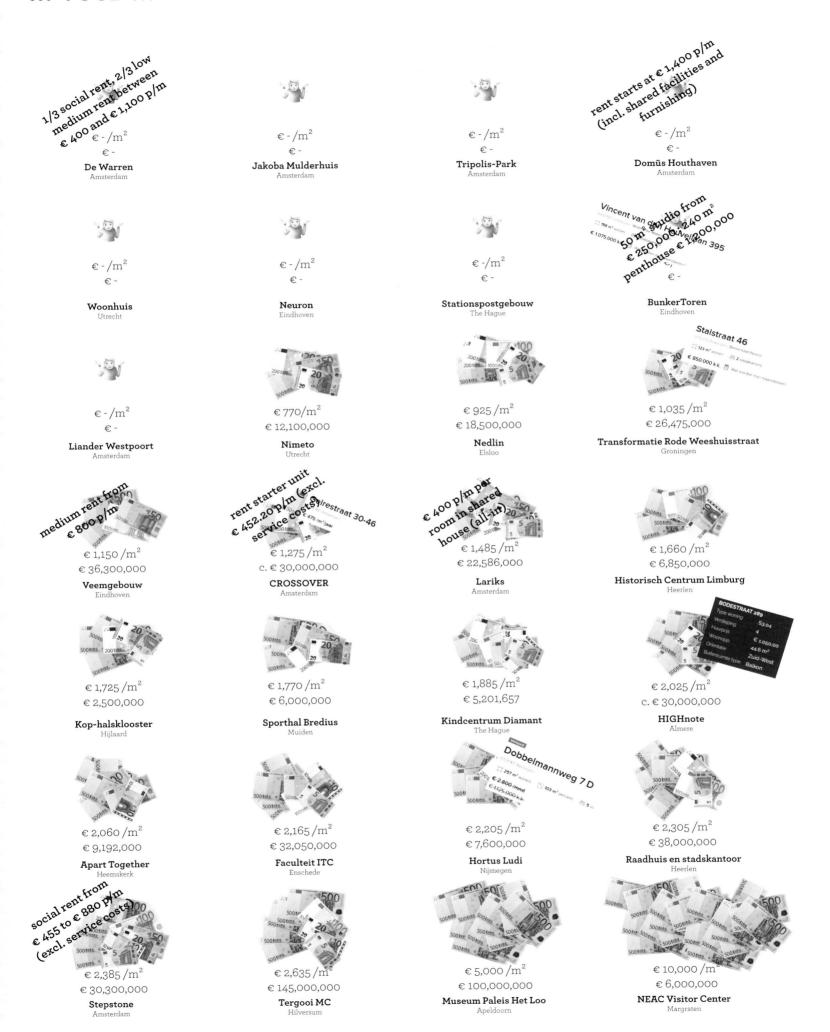

1/3 social rent, 2/3 low medium rent between € 400 and € 1,100 p/m

€ - /m^2
€ -

De Warren
Amsterdam

€ - /m^2
€ -

Jakoba Mulderhuis
Amsterdam

€ - /m^2
€ -

Tripolis-Park
Amsterdam

rent starts at € 1,400 p/m (incl. shared facilities and furnishing)

€ - /m^2
€ -

Domūs Houthaven
Amsterdam

€ - /m^2
€ -

Woonhuis
Utrecht

€ - /m^2
€ -

Neuron
Eindhoven

€ - /m^2
€ -

Stationspostgebouw
The Hague

Vincent van Gogh studio from 50 m^2 / 240 m^2 € 250,000 / € 1,200,000 penthouse € 1 van 395

€ -

BunkerToren
Eindhoven

€ - /m^2
€ -

Liander Westpoort
Amsterdam

€ 770 /m^2
€ 12,100,000

Nimeto
Utrecht

€ 925 /m^2
€ 18,500,000

Nedlin
Elsloo

Stalstraat 46
123 m^2 wonen — Binnenstad-Noord
€ 850 000 k.k. — 2 slaapkamers
Wat worden mijn maandlasten?

€ 1,035 /m^2
€ 26,475,000

Transformatie Rode Weeshuisstraat
Groningen

medium rent from € 800 p/m

€ 1,150 /m^2
€ 36,300,000

Veemgebouw
Eindhoven

rent starter unit € 452.20 p/m (excl. service costs)
€ 475 /m^2/jaar

€ 1,275 /m^2
c. € 30,000,000

CROSSOVER
Amsterdam

€ 400 p/m per room in shared house (all-in)

€ 1,485 /m^2
€ 22,586,000

Lariks
Amsterdam

€ 1,660 /m^2
€ 6,850,000

Historisch Centrum Limburg
Heerlen

€ 1,725 /m^2
€ 2,500,000

Kop-halsklooster
Hijlaard

€ 1,770 /m^2
€ 6,000,000

Sporthal Bredius
Muiden

€ 1,885 /m^2
€ 5,201,657

Kindcentrum Diamant
The Hague

BODESTRAAT 289
Type woning S3.04
Verdieping 4
Huurprijs € 1.050.00
Woonopp. 44.6 m^2
Orientatie Zuid-West
Buitenruimte type Balkon

€ 2,025 /m^2
c. € 30,000,000

HIGHnote
Almere

€ 2,060 /m^2
€ 9,192,000

Apart Together
Heemskerk

€ 2,165 /m^2
€ 32,050,000

Faculteit ITC
Enschede

Dobbelmannweg 7 D
257 m^2 wonen
€ 2.800 /mnd — 103 m^2 perceel
€ 1125.000 k.k. — 5 k.

€ 2,205 /m^2
€ 7,600,000

Hortus Ludi
Nijmegen

€ 2,305 /m^2
€ 38,000,000

Raadhuis en stadskantoor
Heerlen

social rent from € 455 to € 880 p/m (excl. service costs)

€ 2,385 /m^2
€ 30,300,000

Stepstone
Amsterdam

€ 2,635 /m^2
€ 145,000,000

Tergooi MC
Hilversum

€ 5,000 /m^2
€ 100,000,000

Museum Paleis Het Loo
Apeldoorn

€ 10,000 /m^2
€ 6,000,000

NEAC Visitor Center
Margraten

... en ook nog duurzaam?

... and also sustainable?

Stepstone
Amsterdam

Thermal energy
storage system

Transformatie Rode Weeshuisstraat
Groningen

Apartments have energy rating A+++
(natural gas-free, heatpump, triple glass),
Commercial ground floor energy rating A+++ and
A++ (natural gas-free, air heat pump)

De Warren
Amsterdam

EPC score of -0.16, hybrid-timber construction,
reuse of wooden facade cladding

Historisch Centrum Limburg
Heerlen

Meets BENG requirements, PV panels on
the roof, box-in-box construction allowing
an unheated intermediate climate,
preservation of the original facade, new
insulated inner facade, heat recovery
system, and prepared for future connection
to collective heat pump

CROSSOVER
Amsterdam

EPC = 0, Thermal energy storage system, PV panels
on the roof, prefab construction elements to
prevent waste, window recesses finished in
bamboo, and the exterior galleries are finished with
FSC-certified wood, the residential facades
constructed with timber frame construction, the
office section has a demountable steel structure,
the building will receive a materials passport

Kop-halsklooster
Hijlaard

Dwellings have A energy rating; building is gas-
free; rainwater tanks for grey water supply
(30,000 litres); existing materials recycled

Jakoba Mulderhuis
Amsterdam

NEAC Visitor Center
Margraten

No data provided

Tripolis-Park
Amsterdam

Faculteit ITC
Enschede

Environmental Performance Building rating (MPG)
0.63 €/m², GPR (Municipal Practice Guideline) energy
rating: 9.4, average 8.0, energy demand 47 kWh/m² per
year, primary energy use: 22.5 kWh/m² per year,
renewable energy: 48.9%, energy label upgraded from G
to A++

Veemgebouw
Eindhoven

Apartments connected to EQW2 thermal energy storage system, PV panels on the roof provide electricity for
the energy storage system

Museum Paleis Het Loo
Apeldoorn

BREEAM® EXCELLENT

BREEAM In-Use 'Excellent'
client ambition

Domūs Houthaven
Amsterdam

EPC = 0.15

Nedlin
Elsloo

BREEAM® OUTSTANDING

Hortus Ludi
Nijmegen

Environmental Performance Building rating (MPG)
€0.44 MKI/m² (GFA) per year, Material-bound CO2-
emissions 166.96 kg CO2-eq/m² (GFA) Material-
bound CO2 storage 39.5 ton CO2-eq, Material-bound
CO2 storage per m2 119.88 kg CO2-eq/m² (GFA) BCI
(Building Circularity Index) 65%, 127 nest boxes for 5
different species

Neuron
Eindhoven

Renovated to new construction standards, a lot of built-in
flexibility, mostly equipped with a new insulating building
envelope, new energy-efficient building services, PV panels,
sections of roof structure reused, new atrium structure is
made of laminated wood, amount of wood used
(Horizontally Laminated Spruce 70% PEFC) is 67m³

Lariks
Amsterdam

In accordance with legal requirements at
the time of building permit application in
March 2020

Raadhuis en stadskantoor
Heerlen

EPC < 0 (-0.13)
GPR (Municipal Practice Guideline) on
average for town hall 8.4,
for municipal offices 8.6

Stationspostgebouw
The Hague

Designed according to WELL and
BREEAM standards, first national
monument to achieve the Netherlands' highest energy rating (A)

Kindcentrum Diamant
The Hague

EPC education classification = 0.20
Meets BENG requirements and Frisse Scholen
class B standards for ventilation and temperature.

BunkerToren
Eindhoven

Approximately 3,000 m² of the original building reused
in new design, moss-sedum roof with 400 PV panels,
apartments connected to thermal energy storage
system, completely natural gas-free., creation of
BunkerPark with 13,000 m² of green space, various rain
gardens ensure water retention and irrigation.

Apart Together
Heemskerk

Energy-neutral homes,
energy rating A++

Woonhuis
Utrecht

No data provided

Nimeto
Utrecht

No data provided

Tergooi MC
Hilversum

EPC = 0.7,
energy rating A+++

Sporthal Bredius
Muiden

Circular, interactive
materials passport

HIGHnote
Almere

Self-supporting, prefabricated facade elements
which shortened construction time and reduce
emissions, flexible layout with eye to future
modifications

Liander Westpoort
Amsterdam

EPC = 0
Environmental Performance
Building rating (MPG) = 0.36
Sequestered CO2: 1,195 tonnes

gronden plaatsvindt. Het immense financiële construct onder onze architectuur is volstrekt onduidelijk, van investeerders, tot waardebepaling tot afschrijvingen en belastingheffing, terwijl het allesbepalend is voor de betekenis en kwaliteit van die architectuur.

Daarom was het meest tekenende moment van 2023 voor architectuur in Nederland een rondetafelgesprek met de Tweede Kamer. Gerespecteerde representanten uit de architectuur minus de BNA waren uitgenodigd door de Kamer – die met vier van de honderdvijftig Kamerleden was aangetreden – niet om als deskundigen over de bovenstaande maatschappelijke thema's te spreken, maar over schoonheid. Want dat is wat architecten doen volgens de samenleving? Geduldig legden de experts uit hoe breedvertakt het ruimtelijke vraagstuk is, maar het was grotendeels vooralsnog aan dovemansoren gericht.

'Technology is the answer, but what was the question?', is een provocerende stelling die Cedric Price in de late jaren zestig van de vorige eeuw poneerde over technologie. We lijken op eenzelfde moment beland, waarbij we een fundamentele herijking van een politiek en economisch systeem zoeken. We blijken nog niet in staat de juiste vragen te stellen aan onze omgeving om de aansluiting met de maatschappij te vinden. We hebben een Domela Nieuwenhuis nodig die ons weer met elkaar in contact brengt. Wat zijn de feiten die we daarvoor nodig hebben? Welke rol nemen ze in, in het vak? Nu samenwerking tussen instituten als Nieuwe Instituut, IABR, lokale architectuurcentra, het Stimuleringsfonds Creatieve Industrie (en wie weet een hernieuwde BNA) gelukkig weer toeneemt in deze jaren, moet dit dan niet hun gedeelde agenda zijn? Niet voor de 0,15 procent, maar juist de minder sexy 99,85 procent? Laten we ons minder blindstaren op het beeld van Michelangelo, en meer op de brokstukken die hij achterliet. En wat betreft de meest populaire toiletpot van Nederland, dit blijft moeilijk vast te stellen, maar ons geld zetten we in op de Geberit iCon wandcloset met een UP320 duofix inbouwreservoir.

ranging ramifications of the spatial issue, but on this occasion most of it fell on deaf ears.

'Technology is the answer, but what was the question?', was the provocative challenge on the subject of technology issued by Cedric Price in the late 1960s. We appear to have arrived at a similar juncture, only now we are seeking a fundamental recalibration of a political and economic system. It seems we are not yet capable of asking the right questions of our surroundings that would allow us to engage with society. We need a Domela Nieuwenhuis to restore our contact with one another. What facts do we require in order to achieve that? What role do they play in the profession? Now that collaboration between institutions like Nieuwe Instituut, IABR, local architecture centres, the Creative Industry Fund NL (and perhaps even a renewed BNA) is recovering, shouldn't this be their common agenda? Not in the interests of the 0.15 per cent, but of the less sexy 99.85 per cent? Let's fixate less on Michelangelo's angel, and more on the fragments he left behind. As to the question of the most popular toilet bowl in the Netherlands: it's not easy to determine, but our money's on the Geberit iCon wall-hung bowl with a UP320 duofix in-wall cistern.

Noten

1 Dit is op basis van 20.951 bouw-vergunningen die over de periode van een jaar worden uitgegeven. Bron: CBS Bouwvergunningen; aantal, bouwkosten, index, aard werk, bestemming, februari 2024. De projecten in het Jaarboek kennen elk hun eigen tijdspad en vergunningmomenten, waardoor dit cijfer eerder een relatieve indicatie is dan een hard gegeven. In het gebruik van statistische gegevens is zoveel mogelijk gestreefd om meest recente data te gebruiken over het jaar 2023.

2 CBS.nl Bouwvergunningen; bedrijfsgebouwen, bedrijfstak, regio, bekeken over de periode december 2022–november 2023; bezocht voorjaar 2024.

3 CBS.nl Bouwvergunningen; aantal, bouwkosten, index, aard werk, bestemming, bekeken over de periode december 2022–november 2023, bezocht voorjaar 2024.

4 Architects Council of Europe observatory, Type of work, data uit 2022, aceobservatory.com/ M_Type.aspx?Y=2018&c= Europe&l=EN.

5 Panteia, 'BNA Benchmark Jaarcijfers onderzoek rapportage boekjaar 2022', p. 4.

6 CBS.nl, Bouw; bouwkosten naar bestemming, bouwfase, opdrachtgever, gegevens bijgewerkt op 31 januari 2024.

7 CBS.nl, Woningvoorraad; woningtype op 1 januari, regio, gegevens

bijgewerkt op 31 januari 2024.

8 Volgens het kabinet wordt in ieder geval een forse dip verwacht, volgens NEPROM zou dit tot 50% kunnen oplopen op basis van een enquête onder hun leden.

9 In 2021 lag de Nederlandse woningprijs 33% boven het Europese gemiddelde. Bron: Eurostat, Investment in housing in the EU, 2021 (ec.europa.eu/eurostat/ cache/digpub/housing/bloc-3a. html?lang=en.)

10 Panteia, 'De Nederlandse economie naar sector, regio en bedrijfsgrootte 2021–2025', 2021. De gebruikte data hebben betrekking op 2019.

11 CBS, Bouwvergunningen; kerncijfers nieuwbouwwoningen; bouwkosten, inhoud, regio, februari 2024.

12 CBS.nl, woningmarkt, voorjaar 2023.

13 Eurostat, Evolution of the housing market, 2021, ec.europa.eu/eurostat/cache/digpub/european_ economy/bloc-2c.html.

14 Redactie Installatie, 'Aandeel installatie in bouw blijft groeien', 22 november 2018; www.installatie.nl/nieuws/aandeel-installatie-in-bouw-blijft-groeien/.

15 Dit is onder meer door industriële woningbouwexpert Marjet Rutten voorspeld: marjetrutten.nl/wishful-thinking-of-enorme-groei-industriele-woningen-in-2023/.

16 CBS, 'Ruim 73 duizend nieuwbouw woningen, www.cbs.nl/nl-nl/

nieuws/ 2024/05/ruim-73-duizend-nieuwbouwwoningen-in-2023.

17 CBS.nl, Voorraad woningen; gemiddeld oppervlak; woningtype, bouwjaarklasse, regio, september 2023.

18 Zie noot 7 en Shrinkthatfootprint, shrinkthatfootprint.com/how-big-is-a-house/, bezocht voorjaar 2024.

19 Er is volgens Cobouw Analytics in totaal 125 miljoen m² kantooroppervlak in Nederland in 2023 (www.cobouw.nl/308211/de-kantoortuin-heeft-afgedaan). Volgens Retail Insiders is er 27,5 miljoen m² winkeloppervlak in Nederland in 2022 (www.retailinsiders.nl/ branches/retailsector/retail-totaal/). In beide artikelen wordt gesproken over een neerwaartse trend. Voor ander bodemgebruik is longreads.cbs.nl/nederland-in-cijfers-2020/hoe-wordt-de-nederlandse-bodem-gebruikt/ uit 2020 gebruikt.

20 CBS.nl, Bedrijven; bedrijfstak, op basis van KvK-registraties in het eerste kwartaal 2024. Het daadwerkelijke aantal architecten is moeilijk te bepalen. Het CBS en de BNA nemen het aantal architecten in het architectenregister als maatstaf, maar aangezien het register relatief nieuw is en niet alle werkzame architecten erin opgenomen zijn, is gekozen voor de bredere registratie van de Kamer van Koophandel. De BNA voegt in zijn Branche Benchmark (2023) als

nieuws/ 2024/05/ruim-73-duizend-nieuwbouwwoningen-in-2023.

noot toe dat niet iedereen die in het register is opgenomen praktiserend architect is.

21 Op basis van KvK-registraties. In het eerste kwartaal van 2023 was 82% daarvan een eenpersoonsonderneming, in het eerste kwartaal van 2024 was dit 84%.

22 Architects' Council of Europe, The Architectural Profession in Europe 2020. A Sector Study, april 2021, p. 2-30.

23 ACE Observatory, Practices, data over 2020, aceobservatory.com/ M_Sectors. aspx?Y=2018&c=Europe&l=EN.

24 Rob Hendriks, 'Hbo-student kiest vaker voor de bouw, maar niet voor de infra', Cobouw, 27 juli 2024.

25 CBS, 2021. Ter vergelijking, voor Europa is dit aantal ongeveer 1 op 1.000 volgens de ACE Observatory-data.

26 College van Rijksadviseurs, 'De ruimtelijke ontwerpsector ontleed', 21 juni 2021, p. 68.

27 CBS Architectenmonitor 2021, 2023.

28 www.nationaleberoepengids.nl/ salaris/architect#marktconform.

29 Best betaalde beroepen, Loonwijzer.nl, loonwijzer.nl/carriere/ best-betaalde-beroepen.

30 Er zijn veel verschillende bronnen voor de verdiensten van architecten in Nederland. De opgave van ACE geeft ongeveer het gemiddelde aan.

31 CBS, 'Kenmerken van de architect, 2021', april 2023. Hierbij is uitge-

Notes

1 This is based on 20,951 building permits issued over a period of one year. Source: CBS Bouwvergunningen; aantal, bouwkosten, index, aard werk, bestemming, February 2024. Application time frames and permit procedures differ from one project to the next, so this number should be seen as an approximation rather than a hard fact. When citing statistical data, an effort has been made to use most recent data available for the year 2023.

2 CBS.nl Bouwvergunningen; bedrijfsgebouwen, bedrijfstak, regio, bekeken over de periode december 2022-november 2023; accessed spring 2024.

3 CBS.nl Bouwvergunningen; aantal, bouwkosten, index, aard werk, bestemming, bekeken over de periode december 2022-november 2023, accessed spring 2024.

4 Architects Council of Europe observatory, Type of work, data from 2022, aceobservatory. com/M_Type.aspx?Y=2018&l=Europe&l=AND.

5 Panteia, 'BNA Benchmark Jaarcijfers onderzoek rapportage boekjaar 2022', p. 4.

6 CBS.nl, Bouw; bouwkosten naar bestemming, bouwfase, opdrachtgever, data updated on 31 January 2024.

7 CBS.nl, Woningvoorraad; woningtype op 1 januari, regio, data updated on 31 January 2024.

8 According to the government a

'marked decline' is expected, according to NEPROM (Association of Dutch Property Developers) it could amount to as much as 50% based on a survey of its members.

9 In 2021 Dutch house prices were 33% above the European average. Source: Eurostat, Investment in housing in the EU, 2021 (ec.europa. eu/eurostat/cache/digpub/housing /bloc-3a.html?lang=en).

10 Panteia, 'De Nederlandse economie naar sector, regio en bedrijfsgrootte 2021–2025', 2021. The data cited relate to 2019.

11 CBS, Bouwvergunningen; kerncijfers nieuwbouwwoningen; bouwkosten, inhoud, regio, February 2024.

12 CBS.nl, woningmarkt, spring 2023.

13 Eurostat, Evolution of the housing market, 2021, ec.europa.eu/eurostat/cache/digpub/european_ economy/bloc-2c.html.

14 Redactie Installatie, 'Aandeel installatie in bouw blijft groeien', 22 November 2018; www.installatie.nl/nieuws/aandeel-installatie-in-bouw-blijft-groeien/.

15 Among those who predict this is industrial housing expert Marjet Rutten: marjetrutten.nl/wishful-thinking-of-enorme-groei-industriele-woningen-in-2023/.

16 CBS, 'Ruim 73 duizend nieuwbouw woningen', www.cbs.nl/nl-nl/ nieuws/2024/05/ruim-73-duizend-nieuwbouwwoningen-in-2023.

17 CBS.nl, Voorraad woningen; gemiddeld oppervlak; woningtype,

bouwjaarklasse, regio, September 2023.

18 See note 7 and Shrinkthatfootprint, shrinkthatfootprint.com/how-big-is-a-house/, accessed spring 2024.

19 According to Cobouw Analytics there was a total of 125 million m² office space in the Netherlands in 2023 (www.cobouw.nl/308211/ de-kantoortuin-heeft-afgedaan). According to Retail Insiders there are 27.5 million m² of retail space in the Netherlands in 2022 (www. retailinsiders.nl/branches/ retailsector/retail-totaal/). Both articles note a downwards trend. For statistics on other types of land use, the 2020 figures from longreads.cbs.nl/nederland-in-cijfers-2020/hoe-wordt-de-nederlandse-bodem-gebruikt/ were used.

20 CBS.nl, Bedrijven; bedrijfstak, op basis van KvK-registraties in het eerste kwartaal 2024. The actual number of architects is difficult to determine. The CBS and the BNA use the number of architects in the register of architects as their benchmark, but since the register is relatively new and does not include all active architects, we have opted for the Chamber of Commerce's more wide-ranging registry. In its Branche Benchmark (2023), the BNA adds a note to the effect that not everyone on the register is a practising architect.

21 Based on KvK (Chamber of Commerce) registrations. In the

first quarter of 2023, 82% of registered firms were one-person operations, in the first quarter of 2024 this had risen to 84%.

22 Architects' Council of Europe, The Architectural Profession in Europe 2020. A Sector Study, April 2021, pp. 2-30.

23 ACE Observatory, Practices, Data over 2020, aceobservatory. com/M_Sectors.aspx?Y=2018&c= Europe&l=EN.

24 Rob Hendriks, 'Hbo-student kiest vaker voor de bouw, maar niet voor de infra', Cobouw, 27 July 2024.

25 CBS, 2021. By way of comparison, in Europe as a whole the figure is 1 in 1000, according to ACE Observatory-data.

26 College van Rijksadviseurs, 'De ruimtelijke ontwerpsector ontleed', 21 June 2021, p. 68.

27 CBS Architectenmonitor 2021, 2023.

28 www.nationaleberoepengids.nl/ salaris/architect#marktconform.

29 Best betaalde beroepen, Loonwijzer.nl, loonwijzer.nl/ carriere/best-betaalde-beroepen.

30 There are many different sources for the earnings of architects in the Netherlands. The ACE provides a roughly average figure.

31 CBS, 'Kenmerken van de architect, 2021', April 2023. This is based on the entire design profession including interior designers, urban designers, landscape architects and structural engineers. The proportion of women is lowest among structural engineers: 24%.

gaan voor de gehele beroepsgroep inclusief interieurontwerpers, stedenbouwkundigen, landschaps- en bouwkundig architecten. Onder bouwkundig architecten is het aandeel het laagst met 24%.

32 ACE Observatory, data voor 2022: 48% vrouw, 52% man; aceobservatory.com/A_Gender aspx?Y=2020 &c=Europe&l=EN.

33 CBS Architectenmonitor 2021, 2023.

34 F. Cörvers e.a., *Status en imago van de leraar in de 21ste eeuw* (ROA Rapport), Maastricht: Maastricht University/ROA, 2017, p. 69. Onderzoek van recentere datum lijkt niet beschikbaar.

35 Meest voorkomende beroepen, 2022, www.solliciteer.net/blog/meest-voorkomende-beroepen/, bezocht voorjaar 2024.

36 CBS Culturele Diversiteit Barometer, gegevens over 2022. Uiteraard zegt het herkomstland niet alles over de werkelijke diversiteit en vormt dit de achilleshiel van deze data.

37 'Voor architectuur ontbreekt het echter aan een structurele vorm van monitoring en gegevensverzameling om op dit moment verder te kijken dan de vrouw-man-verhouding.' Maartje Goedhart en Sabine Zwart op cultuurmonitor. nl, www.cultuurmonitor.nl/ domein/architectuur/. Laatste update 24 december 2022.

38 Matthijs Bolt, Martin Koning en Nylas Visser, *Buitenlandse arbeidskrachten in de bouw. Onderzoek naar de omvang van en ervaringen met de inzet van buitenlandse werkkrachten*, Amsterdam: EIB, 2019, ww.eib.nl/pdf/ Buitenlandse%20arbeidskrachten %20in%20de%20Bouw.pdf.

39 BNA Benchmark Jaarcijfers onderzoek rapportage boekjaar 2022, p. 14. Dit is op basis van een steekproef onder BNA-leden. De ACE Observatory – Sectors data geeft een iets ander beeld voor 2020, dat niet geheel strookt met de BNA-data. Hierin is een hoger aandeel industrie (12%) en 7% kantoren, 7% gezondheidszorg, 6% in respectievelijk leisure en retail. aceobservatory.com/M_Sectors. aspx?Y=2020&c=Europe &l=EN.

40 BNA Benchmark, 2023, data voor 2022. Privaat: particulier (28%), bedrijfsleven (18%), projectontwikkelaars (18%), aannemers (5%), publiek: corporaties (5%), overheid (10%).

41 Bron ACE Observatory, Competitions, data voor 2020, aceobservatory.com/P_Competitions. aspx?Y=2020&c=Europe&l=EN

42 BNA Benchmark Jaarcijfers onderzoek Rapportage boekjaar 2022, p. 32.

43 BNA Benchmark Jaarcijfers onderzoek Rapportage boekjaar 2022, p. 27.

44 De BNA Benchmark Jaarcijfers neemt twee tarieven mee in hun onderzoek: een voor 'ontwerp en architectuur', dat van toepassing is op met name grotere bureaus (115 euro/uur in 2022), en een 'all-intarief' voor kleinere bureaus (102 euro/uur in 2022).

45 Nylas Visser, *Monitor bouwketen. Najaar 2023*, Amsterdam: EIB, december, p. 6.

46 Nylas Visser, *Monitor bouwketen Voorjaar 2023*, Amsterdam: EIB, juni, p. 8.

47 Maurice van Sante, 'ING Woningbouw ruim 40% efficiënter maar bouw toch nog steeds duurder', 31 oktober 2022, www.ing.nl/zakelijk/sector/building-and-construction/arbeidsproductiviteit-bouw.

48 De omzet en winst cijfers van de bureaus zijn op basis van de publiekelijk toegankelijke jaarverslagen gedeponeerd bij de KvK. Er is hierbij in alle gevallen gekeken op holdingniveau en is dus op basis van Nederlandse en internationale projecten. Het kan zijn dat niet alle in het buitenland opererende takken van bureaus onderdeel zijn van de holding.

49 CBS, Bedrijfsleven; arbeids- en financiële gegevens, per branche, SBI 2008, mei 2023.

50 De omzet van VolkerWessels ging naar 6.599 miljoen met 260 miljoen euro winst. TBI had een omzet van 2.299 miljoen euro en 15 miljoen euro winst; Van Wijnen 1.252 miljoen euro omzet, 11,9 miljoen euro winst; Dura Vermeer 1.818 miljoen euro omzet, 50 miljoen euro winst; Ballast Nedam 1.430 miljoen, 31 miljoen winst. Alle data zijn afkomstig uit publiek toegankelijke jaarcijfers van de desbetreffende bedrijven.

51 Op basis van de per saldo 14,6 miljard euro verlies die pensioenfondsen in 2022 op hun vastgoedbeleggingen leden, www.dnb.nl/ nieuws-statistiek/statistisch-nieuwsbericht-2023/pensioenfondsen-lijden-verliezen-op-vastgoed/.

52 De totale omzet van de bouw was in 2022 volgens het EIB 28,3 miljard euro. Voor onderzoek en uitwisseling worden de totale gelden niet bijgehouden. Voor de berekening hier zijn de gelden vanuit OCW voor de BIS-regeling ontwerp, het Stimuleringsfonds Creatieve Industrie en enkele private fondsen bij elkaar gevoegd en verdubbeld om een marge te behouden voor de moeilijk te traceren gelden op provincie en gemeenteniveau. Deze optelsom levert 100 miljoen euro als zeer grove schatting, die eerder aan de hoge dan aan de lage kant zal zijn. Het feit dat maar een kwart van het budget van het Stimuleringsfonds Creatieve Industrie naar architectuur gaat, is bijvoorbeeld niet meegenomen. Meer onderzoek is nodig om dit getal aan te scherpen.

53 Maurice van Sante, 'ING Houtbouw: duurzamer, lichter en ideaal voor industrialisatie bouwproces', 1 juli 2022. www.ing.nl/zakelijk/ sector/building-and-construction/bouwen-met-hout.

32 ACE Observatory, data for 2022: 48% women, 52% men; aceobservatory.com/A_Gender. aspx?Y=2020&c=Europe&l=EN.

33 CBS Architectenmonitor 2021, 2023.

34 F. Cörvers et al., *Status en imago van de leraar in de 21ste eeuw* (ROA Rapport), Maastricht: Maastricht University/ROA, 2017, p. 69. More recent research does not appear to be available.

35 Most common occupations, 2022, www.solliciteer.net/blog/meest-voorkomende-beroepen/, accessed spring 2024.

36 CBS Culturele Diversiteit Barometer, data for 2022. Obviously, the country of origin is not the whole story of actual diversity, and it is the Achilles heel of this data.

37 'In the case of architecture, however, there is no structural form of monitoring and data collection beyond the ratio of women to men.' Maartje Goedhart and Sabine Zwart on cultuurmonitor.nl, www.cultuurmonitor.nl/domein/architectuur/. Last updated 24 December 2022.

38 Matthijs Bolt, Martin Koning and Nylas Visser, *Buitenlandse arbeidskrachten in de bouw. Onderzoek naar de omvang van en ervaringen met de inzet van buitenlandse werkkrachten*, Amsterdam: EIB, 2019, ww.eib.nl/pdf/Buitenlandse%20arbeidskrachten%20 in%20de%20Bouw.pdf.

39 BNA Benchmark Jaarcijfers onderzoek rapportage boekjaar 2022, p.14. These figures were based on a survey among BNA members. The ACE Observatory – Sectors data gives a slightly different picture for 2020, which doesn't entirely tally with that of the BNA. In the ACE data, industry's share is significantly higher at 12%, offices 7%, health care 7%, leisure and retail 6% respectively. aceobservatory.com/M_Sectors. aspx?Y=2020&c=Europe&l=EN.

40 BNA Benchmark, 2023, data voor 2022. Private: private parties (28%), business sector (18%), developers (18%), contractors (5%), public: corporations (5%), government (10%).

41 Bron ACE Observatory, Competitions, data voor 2020, aceobservatory. com/P_ Competitions.aspx?Y=2020&c= Europe&l=EN

42 BNA Benchmark Jaarcijfers onderzoek Rapportage boekjaar 2022, p. 32.

43 BNA Benchmark Jaarcijfers onderzoek Rapportage boekjaar 2022, p. 27.

44 De BNA Benchmark Jaarcijfers includes two rates in their survey: one for 'design and architecture', that is mainly applicable to the larger firms (115 euros/hour in 2022), and an 'all-in rate' for smaller firms (102 euros/hour in 2022).

45 Nylas Visser, *Monitor bouwketen. Najaar 2023*, Amsterdam: EIB, December, p. 6.

46 Nylas Visser, *Monitor bouwketen Voorjaar 2023*, Amsterdam: EIB, June, p. 8.

47 Maurice van Sante, 'ING Woningbouw ruim 40% efficiënter maar bouw toch nog steeds duurder', 31 October 2022, www.ing.nl/zakelijk/sector/building-and-construction/arbeidsproductiviteit-bouw.

48 The firms' turnover and profit figures are based on the publicly accessible annual reports deposited with the KvK. All the results looked at were at holding level and are consequently based on both Dutch and international projects. It is possible that not all of the international branches of Dutch firms are part of the holding.

49 CBS, Bedrijfsleven; arbeids- en financiële gegevens, per branche, SBI 2008, May 2023.

50 The turnover of VolkerWessels rose to 6,599 million, with a 260 million euro profit. TBI had a turnover of 2,299 million euros and a 15 million euro profit; Van Wijnen 1,252 million euro turnover, 11.9 million euro profit; Dura Vermeer 1,818 million euro turnover, 50 million euro profit; Ballast Nedam 1,430 million turnover, 31 million profit. All data were gleaned from the publicly accessible annual figures of the companies concerned.

51 Based on the net 14.6 billion euro loss pension funds incurred on their property investments in 2022. www.dnb.nl/nieuws-statistiek/statistisch-nieuwsbericht-2023/ pensioenfondsen-lijden-verliezen-op-vastgoed/.

52 According to the EIB, the total turnover of the construction industry in 2022 was 28.3 billion euros. No records are kept of expenditure on research and exchange. The figures cited are based on grants from the Ministry of Education, Culture & Science, Creative Industries Fund NL and a few private funds, added together and then doubled to allow a margin for difficult to trace grants at the provincial and municipal level. This amounts to a very rough estimate of 100 million euros that is more likely to be an over- than an under-estimate. For example, no account was taken of the fact that a mere quarter of the budget of Creative Industries Fund NL goes to architecture. More research is needed to fine-tune this figure.

53 Maurice van Sante, 'ING Houtbouw: duurzamer, lichter en ideaal voor industrialisatie bouwproces', 1 July 2022. www.ing.nl/zakelijk/sector/building-and-construction/bouwen-met-hout.

Inleiding op de projecten

Introduction to the projects

De lijst van inzendingen voor het Jaarboek Architectuur in Nederland 2023–24 bestond uit 154 projecten, waarvan de redactie na afweging van verschillende criteria een veertigtal projecten bezocht en uiteindelijk 28 projecten selecteerde. Deze projecten zijn ofwel in 2023 opgeleverd ofwel in datzelfde jaar officieel in gebruik genomen. Met de selectie is niet bedoeld om simpelweg een top 28 beste architectuurprojecten van Nederland een podium te geven. De redactie heeft in plaats daarvan een reeks karakteristieke en onderscheidende projecten samengebracht die rekening houden met maatschappelijke relevantie, gelijkmatige geografische spreiding, variëteit van ontwerpbureaus, ruimtelijke inpassing in de omgeving, architectonische expressie en integraliteit van een project. Op basis van de gekozen projecten zijn vervolgens zes categorieën gedefinieerd, te weten: werkplek, onderwijs, opdrachtgever, mixed-use, voorzieningen en wonen. Deze clustering van projecten maakt het mogelijk om exemplarische ontwikkelingen of tendensen binnen een bepaald thema of categorie te expliciteren.

Binnen de categorie werkplek is een drietal spraakmakende en opvallende gebouwen samengebracht die de hedendaagse trends in de kantorenbouw representeren. Provocatief contrast tussen oud en nieuw, transformatie en integrale verduurzaming vallen hierin op. In de categorie onderwijs vinden we fraaie onderwijsgebouwen die opvallend genoeg allemaal een relatie aangaan met de bestaande context. Het gaat ofwel om modernisering of transformatie van bestaande, maar minder goed functionerende scholen of om een substantiële uitbreiding van een bestaand gebouw. Bij het thema opdrachtgever zien we twee projecten die weliswaar in functie en footprint totaal uiteenlopen, maar een bijzonder samenspel tussen opdrachtgever en architect gemeen hebben. Dit heeft in beide gevallen op alle niveaus van het ontwerp geleid tot een exceptionele ruimtelijke kwaliteit. In de categorie mixed-use zijn de meest overtuigende gebouwen samengebracht waarin uiteenlopende functies zijn gecombineerd die op een of andere manier een interessante meerwaarde hebben of kunnen gaan bewerkstelligen in de toekomst. Het thema voorzieningen laat speciale projecten zien. Het betreft zes grote, solitaire gebouwen die als gevolg van hun publieke functie en architectuur een zekere mate van grandeur of gewichtigheid communiceren. De laatste categorie van de selectie is de belangrijke en grootste: wonen. Deze categorie wijkt in opzet af van de andere. We presenteren een reeks woonprojecten die ontworpen zijn voor heel uiteenlopende woonvormen: van hoogbouw tot eengezinswoning, van eigenbouw tot micro-appartement, van duurdere particuliere bouw tot de sociale sector. Daarnaast hebben we ervoor gekozen om een aantal woongebouwen die onderdeel zijn van een grotere geplande stedenbouwkundige woonomgeving in foto's uit te lichten. Binnen alle genoemde categorieën treft men in de bescheiden optiek van de redactie de meest aansprekende, vooruitstrevende of karakteristieke projecten van 2023.

The list of submissions for the Yearbook of Architecture in the Netherlands 2023-24 consisted of 154 projects. After weighing them against various selection criteria, the editors visited some forty of these projects and eventually selected 28 for inclusion. These projects were either completed in 2023 or officially opened in that year. The purpose of this selection is not simply to provide a platform for a top 28 Dutch architectural projects of 2023. The editors have instead assembled an array of distinctive and defining projects, while bearing in mind such considerations as social relevance, geographical distribution, variety of design practices, spatial integration with the surroundings, architectural expression and the breadth of issues addressed by a project. The selected projects were then assigned to six different categories: workplace, education, client, mixed-use, facilities and housing. This grouping of projects allowed us to elaborate on exemplary developments or trends within a particular theme or category.

The workplace category brings together three thought-provoking and striking buildings that together represent contemporary trends in office construction, such as a provocative contrast between old and new, transformation, and comprehensive sustainability. Interestingly, in the education category all five of the well-conceived educational buildings selected seek to engage with the existing context. The projects involve either the modernization or transformation of existing but poorly functioning schools, or a substantial extension of an existing building. While the two projects in the client category are vastly different in terms of function and footprint, they have in common a remarkable give and take between client and architect. In both cases this has resulted in an exceptional spatial quality at all levels of the design. The mixed-use category brings together four compelling buildings containing a range of functions that either already constitute a worthwhile added value or have the potential to do so in the future. The facilities category features exceptional projects: six large, solitary buildings that, owing to their public function and architecture convey a certain degree of grandeur or gravity. The final, and largest, grouping is the important category of housing. It differs somewhat in format from the other categories. The housing projects presented here were designed for a wide range of living arrangements: from high-rise apartment to single-family dwelling, from self-build to micro apartment, from more expensive private construction to the social housing sector. In addition, we decided to include photographs of a number of residential buildings that are part of a larger planned urban design residential development. It is our modest belief that the above six categories contain the most appealing, progressive or distinctive architectural projects of 2023.

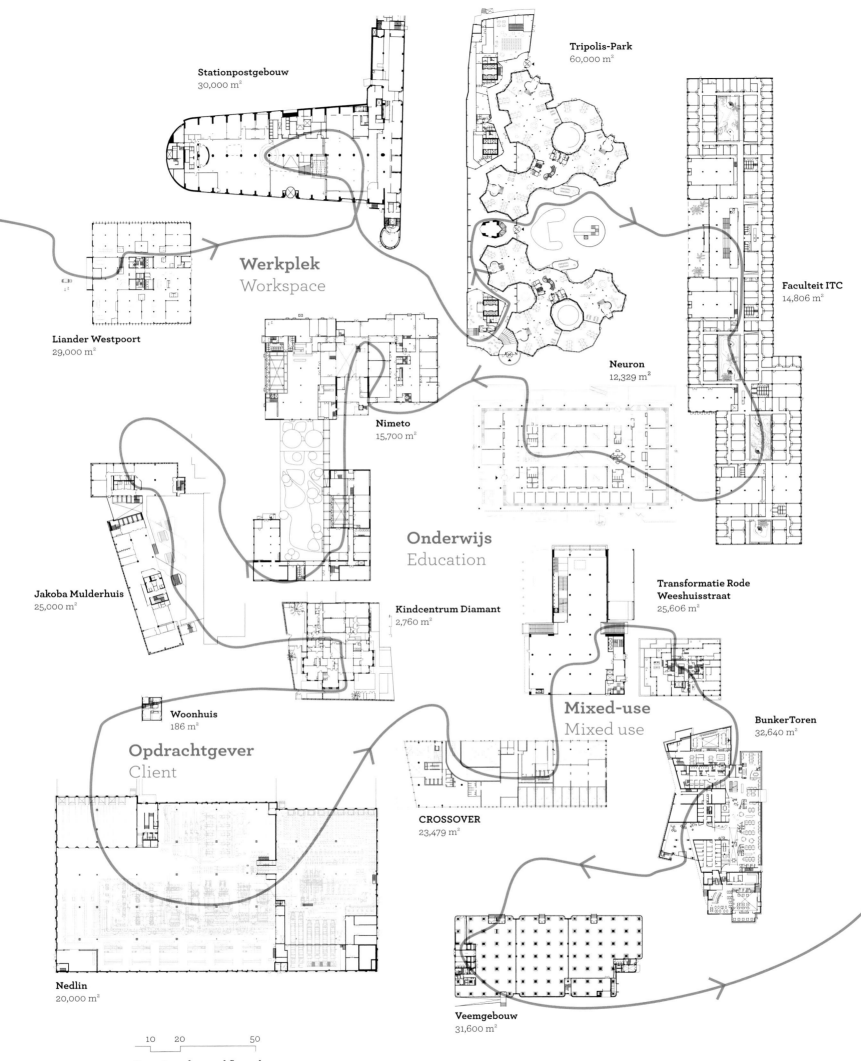

Stationpostgebouw
30,000 m²

Tripolis-Park
60,000 m²

Faculteit ITC
14,806 m²

Werkplek
Workspace

Liander Westpoort
29,000 m²

Neuron
12,329 m²

Nimeto
15,700 m²

Onderwijs
Education

Jakoba Mulderhuis
25,000 m²

Transformatie Rode Weeshuisstraat
25,606 m²

Kindcentrum Diamant
2,760 m²

Woonhuis
186 m²

Mixed-use
Mixed use

BunkerToren
32,640 m²

Opdrachtgever
Client

CROSSOVER
23,479 m²

Nedlin
20,000 m²

Veemgebouw
31,600 m²

10 20 50

Overview of ground floor plans
Gross floor areas in m²

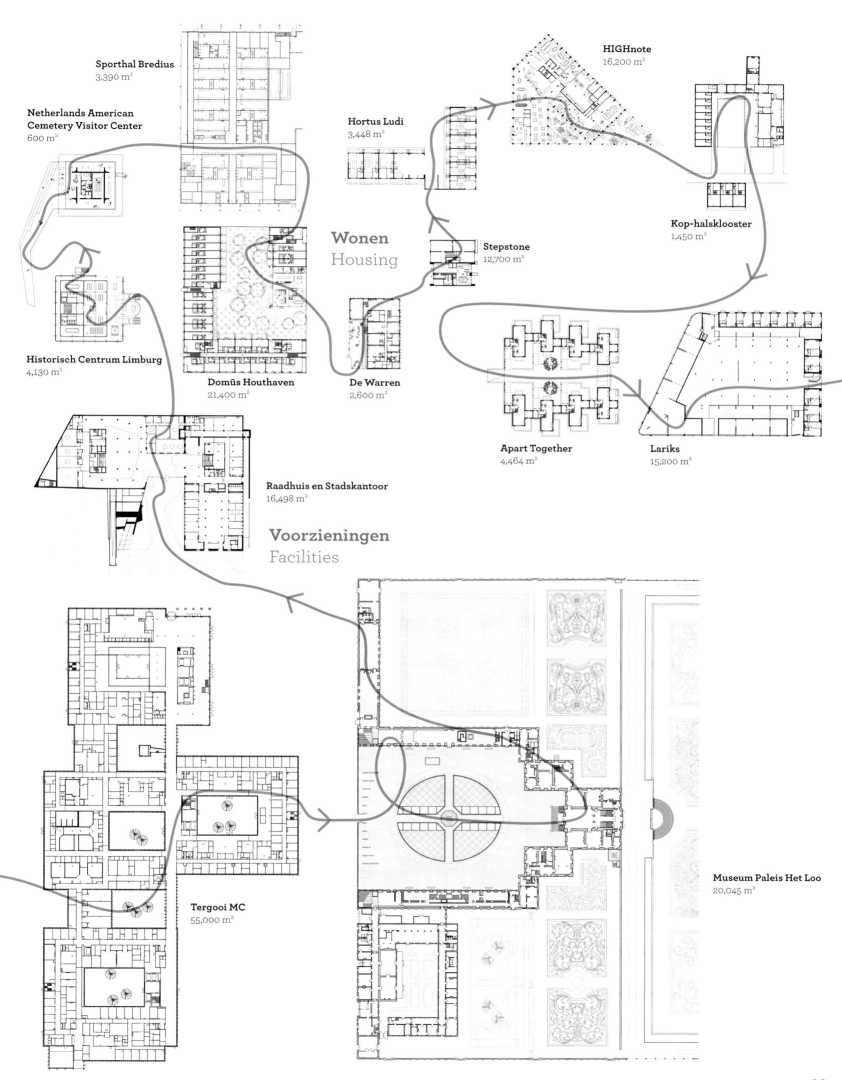

Sporthal Bredius
3,390 m²

Netherlands American
Cemetery Visitor Center
600 m²

Hortus Ludi
3,448 m²

HIGHnote
16,200 m²

Kop-halsklooster
1,450 m²

Wonen
Housing

Stepstone
12,700 m²

Historisch Centrum Limburg
4,130 m²

Domūs Houthaven
21,400 m²

De Warren
2,600 m²

Apart Together
4,464 m²

Lariks
15,200 m²

Raadhuis en Stadskantoor
16,498 m²

Voorzieningen
Facilities

Tergooi MC
55,000 m²

Museum Paleis Het Loo
20,045 m²

Foto/Photo: **Daria Scagliola** en/and **Stijn Brakkee**

Foto's/Photos: **Eva Bloem**

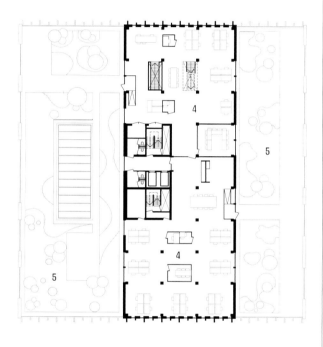

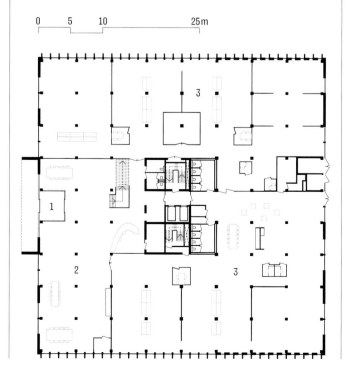

| 0 | 5 | 10 | 25 m |

De Zwarte Hond

Liander Westpoort
Amsterdam
Opdrachtgever: Alliander, Arnhem

Lyrisch omschreef architectuurcriticus Jaap Huisman het regiokantoor van nutsbedrijf Liander in *Het Parool* als een nieuw landmark voor Amsterdam. Niet meteen wat je verwacht in een industriegebied als Westpoort. Het grote complex met kantoren en werkplaats is een anomalie in dit stukje Westelijk Havengebied, terwijl het met de ruwe materiaalvoering in de indrukwekkende roestkleurige Corten-stalen buitenkant juist op het gebied aanhaakt.

De echte kracht van het project ligt in de circulaire aanpak waarmee De Zwarte Hond aan de slag is gegaan. De grote kantoortoren toont dit direct bij binnenkomst in de CLT bouwstructuur die trots over meerdere lagen in het zicht is. De centrale rol die het hout hier heeft, loopt voor op wat we de komende jaren veel meer verwachten te zien – en valt zeker niet tegen. De draagstructuur maakt dat de casco ruwbouw bijna al de afbouw is, met fijne houten plafonddelen en stucwandplaten die verder onbehandeld zijn gelaten. Deze aanpak volgt de R van Refuse en Rethink uit het 10R'en dictum van duurzaamheidsprofessor Jacqueline Cramer, een must voor wie circulariteit serieus neemt.

Het gebouw voelt aan als een warme plek voor stadsmonteurs die in de Amsterdamse blubber de energietransitie in de praktijk brengen. De begane grond heeft een mooie grote etalage met gesimuleerde praktijkomgevingen waar de relatie met de (nog niet) echt bestaande straat gezocht wordt. Tussen het demontabele kantoor en de eveneens demontabele parkeergarage staat een fraai historisch overzicht van Amsterdamse transformatorhuisjes. Dit roept een blik van herkenning op bij Amsterdammers, maar herinnert er ook aan dat in de energietransitie weliswaar veel ogen op de toekomst gericht zijn, maar dat veel van wat Liander doet in feite ondergronds erfgoedbeheer is. Dat maakt het wat jammer dat de interieurs te sterk de laatste mode weerspiegelen en daarmee wat oppervlakkig afsteken tegen de scherpte van het karkas en de letterlijk historische diepte van de organisatie.

Zesde, derde verdieping, begane grond/Sixth, third, ground floor
1   hoofdentree/main entrance
2   atrium
3   werkplaats/workshop
4   kantoor/office
5   dakterras/roof terrace

Situatie/Site plan
A   Basisweg
B   spoor/railway line
C   A5
D   Hornhaven

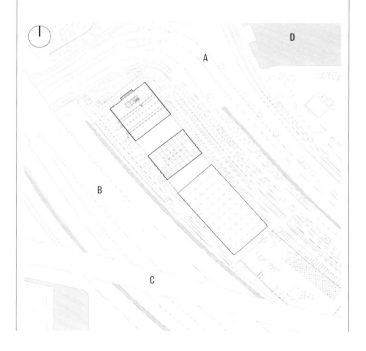

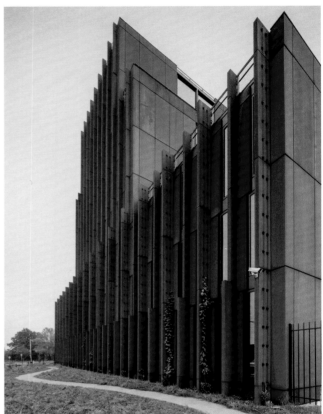

Foto/Photo: Jacques Tillmans

Liander Westpoort
Amsterdam
Client: Alliander, Arnhem

The architecture critic Jaap Huisman waxed lyrical when describing the new regional office of the electricity and gas network operator Liander in *Het Parool*, calling it a new landmark for Amsterdam. Not exactly what you expect in an industrial area like Westpoort. The huge complex comprising offices and workshop is an anomaly in this corner of the Westelijk Havengebied, even though the raw materialization of the striking rust-coloured Cor-Ten steel exterior consciously takes its cue from the area. The project's real strength lies in De Zwarte Hond's circular design and construction approach, which is immediately obvious as soon as one enters the office tower where the multi-storey CLT structure has been proudly left to speak for itself. The central role played by wood here is a foretaste of what we can expect to see a lot more of in the coming years. And it doesn't disappoint. The load-bearing structure is such that the unfinished shell is in fact almost finished, with high quality timber ceiling and floor sections and untreated gypsum wall panels. This approach is in line with the R for Refuse and Rethink from the 10 R's dictum of sustainability professor Jacqueline Cramer, a must for anyone who takes circularity seriously.

The building feels like a congenial place for the municipal mechanics tasked with putting the energy transition into practice in the Amsterdam sludge. The ground floor boasts a nice big display window with simulated practical settings in which the relation with the (not yet actually) existing street is sought. Between the demountable office building and the equally demountable parking garage is an interesting historical array of Amsterdam transformer kiosks. They elicit a flicker of recognition from Amsterdammers but are also a reminder that in a time of energy transition, while many eyes are fixed on the future, much that Liander does is actually underground heritage management. Which is why it is a pity that the interiors are so strongly wedded to the latest fashion that they feel rather superficial compared with the edginess of the carcass and the literal depth of the organization.

Foto/Photo: **Daria Scagliola en/and Stijn Brakkee**

Foto/Photo: **Daria Scagliola en/and Stijn Brakkee**

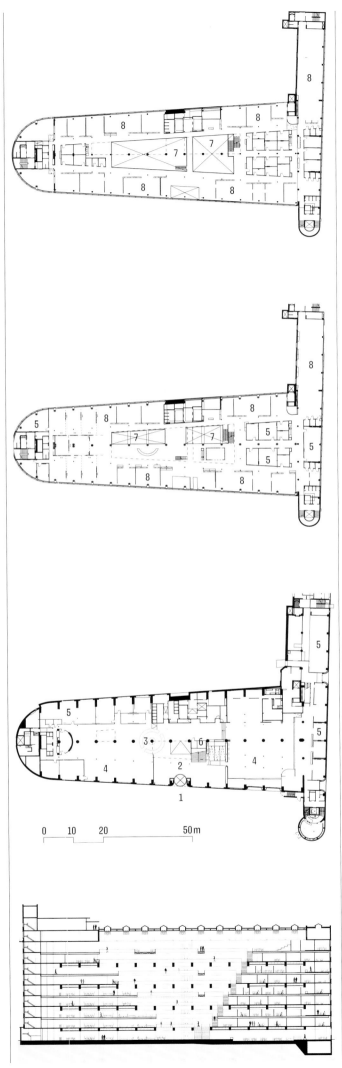

Foto's/Photos: **Ossip van Duivenbode**

**Zesde, vijfde verdieping, begane grond/
Sixth, fifth, ground floor**
1   hoofdentree/main entrance
2   entreehal/entrance hall
3   receptie/reception
4   café
5   vergaderkamers/meeting rooms
6   trappen/stairs
7   atrium
8   open werkplekken/open workspaces

Situatie/Site plan
A   Den Haag HS
B   Rijswijkseweg
C   Waldorpstraat
D   spoor/railway line

Doorsneden/Sections

0   10   20   50 m

KCAP

Stationspostgebouw
Den Haag
Opdrachtgever: LIFE, SENS Real Estate, Den Haag

In het rijksmonumentale Stationspostgebouw bevond zich eens de imposante postverwerkingsmachinerie van de PTT. Het T-vormige gebouw werd net na de oorlog opgeleverd naar een ontwerp van G.C. Bremer en omvatte naast een representatief postkantoor met kantoren voor personeel en directie, een grootschalig en voor die periode state-of-the art postsorteercentrum dat zich over meerdere verdiepingen van het gebouw uitstrekte. Door de positionering van het gebouw strak langs het spoor konden de poststukken destijds via een gemechaniseerd systeem van liften, glijgoten en transportbanden direct en op hoge snelheid het gebouw worden ingevoerd ter sortering. Met de opheffing van het postvervoer per trein kwam de postverwerkingsmachine vanaf eind jaren negentig tot stilstand. De PTT verliet het gebouw voor een locatie elders, waarna jarenlang tevergeefs werd zocht naar een nieuwe bestemming voor het complex.
Het uit de PTT voortgevloeide PostNL vond recentelijk zijn weg terug naar het Haagse gebouw, waar het zijn hoofdkantoor herhuisvestte. KCAP werd gevraagd het zakelijk-functionalistische gebouw naar deze tijd te brengen, waarbij postsortering heeft plaatsgemaakt voor flexwerken en (digitaal) vergaderen. Het bureau verduurzaamde het gebouw vanuit binnenuit, waardoor de façades van licht geglazuurde baksteen en glas in al hun schoonheid ongemoeid konden worden gelaten en er toch het allerhoogste BREEAM excellent energielabel behaald werd. Belangrijkste ingreep die het bureau vervolgens deed, was het rigoureus openwerken van de betonnen kern van het gebouw met een langgerekt atrium, waarna rondom toegankelijke en open werkplekken zijn gecreëerd. Daarnaast werden er daklichten toegevoegd, waardoor het daglicht tot op de begane grond doordringt. De trappen die door het atrium naar boven lopen, verbinden de verdiepingen visueel. Het ontwerp van het interieur werd verzorgd door Kraaijvanger, waardoor gebouw en kantoortuininrichting niet als uniform geheel aandoen, maar als twee separate werelden.

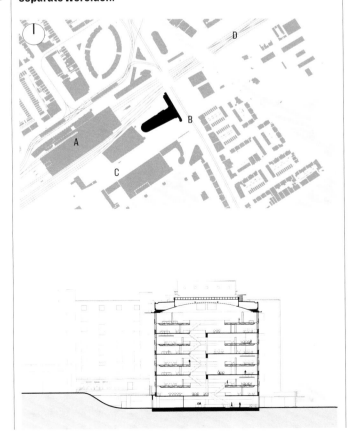

Foto/Photo: **Collectie Haags Gemeentearchief**

Stationspostgebouw

The Hague
Client: LIFE, SENS real estate, The Hague

The heritage-listed Stationspostgebouw in The Hague once housed the impressive postal sorting machinery of the post and telegraph company, PTT. The T-shaped building was completed after the war to a design by G.C. Bremer. In addition to an imposing post office and offices for staff and management, it contained a large-scale and for that period state-of-the-art postal sorting centre that occupied several floors of the building. The building's location right beside the railway line allowed postal items to be transferred directly and rapidly from train to building via a mechanized system of lifts, chutes and conveyor belts. When the transport of mail by train was discontinued in the late 1990s the sorting machine fell silent. The PTT moved to a new location elsewhere and there ensued a long and fruitless search for a new purpose for the complex.

PTT's eventual successor, PostNL, recently found its way back to the building in The Hague in which it now has its headquarters. KCAP were asked to adapt the functionalist building to the present day, where mail sorting has made way for flexible work and meetings, both digital and face-to-face. The building was retrofitted for sustainability from the inside out, and by inserting a second, inner skin the architects were able to leave the elegant elevations of pale glazed brick and glass untouched and still achieve the highest BREEAM excellent energy label. Their main intervention was to open up the concrete core of the building with an elongated atrium, which they then lined with accessible and open workspaces. Skylights were inserted as well, allowing daylight to penetrate down to the ground floor. The stairs that ascend through the atrium connect the floors visually. The interior design was carried out by Kraaijvanger and as a result the building and office landscape do not appear as a uniform whole, but as two distinct worlds.

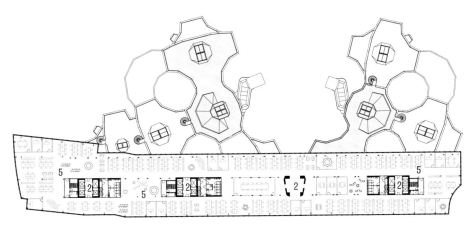

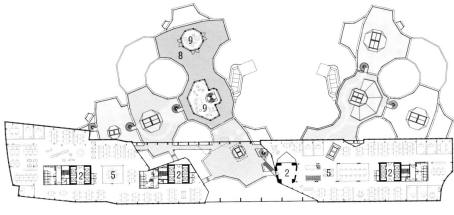

```
0    10    20         50m
```

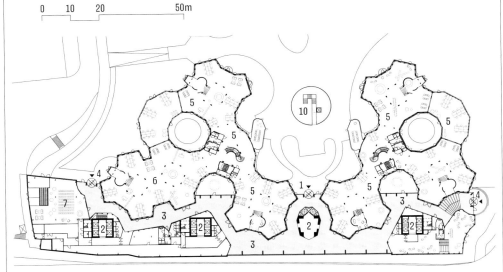

MVRDV

Tripolis-Park
Amsterdam
Opdrachtgever: Flow Development, Amsterdam

MVRDV bouwde op een smal kavel tussen de bestaande bebouwing en de Amsterdamse Ring A10 een massieve *ground-scraper*. Deze skyscraper-op-zijn kant vormt de uitbreiding van het monumentale kantoorcomplex Tripolis, een van de late werken van Aldo en Hannie van Eyck. Aan de ringwegzijde kreeg dit nieuwe volume, dat in massa een letterlijke en maximale extrusie vormt van het aanwezige tracé, een strakke gridgevel. Aan de andere zijde is de kleine getrapte contour van de bestaande bebouwing uit de gevel gespaard, met het effect dat de schijf Tripolis lijkt te verzwelgen óf – het is maar hoe je het ziet – juist te beschermen. Oud- en nieuwbouw komen samen in een meerlaagse escheriaanse tussenwereld waarin huurders van het *multitenant* gebouw worden uitgenodigd tot ontmoeting, alhoewel de luchtbruggen in deze ruimte langzaamaan met hekjes verkaveld dreigen te worden door hoofdhuurder Uber, die meer waarde hecht aan privacy. De tegenstelling tussen oud en nieuw manifesteert zich nadrukkelijk op de begane grond, waar plek is voor de ontvangstlobby, het bedrijfsrestaurant en een semipublieke doorgang. Hier contrasteren de harde architectuur van MVRDV's glazen schijf en het gladgestileerde corporate Zuidas-interieur van Concrete met de structuralistische, zachte bebouwingsmassa van de Van Eycks. Tripolis-Park vormde in 2023 een van de meest besproken projecten in architectuurland waarvoor uiteenlopende superlatieven nodig waren om het (on)gemak te duiden. De een noemt het een geslaagde toevoeging aan de reeks markante gebouwen langs de Zuidas, anderen winden zich op over het geweld dat het werk van een van de grootste architecten uit de Nederlandse architectuurgeschiedenis is aangedaan. De renovatie van Tripolis beperkt zich voorlopig nog tot twee van de oorspronkelijk drie clusters. De laatste toren is beoogd als woongebouw, maar deze ontwikkeling ligt voorlopig stil. Daar treft men een van de laatste Van Eycks nog in oude staat aan.

Tiende, zevende, verdieping, begane grond/Tenth, seventh, fifth, ground floor
1 hoofdentree/main entrance
2 lifthal/lift lobby
3 semipublieke doorgang/semi-public passageway
4 entree/entrance
5 kantoor/office
6 bedrijfsrestaurant/staff restaurant
7 presentatieruimte/presentation room
8 dakterras/roof terrace
9 dakpaviljoen/roof pavilion
10 toegang ondergrondse parkeergarage/underground car park entrance

Axometrie (tussenwereld/geactiveerd daklandschap)/Axonometric projection (in-between world/activated roofscape)

Situatie/Site plan
A IJsbaanpad
B A10
C Burgerweeshuispad
D Amstelveenseweg

Foto's/Photos: **Ossip van Duivenbode**

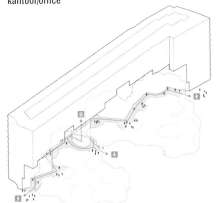

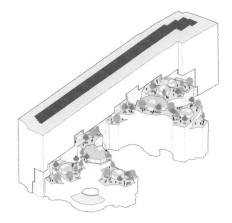

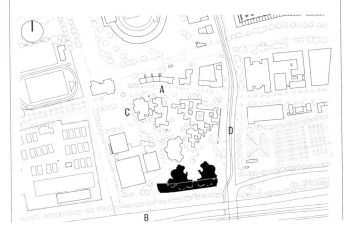

Foto/Photo: **Bart van Hoek**

Tripolis-Park

Amsterdam
Client: Flow Development, Amsterdam

On a narrow plot between existing buildings and Amsterdam's A10 ring road, MVRDV has built a massive 'groundscaper'. This 'skyscraper on its side' is an extension to the heritage-listed Tripolis office complex, a late work of Aldo and Hannie van Eyck. The road-facing elevation of the new volume, which in terms of mass is a literal and maximal extrusion of the existing location line, is a taut grid. On the building's other side, the small-scale, staggered contour of the existing complex is carved out of the elevation, for all the world as though the colossus is devouring or – depending on how you view it – shielding Tripolis. Old and new merge in a multistorey Escherian in-between world in which the tenants of the multi-occupancy building are encouraged to mix and meet, although the air bridges criss-crossing this space are at risk of being gradually fenced off by the principal tenant, Uber, which attaches greater value to privacy. The contrast between old and new is most emphatic on the ground floor, which contains the reception lobby, staff restaurant, and a semi-public through route. Here the hard architecture of MVRDV's glazed slab and Concrete's slickly stylized corporate interior clash with the mellow, structuralist building mass of the Van Eycks.

Tripolis-Park was one of the most hotly debated architectural projects in 2023, with a range of superlatives being enlisted to describe its grace or lack thereof. While some commentators thought it was a successful addition to the series of eye-catching buildings along the Zuidas section of the A10, others fumed at the desecration of the work of one of the greatest figures in Dutch architectural history. The renovation of Tripolis is for the time being confined to two of the original three clusters. The final tower is slated to become an apartment building, but that development is currently paused. It is one of the last Van Eyck buildings still in its original condition.

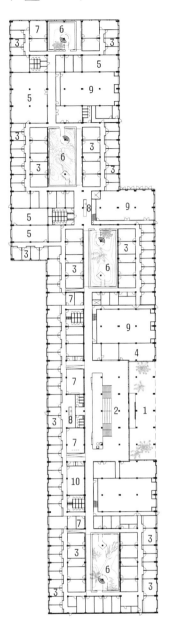

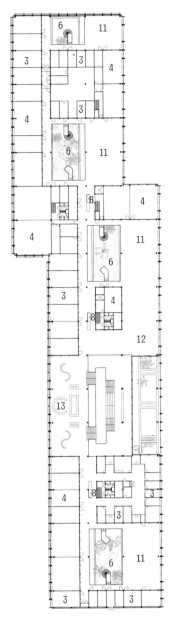

Onderwijs
Civic Architects & VDNDP

Faculteit ITC
Enschede
Opdrachtgever: Universiteit Twente, Enschede

Het ITC, de faculteit Geo-Informatie Wetenschappen en Aard-observatie, maakt deel uit van de Universiteit Twente en is gevestigd op het landgoed Drienerlo. Op dit landgoed ontwierpen W. van Tijen en S. van Embden in de jaren zestig een modernistische onderwijscampus door er een grid overheen te leggen. Daarbinnen vormden de verschillende gebouwen 'autonome machines'. Een van deze gebouwen was het scheikundig laboratorium Langezijds, dat in 1972 werd ontworpen door J. Choisy en S. van Emden.

Het langgerekte gebouw (220 meter) was door lage plafondhoogte en beperkte lichtinval niet goed meer inzetbaar voor het huidige onderwijs. Renovatie en verduurzaming waren noodzakelijk om het ITC te kunnen herbergen. Als hoofdingreep koos Civic ervoor om binnen de bestaande gridconstructie vier atria te creëren door bouwdelen weg te nemen, waarmee nu het daglicht tot in de kern van het gebouw naar binnen vloeit. Binnentuinen met tropische beplanting en rotspartijen met klaterend water, ontworpen door DS landschapsarchitecten, versterken er het principe van openheid en zuurstof. Een andere belangrijke ingreep, die we nog kennen van hun ontwerp voor de LocHal, is de toevoeging van een verwelkomende trappartij in de entreehal die tegelijkertijd als tribune fungeert, en die hier toegang geeft tot de onderwijsruimtes, werkplekken en het restaurant. In de architectuur wordt niks gemaskeerd, de staal- en betonconstructie is, compleet met zaagsnedes en andere onvolkomenheden, onbehandeld in het zicht gelaten en ademt de sfeer van wederopbouwarchitectuur. Toch doet het gebouw eigentijds aan door het gebruik van zacht bamboe en eikenhout in de binnenkozijnen en vloeren, de warme verlichting en het campusgroen, dat als bonus door de glazen gevels naar binnen spoelt. Het gebouw wordt inmiddels zo aantrekkelijk bevonden dat studenten van de hele campus ernaartoe gaan om er te studeren, alsof het een universiteitsbibliotheek betreft. Met name tijdens lunchtijd is het ITC een gonzende bijenkorf met massa's leergierige studenten en academici afkomstig uit alle windstreken.

Begane grond, eerste verdieping/Ground, first floor
1 hoofdentree/main entrance
2 trap/stairs
3 kantoor/office
4 leslokaal/classroom
5 laboratorium/laboratory
6 patio
7 vergaderruimte/meeting room
8 pantry
9 techniek/services
10 archief/archive
11 studielandschap/open-plan study area
12 bibliotheek/library
13 kantine/canteen

Situatie/Site plan
A Hallenweg
B Hengelosestraat

Doorsnede/Section

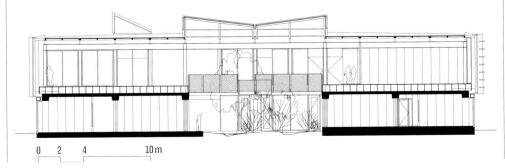

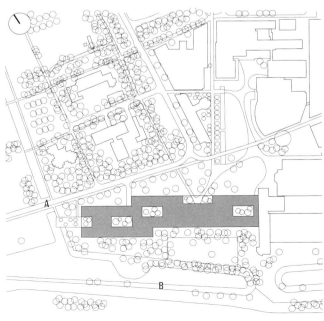

Foto/Photo: **Jeroen Verplanke**

Foto/Photo: **Civic**

Faculty ITC
Enschede
Client: University of Twente, Enschede

The University of Twente's Faculty of Geo-Information Science and Earth Observation (ITC) is located on a former landed estate that was turned into a gridded, modernist university campus in the 1960s by the architects W. van Tijen and S.J. van Embden. The various buildings within the grid were conceived as 'autonomous machines'. One of these buildings was the Langezijds chemistry laboratory, designed in 1972 by J. Choisy and S.J. van Embden. With its low ceilings and limited daylighting, the elongated building (220 metres) no longer met current standards for educational buildings. To house the ITC, it first needed to be renovated and retrofitted for sustainability. Civic's principal intervention was to remove sections of the building to create four atria within the existing grid structure, thereby allowing daylight to pour into the very heart of the building. Courtyard gardens with tropical plants and rockeries with the plash of water, designed by DS landscape architects, reinforce the motif of openness and fresh air. Another important intervention, familiar from Civic's LocHal design, is the addition of a welcoming staircase that doubles as seating in the entrance hall, from where it provides access to the educational spaces, work areas and the canteen.

In the architecture nothing is camouflaged: the steel and concrete structure, complete with saw marks and other imperfections, has been left as is and has a distinct air of post-war reconstruction architecture. Despite this the building feels contemporary thanks to the soft bamboo and oak used for the internal frames and floors, the warm lighting and, as an added bonus, the campus greenery that filters inside via the glazed elevations. The building has proved so attractive that students from all over the campus gravitate towards it to study, as if it were a university library. At lunchtime in particular the ITC is a buzzing beehive, crowded with diligent students and academics from all points of the compass.

Team V Architectuur

Neuron
Eindhoven
Opdrachtgever: Technische Universiteit Eindhoven

Een gebouw uit de jaren zeventig op de campus van de TU Eindhoven is getransformeerd tot een studiecentrum, met daarin plek voor het Artificial Intelligence Systems Institute. Met name dit AI-instituut vormt een mooie link met de oorspronkelijke functie van het gebouw als rekencentrum. De begane grond was volledig gewijd aan techniek, ooit stonden er manshoge machines die op basis van de ponskaartentechniek complexe berekeningen konden verrichten. Om deze voorlopers van onze computers te voorzien van de juiste balans in vocht en lucht werd rondom een dubbele gevel met brede luchtspouw gebouwd. Op de verdieping was plek voor de rekenaars die de verkregen data tot behapbare proporties moesten terugbrengen. Zij werkten in kantoorruimtes die waren gegroepeerd rond acht open patio's.

Onder leiding van Team V is het gesloten gebouw, dat eigenlijk nooit echt bestemd was voor grote groepen mensen, op verschillende plekken opengemaakt voor verschillende onderwijsbehoeften, zonder dat het zijn oorspronkelijke karakter verliest. De modulaire betonnen tafelstructuur met daarbinnen acht patio's vormt het uitgangspunt voor het ontwerp waarin collegezalen, multifunctionele ruimtes en studiewerkplekken zijn ondergebracht. De belangrijkste ingreep vond plaats in het dak. Door vier van de acht patio's samen te voegen en het dak te voorzien van lichthappers wordt het daglicht ruimschoots naar het opengemaakte hart gedirigeerd. Een prachtig kleurrijk kunstwerk van Hella Jongerius dat tot aan het plafond reikt, bindt de twee verdiepingen samen. Zoals gebruikelijk in het onderwijs was er beperkt budget en moesten er keuzes worden gemaakt waaraan het geld besteed zou worden. De nadruk lag hoofdzakelijk op de fraaie structurele gebouwaanpassingen, en in mindere mate op het interieur, dat verder vrij sober is afgewerkt. Gezien de grote groepen studenten die er met ogenschijnlijk plezier studeren, is dat nauwelijks van invloed op de aantrekkingskracht van het gebouw als studiecentrum.

Foto's/Photos: **Jannes Linders**

Doorsnede/Section

0 5 10   25 m

Situatie/Site plan
A   De Zaale
B   Professor Doctor Dorgelolaan
C   Dommel

Axometrie dak/Axonometric projection roof

Eerste verdieping, begane grond/
First, ground floor
1   entree/entrance
2   groepswerkplekken/group work-
    stations
3   collegezalen/classrooms
4   lounge
5   café
6   balie/reception
7   vide met kunstwerk/void with artwork
8   studiewerkplekken/study areas
9   loopbrug/foot bridge

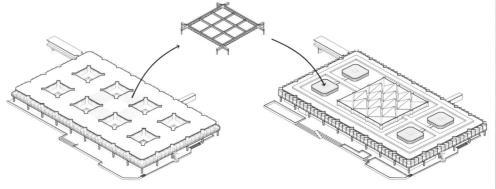

Foto/Photo: **TU/e**

Foto/Photo: **TU/e**

Foto/Photo: **TU/e**　　Foto/Photo: **TU/e**

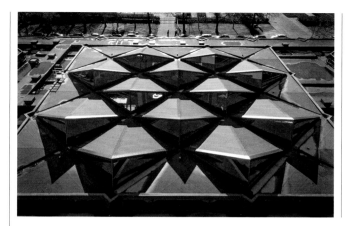

Neuron

Eindhoven
Client: Eindhoven University of Technology

A 1970s building on the TU Eindhoven campus has been transformed into a study centre, with space reserved for the Artificial Intelligence Systems Institute. The latter in particular is a nice link with the building's original function as a computation centre. The ground floor was once devoted to applied science and occupied by two-metre-high machines that used the punched card technology to perform complex calculations. To provide these predecessors of our computers with the proper balance moisture and air, the space was surrounded by a double facade with a deep air cavity. The upper floor housed the arithmeticians tasked with reducing the data produced by the machines to manageable proportions. They worked in offices grouped around eight open patios.

Under the direction of Team V, the hermetic building, which had never really been intended to house large groups of people, has been opened up in several places for a variety of educational needs, without sacrificing its original character. The modular concrete table structure pierced by eight patios formed the basis for a design incorporating classrooms, multifunctional spaces and study areas. The chief intervention was in the roof. As a result of combining four of the eight patios and inserting light catchers in the roof, the opened-up heart of the building is now flooded with daylight. A wonderfully colourful floor-to-ceiling artwork by Hella Jongerius binds the two floors together. As usual in educational projects, the budget was tight, and choices had to be made about how best to spend the money. The emphasis was more on the well-conceived structural modifications and less on the interior where the finishing is fairly austere. Given the large groups of students who study there with apparent pleasure, that has had little impact on the building's appeal as study centre.

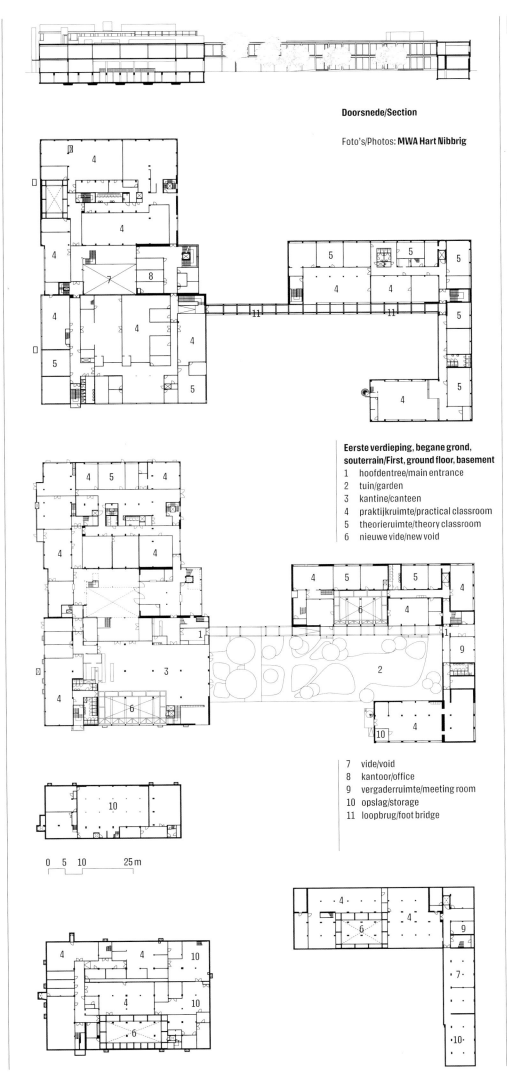

Doorsnede/Section

Foto's/Photos: **MWA Hart Nibbrig**

Eerste verdieping, begane grond, souterrain/First, ground floor, basement
1 hoofdentree/main entrance
2 tuin/garden
3 kantine/canteen
4 praktijkruimte/practical classroom
5 theorieruimte/theory classroom
6 nieuwe vide/new void

7 vide/void
8 kantoor/office
9 vergaderruimte/meeting room
10 opslag/storage
11 loopbrug/foot bridge

0 5 10 25 m

Maarten van Kesteren architecten

Nimeto
Utrecht
Opdrachtgever: Mbo-vakschool Nimeto

Mevrouw Meijer is een ideëel onderzoeksbureau dat zich, onder leiding van de bevlogen architectuurhistoricus Wilma Kempinga, heeft toegelegd op de verbetering van schoolarchitectuur. Met de overtuigingskracht van ontwerpend onderzoek als middel weet de stichting schoolbesturen ertoe te bewegen om te kiezen voor hergebruik van het eigen schoolgebouw in plaats van nieuwbouw. In deze verouderde schoolgebouwen schuilt vaak schoonheid en flexibiliteit, die men in de dagelijkse praktijk echter niet altijd zo ervaart. Mevrouw Meijer weet deze waarde over te dragen aan schoolbesturen en aan een nieuwe generatie jonge, talentvolle architecten die door deze onderzoeks-opdrachten een serieuze kans krijgt binnen een hermetisch gesloten scholenbouwmarkt.

Een van die jonge talenten is Maarten van Kesteren, die in 2018 zijn eigen bureau oprichtte en nauwelijks kon leunen op eerder gemaakte meters met scholenbouw, maar dankzij het lef van zijn opdrachtgever toch een kans kreeg. Zijn schoolontwerp is het bewijs dat 'relevante bouwervaring' van de architect er niet altijd toe doet.

De mbo-vakschool voor 'creatieve ruimtemakers' bestond uit vijf los functionerende gebouwdelen uit de periode 1967 tot 2016, gelegen aan weerszijden van een straat. Door de volumes op strategische plekken te verbinden en met grote gaten te openen, wist Van Kesteren de gebouwen, ondanks de beperkte middelen, nieuw leven in te blazen. De combinatie van hout- en betonkaders markeert steeds een andere ruimte of activiteit in de school. Het gebouw als geheel is een open en levendige werk-plaats voor de 1.700 studenten die er onderwijs volgen.

Van Kesterens opdracht reikte verder dan alleen de transformatie van de school. Ook was hij verantwoordelijk voor het robuuste meubilair in de gemeenschappelijke ruimtes en richtte hij de tuinen in. Met succes, deze buitenruimte-inrichting wordt binnen-kort door de gemeente doorgezet naar de publieke ruimte van de aangrenzende wijk.

Situatie/Site plan
A schildersvakschool/painting & decorating school 1967
B slagersvakschool/butchery trade school 1971
C etaleursschool/window dressing school 1984
D kantoordeel/offices 2002
E werkplaats/workshop 2016
F luchtbrug/air bridge 2023
G tuin/garden 2023
H Huizingalaan

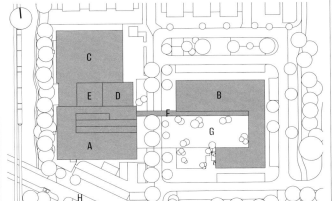

Foto/Photo: **Maarten van Kesteren architecten**

Nimeto
Utrecht
Client: Mbo-vakschool Nimeto

Mevrouw Meijer is an idealistic research consultancy that, under the inspiring leadership of the architectural historian Wilma Kempinga, is dedicated to improving school architecture. Drawing on the persuasiveness of research by design, the agency induces school boards to opt for reuse of their existing school building rather than newbuild. Outdated they may be, but these school buildings often contain a beauty and flexibility that are not always perceived as such in daily practice. Mevrouw Meijer manages to convey these merits not only to school boards but also to a new generation of young, talented architects for whom these research commissions represent a serious opportunity to penetrate a hermetically closed school construction market.
One such young talent is Maarten van Kesteren. Having established his own practice as recently as 2018 he was unable to cite a long track record in school construction, but thanks to the client's gutsiness was nevertheless given a chance to prove himself. His school design is confirmation that an architect's 'relevant building experience' does not always matter.
The vocational training school for 'creative spacemakers' consisted of five independently functioning buildings dating from between 1967 and 2016, located on either side of a street. By linking the volumes at strategic places and creating open areas, Van Kesteren has managed to breathe new life into the buildings, in spite of the limited resources. Different combinations of timber and concrete frames signal the various spaces and activities in the school. The building as a whole is an open and lively workplace for the 1,700 students who follow one of the courses on offer.
Van Kesteren's brief extended beyond the transformation of the school. As well as designing the sturdy furniture in the common areas he also designed the layout of the gardens. And not without success: the local council intends to apply his outdoor space landscaping to the public space in the neighbouring district.

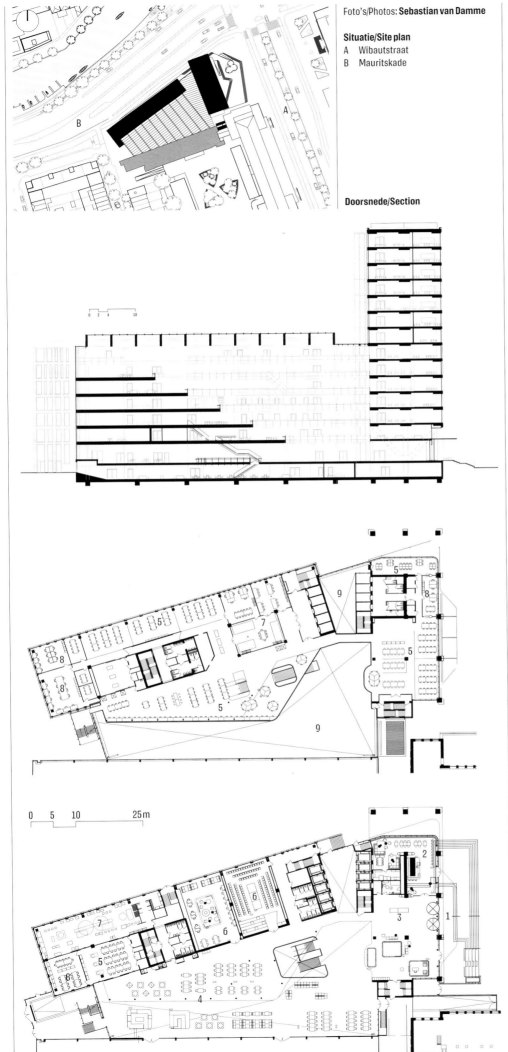

Foto's/Photos: **Sebastian van Damme**

Situatie/Site plan
A   Wibautstraat
B   Mauritskade

Doorsnede/Section

0 5 10   25m

Eerste verdieping, begane grond/
First, ground floor
1 hoofdentree/main entrance
2 café
3 balie/reception
4 atrium
5 werkgroepruimte/working group
   space

6 collegezaal/lecture theatre
7 oefen- en experimenteerplekken/
   places for practical work and
   experiments
8 personeel/staff
9 vide/void

Powerhouse Company & de Architekten Cie. i.s.m./with Marc Koehler Architects

Jakoba Mulderhuis
Amsterdam
Opdrachtgever: Hogeschool van Amsterdam

Aan de monumentale kop van de Wibautstraat werd meer dan tien jaar gewerkt aan het 'sluitstuk' van de grootschalige ontwikkeling van de Amstelcampus door de Hogeschool van Amsterdam. Het Jakoba Mulderhuis is een onderwijs- en onderzoekskolos van liefst 27.000 m² waarin 6.000 studenten, docenten en onderzoekers hun nieuwe werkthuis vinden.
De keuze voor Powerhouse Company, de Architekten Cie. en Marc Koehler Architects was het resultaat van hun ongehoorzaamheid aan de voorgeschreven tenderopgave. Door de gevraagde nieuwbouw te koppelen aan het zakelijke kantoorgebouw uit 1970 van M. Bolten en Jo Vegter (het huidige Theo Thijssenhuis) ontstond ruimte voor een atrium dat zowel een hart in het gebouw, alsook 'gratis' extra gemeenschappelijke ruimte bood. Een ongehoorzaamheid die helaas niet dieper doordringt in de vezels van het gebouw, maar die niettemin een sterk ruimtelijk geheel oplevert.
Van de buitenkant ademt het gebouw een monumentaliteit die qua proporties en geleding de cadans van de Wibautstraat mee heeft. Bij binnenkomst is het op een positieve manier rommelig. De brave renderings zijn in de werkelijkheid gelukkig met net wat meer prettige bende getooid. Studenten zijn met sensoren in de weer, anderen zijn op hun laptops in Python aan het programmeren. De geuren van heet soldeertin en frikandelbroodjes vermengen zich in de neusgaten. Het gebouw heeft met voldoende open ruimten, oefen- en experimenteerplekken alles wat een educatief gebouw nodig heeft. De aansluiting tussen oud en nieuw voelt vanzelfsprekend. Akoestische plafonds en houten wandlamellen, een onmisbaar ingrediënt in vrijwel ieder project dat bezocht werd, zorgen voor een omgeving die niet te stil is, maar toch focus mogelijk maakt.
Ergens op de achtergrond vinden we Jakoba (Ko) Mulder zelf. Als een van de belangrijkste planners van de uitbreidingen van naoorlogs Amsterdam en drijvende kracht achter het Amsterdamse Bos, is van Mulder een keramieken borstbeeld opgesteld dat is aangevuld met een CNC machine-gefreesd houten lichaam. Tja, wat zou zij ervan vinden? In alles een verantwoord gebouw dat de waan van de dag waarschijnlijk kan ontstijgen, net als haar fraaie bos, dat een nog mooiere nagedachtenis laat.

Jakoba Mulderhuis

Amsterdam
Client: Amsterdam University of Applied Sciences (HvA)

Work on the 'final piece' of the large-scale development of the HvA's Amstel campus at the heritage end of Wibautstraat has taken ten years. The resulting Jakoba Mulderhuis is a 27,000 m² educational and research colossus that is now home to 6,000 students, teachers and researchers.

The selection of Powerhouse Company, de Architekten Cie. and Marc Koehler Architects was due to their blatant disregard for the prescribed tender brief. Their decision to link the new building to a 1970 functional office building designed by M. Bolten and Jo Vegter (the current Theo Thijssenhuis) created space for an atrium that not only gave the building a 'heart', but also generated additional 'free' communal space. A contrariness that unfortunately does not penetrate into the fibres of the building, but which nonetheless delivers a strong spatial whole.

From the outside the building exudes a monumentality that echoes the cadence of Wibautstraat in both proportions and articulation. Upon entering it feels pleasantly messy. Thankfully, the prim and proper renderings prove in reality to be decked out with slightly more agreeable clutter. Some students are busy with sensors, others are programming in Python on their laptops. A blend of hot solder and hotdogs assails the nostrils. With sufficient open spaces and places for practical work and experiments, the building has everything an educational building needs. The connection between old and new feels natural. Acoustic ceilings and timber wall slats, indispensable ingredients in nearly all the projects visited, provide an environment that, while not overly quiet, is also conducive to concentrated work.

Somewhere in the background we come across Jakoba (Ko) Mulder herself. One of the chief planners of the post-war extensions of Amsterdam and the driving force behind the Amsterdamse Bos, Mulder's ceramic bust is supplemented with a CNC machine-turned wooden body. What would she make of this project? All in all, a well-considered building that is probably capable of standing the test of time, just like her lovely woods that are an even more beautiful legacy.

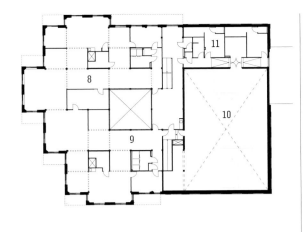

Foto's/Photos: **Stefan Müller**

Geurst & Schulze architecten

Kindcentrum Diamant
Den Haag
Opdrachtgever: Stichting Lucas Onderwijs

Twee van de saaiste maar ook bijna onvermijdelijke ingrediënten van een primair-onderwijsgebouw, de linoleumvloer en het systeemplafond, komen door slimme inzet van de ruimte ertussen – de gebouwstructuur – tot een boeiend nieuw geheel in de nieuwbouw voor kindcentrum Diamant in Mariahoeve. Op voorspraak van de scheidend schooldirecteur – op zichzelf een bedenkelijke uitgangspunt – werd er een spannend onderwijsconcept gerealiseerd. Het leidde desalniettemin tot een gebouw dat veel meer biedt dan je op het eerste gezicht zou verwachten achter de vrij neutrale gele bakstenen façade. Het is radicaal: een school zonder klaslokalen.

Om dit te bereiken kwam Japans ruimtelijk inzicht van pas, dat afwijkt van gebruikelijke gangstructuren en juist uitgaat van aaneengeschakelde ruimtes. Dit levert voor de plattegronden duidelijk architectonische meerwaarde, die ook doorleeft in de materialisering. Door het systeemplafond au sérieux te nemen in de maatvoering, ontstijgt dit de gebruikelijke middelmatigheid. Japans geïnspireerde afwerking in de wanden geeft verdere diepte. Het gebouw past fijntjes in het naoorlogse stedenbouwkundig voorzieningencluster met paviljoens in het groen. Het gebied om het gebouw is fijnmazig ingedeeld, met veel hoekjes en kieren – allesbehalve een leerfabriek.

De Japanse rust wordt enigszins verstoord door de op het oog overdreven hoeveelheid meubels. Desondanks gonst het gebouw van leven. We treffen leerlingen uit Bahrein, Colombia en Peru. Voor de klassen zijn er gemeenschappelijke plekken – ruimtes is te veel gezegd – waar de groep in een carrévorm met een digibord de dag doorneemt. Van daaruit gaat het alle kanten op met de kinderen.

Was dit niet te veel denken vanuit conceptuele architectuur? Nee, zeggen twee docenten die we kort aanspreken. Ze waren verrast hoe snel en makkelijk de nieuwe indeling zich liet aanmeten. Tegelijkertijd zie je hier en daar punten die in Japan scherper uitgevoerd zouden zijn. Binnen het beperkte budget vallen sommige aansluitingen en profileringen zwaarder uit, en tot overmaat van ramp liet de aannemer in het plafond van de sportzaal bevestigingsspinnen zitten, funest voor de ballen van de gymleraar.

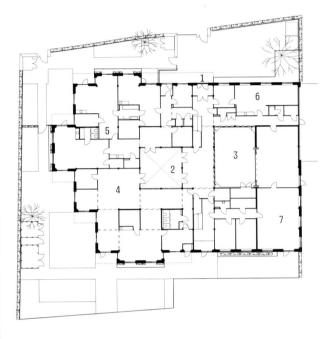

Eerste verdieping, begane grond/First, ground floor
1   hoofdentree/main entrance
2   centrale speelhal/central play area
3   speellokaal/playroom
4   domein 4-7 jaar/4-7 years domain
5   kinderdagverblijf/day care centre
6   personeel/staff
7   tekenlokaal/art room
8   domein 7-9 jaar/7-9 years domain
9   domein 9-11 jaar/9-11 years domain
10 sportzaal/gymnasium
11 kleedkamers/changing rooms

Doorsnede/Section

Situatie/Site plan
A   Diamanthorst
B   Park De Horst
C   Onyxhorst

Axometrie/Axonometric projection

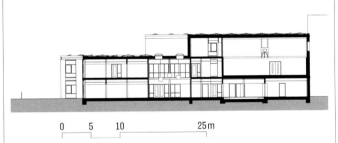

0   5   10   25m

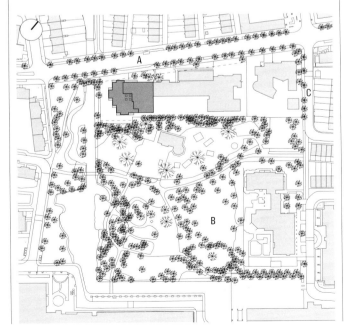

Diamant Children's Centre
The Hague
Client: Stichting Lucas Onderwijs

In the new building for the Diamant children's centre in Maria-hoeve, two of the dullest but also virtually inescapable ingredients of any primary school building, the linoleum floor and modular ceiling, contribute to an arresting new totality thanks to the clever use of the intervening space, which is to say the structure of the building. At the urging of the departing school principal – in itself a dubious starting point – an exciting new educational concept was embraced. Happily, it has culminated in a building that has more to offer than an initial glimpse of the fairly neutral yellow brick facade might lead one to expect. It is radical: a school without classrooms.

In achieving this a familiarity with the Japanese understanding of space came in handy. Instead of the corridor structure we are used to, it is based on interconnected spaces. In the floor plans this delivers a clear architectural bonus, which carries through into the materialization. By taking the modular ceiling seriously in the dimensioning, it manages to transcend the usual mediocrity. Japanese-inspired wall finishes lend further depth to the interior. The building fits nicely into the post-war modernist functional cluster of pavilions surrounded by greenery. The area around the building is intricately laid out, with plenty of nooks and crannies – a far cry from a learning factory.

The Japanese serenity is somewhat disrupted by what seems to be an excessive quantity of furniture. Nevertheless, the building hums with young international life; we encounter pupils from Bahrein, Columbia and Peru. There are communal spaces – rooms would be going too far – where individual classes spend the day in a quadrangular set-up equipped with a smartboard. From there it is anything goes with the children.

Was this not an over-conceptualized architectural exercise? No, according to two teachers we speak to briefly. They were amazed by how quickly and easily the new layout caught on. By the same token, here and there you notice things that would have been more finely executed in Japan. Owing to the limited budget some of the connections and mouldings are a bit bulky and, worst of all, the contractor left the fastening pins in the gymnasium ceiling, disastrous for the gym teacher's balls.

Het jaar

2
O
2
3

(en een klein beetje 2022)

The year

2
O
2
3

(and a little bit of 2022)

Met medewerking van Jord den Hollander, Saskia van Stein, Joost Degenkamp en Harm Tilman

Bladerend door oudere jaargangen van het *Jaarboek Architectuur in Nederland* blijkt dat naast de projecten zelf, de *long-term* waarde ervan juist in de kenschetsen van een gemeenschap zit: waar ging het over, wie zei er iets, van wie werd afscheid genomen. Ten faveure van projecten in 2020 werd een fijn onderdeel van de jaarboekserie geschrapt waarin werd teruggekeken op de menselijke kant van het vak. Begrijpelijk, maar niet bevorderend voor zoiets als cohesie binnen het boek en de gemeenschap. De cultuur, de lach en traan, de aansporing en verbazing worden met grote dank aan de ingezette *crowd* van collectieve kennis in dit katern daarom weer luister bijgezet.

Awards

De Award is ongekend populair, ook in architectenland. Voor programmerende instanties en bedrijven biedt het een hoge kans dat een persbericht wordt 'opgepakt', en langs het schier oneindige organiseren van 'de dag' of 'week van' een mogelijkheid om met iets concreet op de publieke agenda te komen, voor sponsors prettige zichtbaarheid, voor pers interessant want makkelijke kopij en hoge *clickrates*, voor architecten uitstekend materiaal om 'award-winning' door het leven te mogen, en *last but not least:* zaalverhuurders en cateraars die drank en bitterballen schuiven voor de gelegenheid. *Everybody wins.*

Door de grote hoeveelheid awards die Nederland momenteel telt, is het onmogelijk om in de ruimte die dit Jaarboek biedt een compleet overzicht te geven van alle prijzen die in 2023 zijn uitgereikt. Veel awards hebben bovendien meerdere subcategorieën waarin men beloond kan worden. We beperken ons in dit katern tot een selectie van landelijke en inter-

with the assistance of Jord den Hollander, Saskia van Stein, Joost Degenkamp and Harm Tilman

Leafing through older editions of the *Architecture in the Netherlands Yearbook* it becomes clear that apart from the projects themselves, the long-term value of such a publication lies in the profiles of a community: what were the themes, who said what, who departed the scene. In 2020, a long-standing component of the Yearbooks – a retrospective section covering the human aspect of the profession – was dropped in favour of the projects. Understandable, but also not exactly conducive to cohesion within the book and the architectural community. It is therefore with many thanks to all who have helped make it possible that we welcome back this celebration of architectural culture with all its joys and sadnesses, its inspiration and amazement.

Awards

Awards are exceptionally popular, including in the architectural world. For planning bodies and businesses they not only greatly increase the likelihood of a press release being 'picked up', but also offer, via the organization of well-nigh endless 'X days' or 'X weeks', the opportunity to put something concrete on the public agenda; for sponsors they promise positive visibility, for the press irresistible easy copy and high click rates, for architects an excellent chance of earning a lifelong 'award winning' label; and, last but not least, they are boon for reception venue owners and the caterers supplying the drinks and nibbles on awards night. Win-win all round.

There are currently so many architecture-related awards in the Netherlands that it is virtually impossible to provide a complete overview of all the prizes awarded in 2023 in the limited space offered by this Yearbook. Moreover, many awards have several sub-categories in which prizes can be awarded. In this section we confine ourselves to a selection of national and

nationale prijzen, in de wetenschap dat we daarmee maar liefst vijftien lokale architectuurprijzen van Utrecht tot Nijmegen, en van Groningen tot Amersfoort overslaan en daarmee ook nog eens aanzienlijk veel meer prijswinnaars. Ter illustratie, de Apeldoornse Architectuurprijs wist in 2023 uit te pakken met de uitreiking van maar liefst acht prijzen in verschillende categorieën.

De BNA Beste Gebouw van het Jaar award ging naar woongebouw Jonas in Amsterdam (Orange Architects). In de overige categorieën wonnen De Lievenblokken in Amsterdam (KENK), Kunstwerf in Groningen (studio Donna van Milligen Bielke en Ard de Vries Architecten), BunkerToren in Eindhoven (Powerhouse Company) en woontoren Haut in Amsterdam (Team V). De vierde editie van de belangrijke prijs Next Step Program van de BNA en Synchroon voor creatief ondernemerschap werd gegeven aan Site Practice. Er werd € 10.000 bijgeschreven op de bankrekening en een opdracht van Synchroon ligt in het verschiet. De Volkskrant Publieksprijs ging naar de renovatie van 94 woningen in de Amsterdamse Van der Pekbuurt (Ibelings van Tilburg architecten). Huis van de gemeente Voorst in Twello (De Twee Snoeken), Pillows Hotel Maurits at the Park in Amsterdam (Office Winhov) en het NRE-terrein in Eindhoven (Houben/Van Mierlo) waren de winnaars van de NRP Gulden Feniks 2023. Beste Architect van het Jaar van de Architectenweb Awards ging naar Office Winhov. Eveneens in de prijzen vielen Studentenhuisvesting De Jakoba in Amsterdam (Studioninedots), Liander Westpoort in Amsterdam (De Zwarte Hond), ITC in Enschede (Civic Architects), Tergooi MC in Hilversum (Wiegerinck), Domūs Houthaven in Amsterdam (Shift architecture urbanism) en de eerdergenoemde Groningse Kunstwerf.

De Abe Bonnema Prijs 2023 werd gewonnen door studio Donna van Milligen Bielke en Ard de Vries Architecten voor Kunstwerf in Groningen. De Gouden Piramide 2022 werd in 2023 toegekend aan het Nederlands Auschwitz Comité voor

de realisatie van het Nationaal Holocaust Namenmonument, een ontwerp van Daniel Libeskind. De Rotterdam Architectuurprijs ging naar het Zuider Gymnasium (Molenaar & Co architecten). De Amsterdam Architectuurprijs (AAP) ging naar fietsparkeergarage Stationsplein (wUrck Architectuur, stedenbouw, landschap & infrastructuur). De AAP-publieksprijs werd uitgereikt aan Wooncoöperatie De Warren (Natrufied Architecture). De Jonge Maaskantprijs werd niet uitgeloofd. Naast alle internationale winnaars waren er Dutch Design Awards voor Studio Carlijn Kingma (Design Research) en ARCADIA x GEMEENTE LEEUWARDEN x BRUNO DOEDENS (Habitat). Het werk van Kingma werd in de door Superuse gecureerde inzending voor het Nederlands Paviljoen op de Architectuur Biënnale in Venetië in 2023 ook gevierd. Het Groot Tuighuis (Nico de Bont) en een negentiende-eeuwse directeurswoning in Culemborg (Noorlag Ontwerp + Bouwadvies) werden ten slotte beloond met de Erfgoed Duurzaamheidsprijs van de RCE.

Een tanende status voor de Nederlandse architectuur op het internationale podium bleek eens te meer uit het geringe aantal internationale awards voor Nederlandse architecten. Gezien de hoeveelheid categorieën en winnaars is dat bijna op zichzelf een award waard. Of zouden ze zich onthouden hebben van inschrijving en bewust die internationale aandacht aan zich voorbij hebben laten gaan? Van de 55 (vijfenvijftig!) Dezeen Awards voor architectuur gingen er in ieder geval nul naar Nederlandse bureaus. Van de vijftien winnaars van ArchDaily Awards redde MVRDV de eer met awards in de categorie Public & Landscape Architecture voor One Green Mile, Mumbai, en in de categorie Interior Architecture voor Haus 1, in Atelier Gardens, Berlijn. In de categorie Housing sponsored by Grohe kreeg Concrete een WAF Award voor The West Residential, New York; en in de categorie Medical kreeg het Tergooi MC in Hilversum van Wiegerinck een eervolle vermelding. Internationale grote mensen awards als de RIBA,

international prizes knowing that we are omitting no fewer than fifteen local architecture prizes, from Utrecht to Nijmegen and from Groningen to Amersfoort, and consequently many more winners. The Apeldoorn Architecture Prize 2023, for example, awarded eight prizes in several categories.

The BNA Best Building of the Year award went to the Jonas apartment building in Amsterdam (Orange Architects). Prizes in the other categories were awarded to De Lievenblokken in Amsterdam (KENK), Kunstwerf in Groningen (studio Donna van Milligen Bielke and Ard de Vries Architecten), BunkerToren in Eindhoven (Powerhouse Company) and the Haut apartment tower in Amsterdam (Team V). The fourth edition of the important Next Step Program prize awarded by BNA and Synchroon for creative commissioning went to Site Practice. A sum of €10,000 was deposited in Site's bank account and a commission from Synchroon is in the offing. The Volkskrant Public Prize went to the renovation of 94 dwellings in Amsterdam's Van der Pek district (Ibelings van Tilburg architecten). The Voorst town hall in Twello (De Twee Snoeken), Pillow Hotel Maurits at the Park in Amsterdam (Office Winhov) and the NRE site in Eindhoven (Houben/Van Mierlo) were the winners of the NRP Golden Phoenix 2023. Best Architect of the Year in the Architectenweb Awards went to Office Winhov. Other prize-winners included De Jakoba student housing in Amsterdam (Studioninedots), Liander Westpoort in Amsterdam (De Zwarte Hond), ITC in Enschede (Civic Architects), Tergooi MC in Hilversum (Wiegerinck), Domūs Houthaven in Amsterdam (Shift architecture urbanism) and the previously mentioned Kunstwerf in Groningen.

The Abe Bonnema Prize 2023 was won by studio Donna van Milligen Bielke and Ard de Vries Architecten for Kunstwerf in Groningen. The Golden Pyramid 2022 was awarded in 2023 to the Netherlands Auschwitz Committee for the realization of the National Holocaust Names Memorial, designed by Daniel Libeskind. The Zuider Gymnasium (Molenaar & Co architecten) won the Rotterdam Architecture Prize while the Amsterdam

Architecture Prize (AAP) went to the Stationsplein bicycle garage (wUrck Architectuur, stedenbouw, landschap & infrastructuur). De AAP People's Choice prize was awarded to the De Warren housing cooperative (Natrufied Architecture). The Young Maaskant prize was not awarded in 2023. Alongside the many international winners, there were Dutch Design Awards for the Dutch practices Studio Carlijn Kingma (Design Research) and ARCADIA x GEMEENTE LEEUWARDEN x BRUNO DOEDENS (Habitat). The work of Kingma was also celebrated in the Superuse-curated submission for the Netherlands Pavilion at the Venice Architecture Biennale in 2023. Finally, the Groot Tuighuis (Nico de Bont) and the nineteenth-century director's residence in Culemborg (Noorlag Ontwerp + Bouwadvies) received the Heritage Sustainability Prize awarded by the Cultural Heritage Agency (RCE).

Dutch architecture's waning status on the international stage was evident yet again in the dearth of international awards for Dutch architects. Given the quantity of categories and winners that is almost worthy of an award in itself. Or did they refrain from competing and deliberately forego all that international attention? Of the 55 (fifty-five!) Dezeen Awards for architecture, not one went to a Dutch practice. Of the fifteen winners of archDaily Awards, MVRDV saved face with awards in the Public & Landscape Architecture category for One Green Mile, Mumbai, and in the Interior Architecture category for Haus 1, in Atelier Gardens, Berlin. In the Housing category sponsored by Grohe, Concrete won the WAF Award for The West Residential, New York; and in the Medical category Tergooi MC in Hilversum won Wiegerinck an honourable mention. None of the international prizes honouring individuals, such as the RIBA, AIA, Archiprix and Mies van der Rohe Awards, went to Dutch architects in 2023, nor did any of the Brick Awards. In a small ray of hope for the future, six of the 158 Europan prizes on offer went to Dutch participants.

AIA, Archiprix en Mies van der Rohe Awards zaten er in 2023 helaas niet in voor Nederlandse architecten, evenmin als de Brick Award. Van de 158 te vergeven Europan-prijzen gingen er, als klein lichtpuntje voor de toekomst, liefst zes naar Nederlandse deelnemers.

Overleden of met pensioen

In de BENELUX werd er definitief afscheid genomen van een aantal grootheden in architectuur waaronder John Habraken, Rein Jansma, Rob Krier en Lucien Kroll. John Habraken (1928–2023) was een inspirerende architectonische vader voor velen in en om Eindhoven. Het is te hopen dat de Open Building Society een lang leven beschoren blijft en er eindelijk een fatsoenlijke drager wordt gebouwd die in zijn eer niet onverdiend zou zijn. Na een lange ziekte met ups en downs stierf Rein Jansma (1959–2023), oprichter van Zwarts Jansma Architecten: een self-made avonturier, altijd bijzonder gedreven, ruimhartig, sociaal en betrokken. Een ander uitgesproken figuur in de architectuur, Lucien Kroll (1927–2022) overleed al iets eerder. Peetvader van de postmoderne baksteen Rob Krier (1938–2023) werd 85 jaar. In Nederland bouwde hij vele spraakmakende projecten, waaronder De Resident in Den Haag en Brandevoort bij Helmond. Maurice Nio (1959–2023), in de jaren negentig een van de meest experimentele architecten, overleed in juli 2023 en werd slechts 63 jaar oud. Voormalig BNA-voorzitter Jan Brouwer (1935–2023) overleed in augustus. Hij was hoogleraar aan de TU Delft, waar hij de afdeling bouwtechnologie oprichtte. Medeoprichter van IND en Supersudaca en belangrijke kracht onder meer in The Why Factory, Felix Madrazo (1972–2023) overleed eveneens veel te jong. Het meest missen we misschien Adri Duivesteijn (1950–2023). Met zijn politieke bravoure was hij cruciaal voor de ontwikkeling van het architectuurbeleid in Nederland. Hij benadrukte het belang van de ontwikkeling van sterk, sociaal en innovatief publiek opdrachtgeverschap. Duivesteijn was tevens bouwheer en eerste directeur van het Nederlands Architectuurinstituut in Rotterdam, en stond aan de wieg van NAi Uitgevers.

Internationaal gedenken we Jean Louis Cohen (1949–2023), de beste architectuurhistoricus van onze tijd, die zowel charmant en lichtvoetig was, als kundig en scherp. De architect en ontwerper Andrea Branzi (1938–2023) bezette jarenlang een koppositie in de kritische Italiaanse avant-garde. Hij was in 1966 een van de oprichters van Archizoom. Anthony Vidler (1941-2023) werd door de *NY Times* beschreven als het intellectuele geweten van de architectuur in de Verenigde Staten. Welke student heeft niet op zijn minst één van zijn teksten, al dan niet verplicht, gelezen?

Afscheid van het dagelijkse bureauwerk namen onder anderen Sjoerd Soeters (1947), Felix Claus (1956), Mels Crouwel (1953) en Jan Benthem (1952). We wensen hen een welverdiend pensioen.

De vijf beste architectuurfilms die te zien waren of in première gingen tijdens Architecture Film Festival Rotterdam (AFFR) in 2023 volgens Jord den Hollander, architect-filmmaker en curator Architecture Film Festival Rotterdam

Skin of Glass (Denise Zmekhol, Brazilië/VS, 90 min.) Het dramatische verhaal over het lot van de meest iconische moderne kantoortoren van São Paulo die wordt bezet door honderden dakloze families. Filmmaakster Denise Zmekhol gaat op zoek naar de achtergrond van haar vaders architectonische meesterwerk en stuit op de tragische geschiedenis van São Paulo, vol sociale ongelijkheid, verlies en megalomane bouwwoede.
A Plan for Paradise (Kati Juurus, Finland, 78 min.) Een stad bouwen voor 600.000 bewoners in een vallei buiten Kathmandu, Nepal. 'Moet kunnen', zegt het Finse bureau Helin & Co

Deceased or retired

The BENELUX bid a final farewell to several prominent architectural figures including John Habraken, Rein Jansma, Rob Krier and Lucien Kroll. John Habraken (1928–2023) was an inspiring architectural father for many in and around Eindhoven. It is to be hoped that the Open Building Society will continue to be granted a long life and over time build a support worthy of his memory. Rein Jansma (1959–2023) died after a long illness marked by ups and downs. The founder of Zwarts Jansma Architecten was a self-made adventurer, always exceptionally driven, generous, gregarious and engaged. Jansma was narrowly predeceased by another idiosyncratic architectural figure, Lucien Kroll (1927–2022). Godfather of postmodern brick construction, Rob Krier (1938–2023), was 85 years old. He built many high-profile projects in the Netherlands, including De Resident in The Hague and Brandevoort near Helmond. Maurice Nio (1959–2023), one of the most experimental architects of the 1990s, died in July 2023, a mere 63 years old. Former BNA chair Jan Brouwer (1935–2023) died in August. As a professor at TU Delft Brouwer established the building technology department. Co-founder of IND and Supersudaca and an important figure in, among others, The Why Factory, Felix Madrazo (1972–2023) was another designer to die before his time. The one we will possibly miss t he most is Adri Duivesteijn (1950–2023). His political acumen made him a crucial figure in the evolution of architectural policy in the Netherlands. He stressed the importance of developing a strong, socially engaged and innovative public commissioning practice. Duivesteijn was also an architect and the first director of the Netherlands Architecture Institute in Rotterdam, in which capacity he oversaw the birth of NAi Uitgevers.

Internationally we remember Jean Louis Cohen (1949–2023), the best architectural historian of our age, who was both charming and light-footed, knowledgeable and acute. The architect and designer Andrea Branzi (1938–2023) for many years occupied a top position in the critical Italian avant-garde. In 1966 he was one of the founders of Archizoom. Anthony Vidler (1941-2023) was described by the New York Times as the intellectual conscience of architecture in the United States. What student of architecture has completed their studies without at least once having read or been told to read one of his works?

Among those who farewelled the daily office grind in 2023 were Sjoerd Soeters (b. 1947), Felix Claus (b. 1956), Mels Crouwel (b. 1953) and Jan Benthem (b. 1952). We wish them all the best in their well-earned retirement.

The five best architecture films on show or premiered during Architecture Film Festival Rotterdam (AFFR) in 2023, according to festival curator and film-maker, Jord den Hollander.

Skin of Glass (Denise Zmekhol, Brazil/US, 90 min.) The dramatic account of the fate of the most iconic modern office tower in São Paulo, which has been occupied by hundreds of homeless families. Having set out in search of the background to her father's architectural masterpiece, film-maker Denise Zmekhol encountered the tragic history of São Paulo, rife with social inequality, loss and megalomaniac construction.
A Plan for Paradise (Kati Juurus, Finland, 78 min.) Brief: to build a city for 600,000 residents in a valley outside Kathmandu, Nepal. 'No problem' according to Finnish firm Helin & Co Architects. And having won the competition for the master plan, they cheerfully set to work. What ensues is a revealing and at time hilarious culture clash between two worlds that painfully exposes the constricted Western view of things.
The Taking (Alexandre O. Philippe, US, 76 min.) Can we see still the landscape around us unfiltered by the images of it in films we have seen? A journey through Monument Valley with its spectacular rock formations, where numerous Westerns have

Architects. En als ze de prijsvraag voor het masterplan hebben gewonnen, gaan ze monter aan de slag. Wat volgt is een onthullende en soms hilarische cultureclash tussen twee werelden die de beperkte westerse kijk pijnlijk blootlegt.

The Taking (Alexandre O. Philippe, VS, 76 min.) Kunnen we het landschap om ons heen nog wel zien zonder de beelden uit de films die we er van kennen? Een reis door Monument Valley met zijn spectaculaire rotsformaties, waar tientallen westerns werden opgenomen. Een visueel overrompelende film over cinema en internet als de nieuwe kolonisator van de wereld om ons heen.

I Didn't See You There (Reid Davenport, VS, 78 min.) Steden zijn niet ontworpen voor ernstig gehandicapten die gebonden zijn aan hun rolstoel, zoals filmmaker Davenport. Vanuit zijn *point of view* biedt hij een beklemmend beeld van een wereld die niet bedoeld is voor 'freaks' zoals hij.

Emotional Architecture 1959 (Leon Siminianim, Spanje, 30 min.) Hoe architectuur het schrijnende verschil in sociale klassen laat zien in het Spanje onder de dictatuur van Franco. Verteld als een origineel liefdesverhaal tussen twee studenten in het Madrid van 1959. Een van de meest originele architectuurfilms op de AFFR van 2023.

De vijf opmerkelijkste gebeurtenissen op het gebied van architectuur volgens Saskia van Stein, artistiek en algeheel directeur Internationale Architectuur Biënnale Rotterdam

Boeklancering en symposium *Vrouwen in architectuur*, 15 & 16 juni, Nieuwe Instituut, Rotterdam
Vrouwen in architectuur is een publicatie over meerstemmigheid in de architectuur, gemaakt door een groep vrouwen van verschillende generaties, afkomstig uit de praktijk en de academische wereld. Tijdens het symposium werd een noodzakelijk gesprek gevoerd over wie een stem heeft en wie niet; over wat de betekenis is van ongelijkheid en representatie in

been filmed. A visually overwhelming film about cinema and the internet as the new colonizers of the world around us.

I Didn't See You There (Reid Davenport, US, 78 min.) Cities are not designed for severely handicapped people confined to a wheelchair, like film-maker Davenport. Shot from his own unique point of view, the film offers a depressing picture of a world not designed for 'freaks' like him.

Emotional Architecture 1959 (Leon Siminianim, Spain, 30 min.) How architecture mirrors poignant class differences in Franco's Spain. Told as a moving love story between two students in the Madrid of 1959. One of the most original architecture films shown at the 2023 AFFR.

The five most noteworthy events in the field of architecture according to Saskia van Stein, artistic and general director of the International Architecture Biennale Rotterdam.

Women in Architecture book launch and symposium, 15 & 16 June, Nieuwe Instituut, Rotterdam
Women in Architecture, a publication about the plurality of voices in architecture, is the work of a group of women from different generations, practitioners as well as academics. The symposium featured an indispensable discussion about who has a voice and who does not, about the significance of inequality and lack of representation in our profession. Amazingly, it was not until 2014 that a woman won the Prix de Rome. It so happens that the same firm won the Abe Bonnema Prize 2023: studio Donna van Milligen Bielke (with Ard de Vries, for Kunstwerf in Groningen).

Architecture Biennale *Laboratory of the Future*, Venice, 20 May-26 November and Triennale *The Beauty of Impermanence: An Architecture of Adaptability*, Sharjah (UAE), 11 November 2023–10 March 2024
Two events exploring the role of architecture in relation to raw materials, retrofitting for sustainability and decolonization. For

ons vak. Het is toch wonderlijk dat pas in 2014 de eerste vrouw de Prix de Rome won. Overigens hetzelfde bureau dat de Abe Bonnema Prijs 2023 kreeg toegekend: studio Donna van Milligen Bielke (i.s.m. Ard de Vries voor Kunstwerf in Groningen).

Architectuurbiënnale *Laboratory of the Future*, Venetië, 20 mei-26 november en Triënnale *The Beauty of Impermanence: An Architecture of Adaptability*, Sharjah (VAE), 11 november 2023–10 maart 2024
Twee events waarin de rol van architectuur in relatie tot grondstoffen, verduurzaming en dekolonisatie werd bevraagd. Voor wie en mét wie bouwen we en tot wat voor esthetiek of taal leidt dit? Waar Venetië vooral een cerebraal en cultureel karakter had, was Sharjah concreter en objectgericht. Je zag een herwaardering voor het verleden en het lokale vanuit een niet-eurocentrisch perspectief. De projecten waren systemisch en onderzoekend, maar ook bescheiden en tactiel en riepen daarbij vragen op over de (on)mogelijkheid tot opschaling. Als hard contrast zet ik daar een ander veel besproken project tegenover, The Line in Saudi-Arabië, waar de stad van de toekomst juist accelereert door de inzet van snoeiharde technologie.

Het gesprek over een nieuw Nederlands Architectuur Instituut
De aanhoudende roep om een nieuw NAi, gevoed door een licht nostalgische houding van de ontwerpende disciplines op zoek naar een plek en betekenis, kreeg politieke resonantie door een motie in de Tweede Kamer van SP Kamerlid Sandra Beckerman. Dit resulteerde in een aantal gesprekken over de toekomst van de architectuur, bestaande netwerken en beleid rond woningbouw. De position papers geschreven op uitnodiging van de Tweede Kamer zijn een goede dwarsdoorsnede van waar we in Nederland staan.

The Great Repair, Akademie der Künste, Berlijn, 14 oktober 2023–14 januari 2024
In deze tentoonstelling in de werden de tegenstellingen tussen

whom and with whom do we build and what kind of aesthetic or language does this produce? While Venice was primarily cerebral and cultural in nature, Sharjar was more concrete and object-oriented. Visitors were treated to a revaluation of the past and the local from a non-Eurocentric perspective. The projects were systematic and exploratory, but also modest and tactile and they raised questions about the (im)possibility of upscaling. By way of contrast, I offer another much-discussed project, The Line in Saudi Arabia, where work on the city of the future is proceeding apace due to the deployment of hard-nosed technology.

The conversation about a new Netherlands Architecture Institute
The sustained call for a new NAi, fuelled by a slightly nostalgic attitude on the part of design disciplines in search of a place and meaning, acquired political resonance thanks to a motion in the House of Representatives put by Socialist Party MP Sandra Beckerman. This resulted in a number of discussions about the future of architecture, existing networks, and housing policy. The position papers written at the request of the House provide a good cross section of where we stand in the Netherlands.

The Great Repair, Akademie der Künste, Berlin, 14 October 2023–14 January 2024
This exhibition addressed the contradictions between economic growth and ecological sustainability. It proposed taking an alternative, reparative approach to solving the great social challenges of our age. An investigative exhibition in the pursuit of designing equitable and biodiverse cities and landscapes.

Book presentation *Architect, Verb: The New Language of Building* by Reinier de Graaf (OMA), Pakhuis de Zwijger, Amsterdam, 15 March
The search for a new language for the design disciplines is combined with a daring analysis of the words we actually use. In his most recent book, De Graaf punctures the myths behind the debates about the nature of contemporary architecture with humour and devastating honesty and opens the door to a new era.

economische groei en ecologie geadresseerd en werd een reparatieve houding opgeworpen als alternatieve aanpak bij het oplossen van de grote maatschappelijke opgaves van onze tijd. Een onderzoekende tentoonstelling in het streven naar het ontwerpen van rechtvaardige en biodiverse steden en landschappen.

Boekpresentatie *Architect, Verb: The New Language of Building* van Reinier de Graaf (OMA), Pakhuis de Zwijger, Amsterdam, 15 maart

Het zoeken naar een nieuwe taal voor de ontwerpende disciplines gaat samen met het werkelijk durven analyseren van de woorden die we gebruiken. In zijn laatste boek doorprikt De Graaf de mythes achter de debatten over wat hedendaagse architectuur is, met humor en vernietigende eerlijkheid en zet hij de deur open voor een nieuwe tijd.

De vijf beste architectuurlezingen volgens Harm Tilman, voormalig hoofdredacteur *de Architect*

Met een overvloed aan media, van TikTok tot Insta en www zou je verwachten dat de architectuurlezing op sterven na dood is. Niets is minder waar. Ze biedt de gelegenheid bij uitstek om het te hebben over die architectonische kwaliteit die je kunt terugvinden in architectonische elementen en die in de beste gevallen zeldzame ervaringen oplevert. Dit zijn wat mij betreft de vijf beste van 2023.

Van Eesterenlezing, Van Eesteren Paviljoen, Amsterdam, 9 februari

In zijn Van Eesterenlezing formuleerde architect Rudy Uytenhaak scherpe kritiek op de verdichting van de Amsterdamse wijk Nieuw-West en de Excel-architectuur die het oplevert. In een meanderend vertoog agendeerde Uytenhaak de verhouding tussen binnenruimte en buitenruimte. Waar het bij stedelijke verdichting op aankomt, is de juiste balans te bereiken tussen woningen, stedelijke weefsel en ligging.

The five best architecture lectures according to Harm Tilman, former editor-in-chief of *de Architect*

Given the plethora of media, from TikTok to Insta and www, you'd think the architecture lecture would be as good as dead. Nothing could be further from the truth. Lectures offer the perfect opportunity to talk about that architectural quality you can find in architectural elements and that in the best instances makes for singular experiences. These are in my opinion the five best of 2023.

Van Eesteren lecture, Van Eesteren Paviljoen, Amsterdam, 9 February

Rudy Uytenhaak used his Van Eesteren lecture to issue a sharp critique of the densification of the Amsterdam district Nieuw-West and the Excel-architecture it generates. In a meandering disquisition Uytenhaak raised the relation between indoor and outdoor space. In urban densification the trick is to strike the right balance between dwellings, urban fabric and location.

On the new architect, TU Delft, 4 July

The figure of the 'new architect' has long fascinated architect Thijs Asselbergs and was unsurprisingly the topic of his valedictory lecture as professor at TU Delft. In order to address the growing gulf between architecture and society, young architects need to engage in a conversation with earlier generations. According to Asselbergs, instead of just adopting positions, architects should be flexible and actively look for new coalitions.

From-chair-to-city lecture, Rietveld pavilion, Amersfoort, 25 May

Architect Jacob Bakema's 'from chair to city' talks in the eponymous, legendary television programme of the early 1960s are now more relevant than ever. The first From-chair-to-city lecture, an initiative of the Amersfoort FASadE forum, was delivered by Marjolein van Eig. In a thought-provoking address she talked about her great love of space, sustainable materials and (above all) details. And the simultaneity of the large and small scale.

Over de nieuwe architect, TU Delft, 4 juli

De figuur van de 'nieuwe architect' houdt architect Thijs Asselbergs al lange tijd bezig en was vanzelfsprekend ook het onderwerp van de lezing die hij gaf bij zijn afscheid als hoogleraar van de TUD. Om de groeiende kloof tussen architectuur en samenleving te adresseren, zouden jonge architecten in gesprek moeten gaan met vroegere generaties. Architecten moeten volgens Asselbergs namelijk niet alleen posities innemen, maar dienen ook lenig te zijn en op zoek te gaan nieuwe coalities.

Van-stoel-tot-stadlezing, Rietveldpaviljoen, Amersfoort, 25 mei

Het verhaal 'van stoel tot stad', dat architect Jacob Bakema hield in de gelijknamige, legendarische televisiecursus uit de vorige eeuw, is thans relevanter dan ooit. De eerste Van-stoel-tot-stadlezing, een initiatief van het Amersfoortse FASadE, werd gegeven door architect Marjolein van Eig. In een boeiende verhaal adresseerde zij haar grote liefde voor ruimte, duurzame materialen, geluiden en (vooral) details. En de gelijktijdigheid van grote en kleine schaal.

Vitruviuslezing, CabFab Binckhorst, Den Haag, 18 december

Hoewel we bang lijken te zijn geworden voor grote gebaren, doen we deze misschien juist op de meest kleine schaal, aldus landschapsarchitect Petra Blaisse in de eerste Vitruviuslezing. Blaisse pleitte ervoor om de natuur de stad in te halen en dit dan toch vooral te doen op volle grond. En niet met een boom op een balkon. Natuur is bovendien niet alleen om van te genieten, maar kan tal van andere vitale, publieke functies vervullen. Ze is het grootste cadeau dat je stedelingen kunt geven en alleen al om deze reden zou je natuur niet moeten uitbesteden aan ontwikkelaars.

Design by thinking of... Tolhuistuin, Amsterdam, 25 januari, 10 mei, 20 september en 7 november

De vier lezingen die jaarlijks in deze reeks worden door gegeven, bieden architecten ruimte voor een broodnodige reflectie op

Vitruvius lecture, CabFab Binckhorst, The Hague, 18 December

Although we appear to have become fearful of grand gestures, it may be that we make them at the very smallest scale, landscape architect Petra Blaisse argued in the first Vitruvius lecture. Blaisse advocated bringing nature into the city and preferably in the open ground rather than in the form of a tree on a balcony. Because nature is not just something to be enjoyed but is also capable of fulfilling numerous other vital, public functions. It is the greatest gift you can give the city dweller and for that reason alone nature should not be outsourced to developers.

Design by thinking of... Tolhuistuin, Amsterdam, 25 January, 10 May, 20 September and 7 November

The four talks that make up this annual lecture series offer architects scope for much-needed reflection on architecture and its utility value, unconstrained by considerations that determine market value. European architects with interesting oeuvres are invited to present these lectures. The setup is simple: an architect formulates their credo and then goes on to talk about their projects. The results are (often) enthralling. But you have to be there in the room; there are no recordings available.

The seven best books on architecture according to Joost Degenkamp, NAi Booksellers, Rotterdam

BRUUT by Arjan den Boer, Bart van Hoek, Martijn Haan, Martjan Kuit, Teun Meurs (Wbooks)

When it comes to a focus on Dutch architecture, you can't go past *BRUUT*. In the wake of the international interest in brutalism, this 'atlas of brutalism in the Netherlands' covering post-war concrete architecture, appeared in spring 2023. The voluminous reference work is a nostalgia fest and simultaneously a call for action regarding the preservation of Dutch architectural heritage.

Women in Architecture by Hilde Heynen, Lara Schrijver, Indira van 't Klooster, Charlotte Thomas, Catja Edens, Setareh Noorani (nai010 uitgevers)

architectuur en de gebruikswaarde ervan, los van overwegingen die de marktwaarde bepalen. Voor deze reeks worden Europese architecten uitgenodigd met interessante oeuvres. De opzet is simpel: een architect formuleert een credo en bespreekt vervolgens zijn of haar projecten. De resultaten zijn (vaak) betoverend. Het is alleen wel zaak de lezingen bij te wonen, ze zijn daarna nergens meer terug te vinden.

De zeven beste architectuurboeken volgens Joost Degenkamp, NAi Boekverkopers, Rotterdam

BRUUT door Arjan den Boer, Bart van Hoek, Martijn Haan, Martjan Kuit, Teun Meurs (WBooks)

Als we kijken naar aandacht voor Nederlandse architectuur, kun je niet om *BRUUT* heen. In navolging van de internationale aandacht voor het brutalisme, verscheen voorjaar 2023 deze 'atlas van het brutalisme in Nederland' over de naoorlogse betonnen architectuur. Het volumineuze naslagwerk is een feest der herkenning en daarmee tegelijkertijd ook een *call for action* als het gaat om aandacht voor het behoud van ons erfgoed.

Vrouwen in architectuur door Hilde Heynen, Lara Schrijver, Indira van 't Klooster, Charlotte Thomas, Catja Edens, Setareh Noorani (nai010 uitgevers)

De al eerder in gang gezette aandacht voor de positie van de vrouw binnen de architectuur resulteerde in 2023 in het verschijnen van meerdere boeken, waaronder deze eerste publicatie in de nieuwe serie *Documents and Histories*. Deze reeks belicht ontbrekende stemmen in de architectuur.

Ruimtelijke kwaliteit bij fabrieksmatige woningbouw: Een stedenbouwkundig kader door Frits Palmboom (Federatie Ruimtelijke Kwaliteit i.s.m. college van Rijksadviseurs)

Als gevolg van het wegvallen van een sturende overheid bij een aantal grote ruimtelijke opgaven, verscheen er een aantal interessante publicaties. Zo initieerde de Federatie Ruimte-

lijke Kwaliteit een pamfletachtige serie in wording, over de kwaliteit van seriële productie van woningen als reactie op de huidige woningbouwopgave.

Reuse to Reduce: Architecture within a Carbon Budget door Jan Willem ter Steege, Popma ter Steege Architects (Jap Sam Books)

Bouwen met een positieve footprint door Vincent van der Meulen (nai010 uitgevers)

Met in het achterhoofd de opgave om in 2050 in Nederland een volledig circulaire economie te hebben en de verantwoordelijkheid van de architect hierin, verschenen meerdere publicaties. *Reuse to Reduce* van Popma ter Steege Architecten en *Bouwen met een positieve footprint* van Vincent van der Meulen (Kraaijvanger Architects) kijken elk vanuit een eigen invalshoek naar de problematiek.

Tweede gids voor natuurinclusief ontwerp door Maike van Stiphout (nextcity)

Stadsnatuur bouwen door Jacques Vink, Piet Vollaard, Niels de Zwarte (nai010 uitgevers)

Ook (her)nieuw(d)e aandacht voor natuurinclusief ontwerpen valt op. Zo kwam Maike van Stiphout met een tweede gids voor natuurinclusief ontwerp en verscheen naast het eerdere *Stadsnatuur maken* nu *Stadsnatuur bouwen*.

Ten slotte verwelkomen we de oprichting van een nieuwe uitgever van architectuurboeken: Maas Lawrence.

In 2023, the recent focus on the position of women in architecture resulted in several publications on the subject, including this first book in a new series entitled *Documents and Histories* dedicated to ensuring that architecture's missing voices are heard.

Ruimtelijke kwaliteit bij fabrieksmatige woningbouw: Een stedenbouwkundig kader by Frits Palmboom (Federatie Ruimtelijke Kwaliteit and College van Rijksadviseurs)

The absence of any active government involvement in a number of major spatial challenges prompted several interesting publications. The Dutch spatial quality federation, for example, launched a new, pamphlet-style series on the quality of serial housing construction in response to the current housing shortage.

Reuse to Reduce: Architecture within a Carbon Budget by Jan Willem ter Steege, Popma ter Steege Architects (Jap Sam Books)

Building with a Positive Footprint by Vincent van der Meulen (nai010 uitgevers)

The challenge to achieve a fully circular economy by the year 2050 and the architect's role in this gave rise to several publications. *Reuse to Reduce* by Popma ter Steege Architecten and *Building with a Positive Footprint* by Vincent van der Meulen (Kraaijvanger Architects) bring their own perspectives to the issue.

Tweede gids voor natuurinclusief ontwerp by Maike van Stiphout (nextcity)

Building Urban Nature by Jacques Vink, Piet Vollaard, Niels de Zwarte (nai010 uitgevers)

Another issue that stood out in 2023 was the new or renewed interest in nature inclusive design. Maike van Stiphout released a second guide to nature inclusive design and the earlier *Making Urban Nature* was followed up by *Building Urban Nature*.

Finally, we welcome the launching of a new publisher of books on architecture: Maas Lawrence.

Opdrachtgever
Korteknie Stuhlmacher Architecten

Woonhuis
Utrecht
Opdrachtgever: Jan Zonderland en Noor van Mierlo

Het Rotterdamse bureau Korteknie Stuhlmacher maakt deel uit van een architectenbeweging die zich uiterst comfortabel voelt met het werken in, om en aan gebouwen in een historisch gevoelige context. In Utrecht ontwierp het bureau een woonhuis voor Jan Zonderland en Noor van Mierlo aan een groene singel waar ooit de middeleeuwse stadsmuren met bolwerken waren gesitueerd. Het woonhuis vormt een toevoeging aan een ensemble van neoclassicistische woonhuizen van architect Jan David Zocher jr. De opdrachtgevers bewoonden eerder een van deze ruime woningen, waarvan de tuin had plaatsgemaakt voor een dubbele garage. Vanwege de behoefte aan een kleiner en een meer duurzame woning kozen zij ervoor het huis te verkopen en een nieuw, compact huis te bouwen als vervanging van de garage.

Het nieuwe woonhuis valt op door zijn eenvoud en bescheidenheid, het is een acupuncturele ingreep in een klassiek negentiende-eeuws stadsgezicht. De decoratief geperforeerde betonnen gevel op de begane grond als vervanging van de bestaande ommuring is eigentijds, maar gaat tegelijkertijd naadloos op in de omgeving. Dat geldt eveneens voor de achterzijde van het pand, die met zijn eenvoudig gestucte gevel en ragfijne hekwerkjes uitkomt op een smal steegje. In het interieur, dat in CLT is uitgevoerd, komt de ruimtelijke lay-out in combinatie met het op maat gemaakte meubilair plezierig samen. Daarin valt niet alleen de slim geknikte glaswand op die vanaf de eerste verdieping uitzicht biedt op de monumentale bomen langs de singel, maar vooral ook de aandacht voor het allerkleinste detail in de woning, van hekwerkje tot nisje tot handgreep. Het woonhuis is het overtuigende resultaat van een innige samenwerking tussen ontwerper en opdrachtgever. De bevlogenheid van beide partijen én het onderlinge respect voor elkaars positie binnen het ontwerpproces gaf hun hier vleugels.

Eerste verdieping, begane grond/
First, ground floor
1   entree/main entrance
2   hal/hall
3   werkruimte/work space
4   berging/storeroom
5   woonkamer-keuken/living room-kitchen
6   slaapkamer/bedroom
7   badkamer/bathroom
8   balkon/balcony

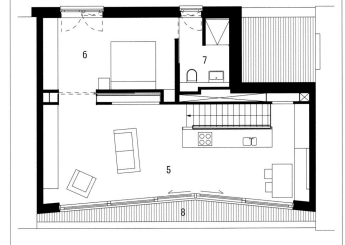

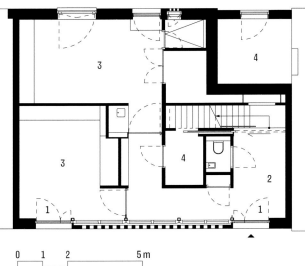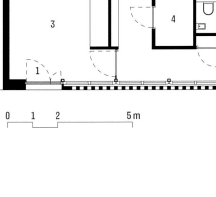

Situatie/Site plan
A   Van Asch van Wijckskade
B   Van Asch van Wijckstraat

Doorsnede/Section

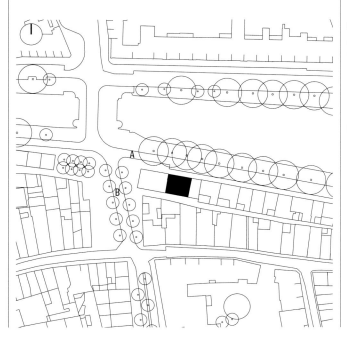

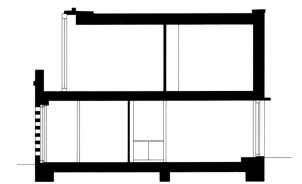

Foto/Photo: **Collectie Het Utrechts Archief**

House
Utrecht
Client: Jan Zonderland and Noor van Mierlo

The Rotterdam practice of Korteknie Stuhlmacher belongs to a cohort of architectural practices that are very comfortable working in, around and on buildings in an historically sensitive context. In Utrecht the practice designed a house for Jan Zonderland and Noor van Mierlo beside a tree-lined canal where the medieval defensive city walls once stood. The house is an addition to an ensemble of neo-classic houses by the architect Jan David Zocher jr. The clients used to occupy one of those spacious houses, the garden of which had made way for a double garage. Feeling the need for a smaller and more sustainable dwelling, they decided to sell the house and replace the garage with a new, compact home.

The new house is notable for its simplicity and modesty; it is an acupunctural intervention in a classic nineteenth-century streetscape. The decoratively perforated concrete elevation that replaced the existing wall is contemporary, yet it blends seamlessly with its surroundings. The same is true of the rear of the building where an unpretentious plastered elevation with delicate railings abuts a narrow laneway. In the interior, which is made of CLT, the spatial layout in combination with the customized furniture makes for an agreeable whole. The eye is caught not only by the cleverly inflected glass wall on the upper floor with a view of the majestic trees along the canal, but more especially by the attention lavished on the smallest details in the house, from railing to niche to handle. The house is the masterly outcome of a close collaboration between designer and client. The enthusiasm of both parties, together with their mutual respect for one another's position in the design process, lent them wings here.

Foto's/Photos: **John Sondeyker Photography**

Opdrachtgever

Architecten aan de Maas

Nedlin
Elsloo
Opdrachtgever: Nedlin

Langs de rijkswegen die we als redactie aflegden, viel de onstuitbare verdozing van Nederland op. Kijkend naar de eindeloze karakterloze stalen sandwichpaneelgevels waarin alleen wettelijke noodzakelijkheden een uitzondering toestaan, is het goed voorstelbaar om een jaarboek te bedenken van de lelijkste bouwontwikkelingen in het land. Hoogtepunten zouden waarschijnlijk de vele liefdeloos gebouwde stallen, fabrieken, distributie- en datacentra zijn. Daarom was het bezoek aan de nieuwe wasserij van Nedlin in Elsloo zo louterend.
Gelegen langs de A2 in een gebied dat verder geen charme kent, wijkt de vorm van de nieuwe wasserij, een vrij eenvoudige flinke balk, niet bepaald af, maar verder blijkt er weinig gebruikelijks aan. De buitenkant is een mooi gelede betonnen gevel die als natuursteen aandoet en gestut is door monumentaal ogende betonnen kolommen. Het doet denken aan de betere Scandinavische wederopbouwarchitectuur of het vroege landschappelijke modernisme van Corporate America. Binnen wordt door grote glazen wanden veelvuldig het contact gevierd met een overweldigend machinepark dat met weinig mensenhanden witte jassen en andere kleding uit de medische sector reinigt, stoomt, droogt en vouwt. Het samenspel tussen de werkvloer en het kantoor is daardoor direct en door het hele gebouw aanwezig.
De verduurzaming van het werkproces is hand in hand gegaan met een investering in een gebouw dat kwaliteit en betrokkenheid uitdrukt. Niet door een durfkapitalist of start-up, maar juist van een zeventigjarig familiebedrijf uit Hoensbroek. Het vorige Nedlin-gebouw, dat achter het huidige ligt, toonde nog geen liefde. De nieuwe generatie is geschoold in het corporate bedrijfsleven, maar is niet blijven steken in de vaak holle marketingfrasen daarvan. Het is meer geworden dan 'een smoel geven', zoals de opdrachtgever in een interview aangeeft. Het gaat hier om de liefde echt iets te doen voor alle medewerkers. Het gebouw is BREEAM outstanding, architectonisch is Nedlin, zeker binnen het segment grote dozen, dat zeker ook.

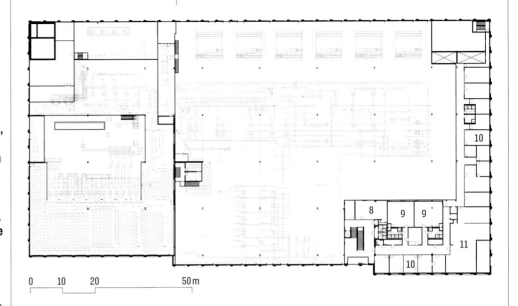

0 10 20   50 m

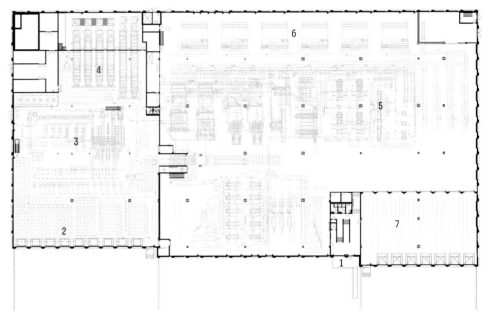

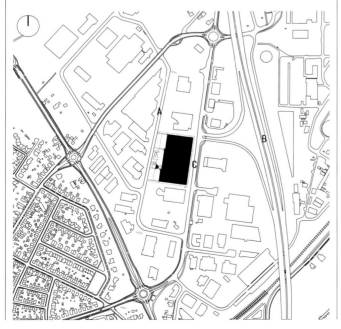

Situatie/Site plan
A   Business Park Stein
B   A2
C   Sanderboutlaan

Doorsnede/Section

Eerste verdieping, begane grond/First, ground floor
1   hoofdentree/main entrance
2   inname vuile was/soiled linen in
3   sorteerafdeling/sorting department
4   wasmachines/washing machines
5   inpakafdeling/packing department
6   opslag linnenpakketten/packed linen storage
7   uitgifte schone was/clean linen out
8   presentatieruimte/presentation room
9   kleedkamers/changing rooms
10   kantoor/office
11   kantine/canteen

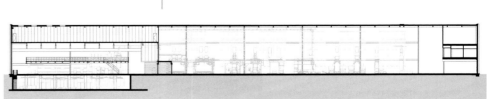

Client

Nedlin
Elsloo
Client: Nedlin

Travelling along the country's motorways for this Yearbook, we were struck by the relentless boxing-in of the Dutch landscape. Gazing at the endless parade of bland steel sandwich-panel elevations, relieved only by legally mandated elements, it is all too easy to imagine a Yearbook devoted to the ugliest developments in the country. Highlights would probably include the many uncaringly built sheds, factories, distribution and data centres. Which is what made the visit to Nedlin's new industrial laundry in Elsloo so refreshing.

Located along the A2 motorway in an otherwise charmless area, the new laundry facility – a fairly straightforward long box – is not so very different in terms of form, but there is nothing run-of-the-mill about the rest of it. The exterior is a beautifully articulated concrete elevation that looks like stone and is supported by impressive-looking concrete columns. It is reminiscent of the better Scandinavian post-war reconstruction architecture or the early landscape modernism of Corporate America. Inside, huge glass walls afford ample opportunity to admire the overwhelming machinery that, with little human input, cleans, steams, dries, irons, and folds white coats and other medical sector clothing. The interplay between the work floor and the office is directly and pervasively present throughout the building.

Making the work process sustainable went hand in hand with investment in a building that speaks of quality and commitment. Not by some venture capitalist or start-up, but by a seventy-year-old family concern from Hoensbroek. The previous Nedlin building, still standing behind the new one, was not a labour of love. Although the new generation has been schooled in corporate business practice, it has not bought into its frequently hollow marketing talk. This building is more than an exercise in 'giving the company a face', as the client put it in an interview. It reflects an altruistic impulse to do something for all employees. Nedlin is BREEAM outstanding; architecturally, especially in the big box segment, likewise.

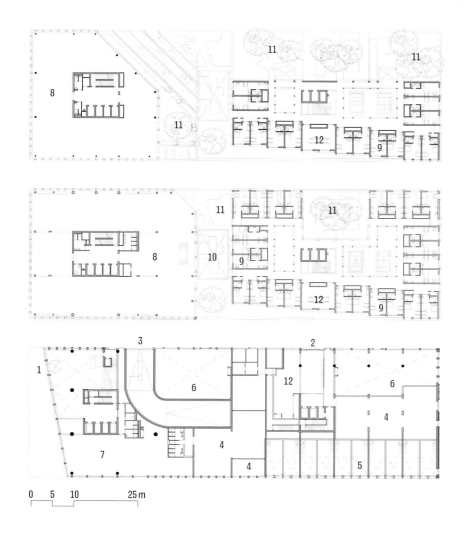

Team V Architectuur

CROSSOVER
Amsterdam
Opdrachtgever: AM Wonen, AM Real Estate Development, Utrecht

Op de kop van de Amsterdamse Zuidas, waar de Ring A10 de Europaboulevard kruist, ontwierp Team V een gebouw waarin chique kantoorvierkantemeters en sociale jongerenwoningen zijn samengebracht. Het gebouw valt op door de soepele stedenbouwkundige inpassing op een lastige locatie langs twee stedelijke hoofdaders die, zeker als het gaat om wonen, de nodige geluids- en gezondheidshinder opleveren. Het gebouw is met een oppervlakte van ruim 25.000 m² enorm in omvang, maar maakt desondanks geen grote indruk door de slimme massa-opbouw met vertrappingen en uitkragingen. De in gerecycled baksteen opgetrokken gevelvlakken zijn aan alle zijden verschillend ingevuld: soms met volledig glas, afwijkend metselverband of balkons. De open-dichtverhouding van de gevels voegt zich steeds naar de achterliggende functies.

De functies in dit gebouw zijn uiteenlopend, naast kantoren en woningen vinden we er een restaurant, een *mobility hub* en bedrijfsruimtes. De 120 woningen, die worden verhuurd door woningbouwvereniging Lieven de Key, volgen het Startblok-principe, waarin studenten samenleven met statushouders. Op de begane grond zijn er bovendien tien koopwoningen voor starters gerealiseerd. Er is veel ruimte voor gemeenschaps-vorming tussen de verschillende bewoners en gebruikers van het complex. De groene longen in de vorm van binnentuinen, dak-terrassen en wadi's zijn niet alleen noodzakelijk ter ontsnapping aan de kleine woningen die gemiddeld 20 m² meten, maar vooral voor het vormen van een community, die men met het Startblok-concept beoogt. Met de ingebruikname van het gebouw zien we de eerste tekenen van leven van de bewoners, de tuinen op de balkons en galerijen worden langzamaan ingenomen. Schoenen en stoelen staan op de galerijen en her en der droogt de natte was aan provisorische waslijnen op het dakterras. Deze alle-daagsheid zorgt voor kleur en dynamiek en deze zal zich hopelijk in de toekomst vermengen met de meer uniforme, zakelijke wereld elders in het gebouw.

Zevende, tweede verdieping, begane grond/Seventh, second, ground floor
1 entree kantoor/office entrance
2 entree appartementen/entrance to apartments
3 entree ondergrondse parkeergarage/underground car park entrance
4 inpandige fietsenstalling/indoor bicycle storage
5 koopwoningen/owner-occupied dwellings
6 sociaal maatschappelijke ruimte/social space
7 restaurant
8 kantoor/office
9 jongerenwoning/youth apartment
10 patio
11 dakterras/roof gardens
12 gemeenschappelijke ruimte/communal area

Foto's/Photos: **Jannes Linders**

Doorsneden/Sections

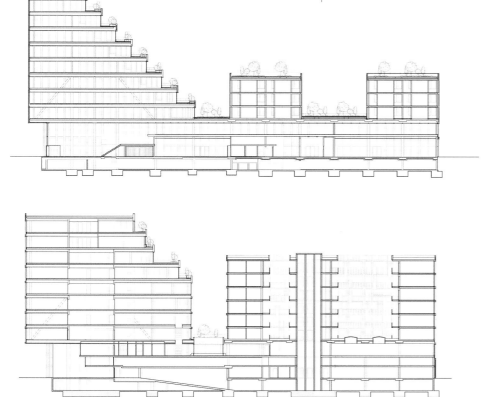

Situatie/Site plan
A Europaboulevard
B Ring A10/A10 ring road
C Rozenoordpad
D RAI Amsterdam

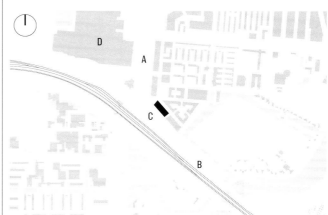

Foto/Photo: **Marcel Steinbach**

Foto/Photo: **Marcel Steinbach**

Foto/Photo: **Jan Vonk**

CROSSOVER
Amsterdam
Client: AM Wonen, AM Real Estate Development, Utrecht

At the tip of Amsterdam's Zuidas district, where the A10 ring road crosses over Europaboulevard, Team V have designed a building in which chic office square metres are combined with subsidized youth apartments. The building is notable for its smooth spatial integration on a difficult site bordered by two major urban arteries that produce a good deal of noise and health nuisance, especially in relation to housing. At over 25,000 m², the building is huge, yet it doesn't look big thanks to some clever massing employing staggered floors and cantilevers. The elaboration of the recycled-brick elevations differs from one side to the next: fully glazed, different brick bonds, or balconies. The open-to-closed ratio of the elevations is tailored to the functions behind.

Those functions range from offices and apartments to a restaurant, mobility hub and business units. The 120 apartments, leased by the Lieven de Key housing association, fall under the Startblok scheme, whereby students are co-housed with residence permit holders. On the ground floor there are also ten owner-occupied dwellings for housing market starters. There is plenty of opportunity for community building among the complex's various residents and users. Green lungs in the form of courtyard gardens, roof gardens and 'wadis' not only provide a much-needed escape from the small apartments, measuring 20 m² on average, but are also crucial to community building, as envisaged by the Startblok concept. Post-completion, we notice the first signs of life from the residents as the gardens on the balconies and access decks are gradually appropriated. On the decks a scattering of shoes and chairs, while here and there laundry is drying on makeshift washing lines on the roof terrace. This manifestation of everyday life provides colour and vitality that will in future hopefully mingle with the more uniform, business-oriented world elsewhere in the building.

Foto/Photo: **Marcel IJzerman**

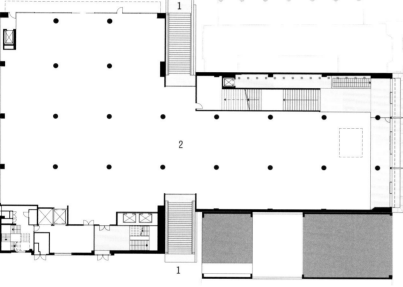

De Zwarte Hond & Loer Architecten

Transformatie Rode Weeshuisstraat
Groningen
Opdrachtgever: MWPO, Beauvast, Groningen

De tijdens de Tweede Wereldoorlog gebombardeerde noordzijde van de Groningse Grote Markt werd in de jaren vijftig bebouwd met nieuwe winkelpanden, waaronder een ultramodern warenhuis van Vroom & Dreesmann (E.H.A. en H.M.J.H. Kraaijvanger, 1958). De achterkant van het warenhuis grensde aan de Rode Weeshuisstraat, die door de aanwezigheid van magazijnen vooral functioneerde als winkelbevoorradingslocatie. Na het faillissement van V&D stond het complex lang leeg. Een gezamenlijke architectonische én stedenbouwkundige interventie van De Zwarte Hond en Loer Architecten heeft ervoor gezorgd dat deze sobere achterafstraat nu deel uitmaakt van het stadshart.
Ze deden dit door twee bestaande gebouwen te renoveren en uit te breiden en nieuwbouw toe te voegen. De Zwarte Hond transformeerde een deel van de V&D tot Groot Handelshuis met kantoren en supermarkt en herbestemde het distributiemagazijn tot winkelpand met woningen The Warehouse. De hier gevestigde nieuwe supermarkt en woonwinkel blazen nieuw leven in de straat. Het gesloten karakter van de achterzijde van het warenhuis werd opengebroken door het volume in tweeën te delen en transparant te maken. In de vrijgekomen ruimte werd vervolgens een atrium gemaakt dat nu zicht biedt op achterliggende bebouwing. Daaronder is met een fietsenstalling een nieuwe semipublieke ondergrondse verbinding tot stand gebracht. Een uitbreiding aan de achterzijde van V&D werd gesloopt om plaats te maken voor woongebouw Mercado, een gezamenlijk ontwerp van De Zwarte Hond en Loer Architecten, dat een iets teruggelegde rooilijn volgt. Het vervult een sleutelrol in de revitalisatie van de straat en is de held van dit verhaal. Het verkleinen van de footprint van het gebouw ten opzichte van de eerdere bebouwing en de positionering en vertrapping van de bouwmassa resulteerden in een pocketpleintje en een verbreding van de smalle straat. De open plint van het woongebouw draagt bij aan de levendigheid van de straat en het plein. De fraaie alzijdige groen-gele keramische gevelelementen voorzien van royale beplanting versterken de nieuwe aantrekkelijkheid van de straat. Mercado bewijst dat er met slimme herverkaveling van massa en een fijnzinnige architectuur nieuwe betekenisvolle ruimte kan worden gecreëerd in een historische binnenstad.

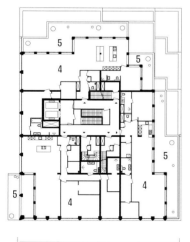

Groot Handelshuis
Eerste verdieping, begane grond/
First, ground floor
1 entree fietsenstalling/bicycle garage entrance
2 supermarkt/supermarket
3 restaurant
4 atrium
5 kantoor/office

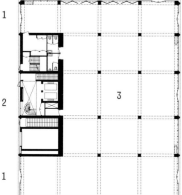

Mercado
Zevende verdieping, begane grond/
Seventh, ground floor
1 entree/main entrance
2 entree appartementen/entrance to apartments
3 commerciële ruimte/commercial space
4 appartementen/apartments
5 balkon/balcony

Situatie Site plan
A Groot Handelshuis
B Mercado
C The Warehouse
D Rode Weeshuisstraat
E Grote Markt
F Martinikerk

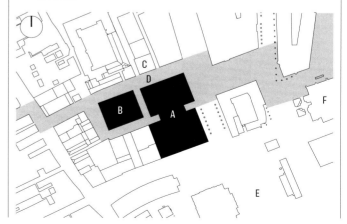

Foto's/Photos: **Sebastian van Damme**

Foto/Photo: **De Zwarte Hond**

Transformation of Rode Weeshuisstraat
Groningen
Client: MWPO, Beauvast, Groningen

In the 1950s, the north side of Groningen's Grote Markt square, which had been badly damaged during the Second World War, was redeveloped with new retail outlets, including an ultra-modern Vroom & Dreesman department store (E.H.A. and H.M.J.H. Kraaijvanger, 1958). The rear of the store bordered Rode Weeshuisstraat, which owing to the many warehouses lining it functioned mainly as service road. Since V&D's bankruptcy, the complex has stood empty. A joint architectural and urban design intervention by De Zwarte Hond and Loer Architecten has turned this drab back street into a lively part of the city centre.
They achieved this by renovating and extending two existing buildings and adding one new building. De Zwarte Hond transformed part of the V&D complex into Het Groot Handelhuis containing offices and a supermarket, and also converted the warehouse into a retail store topped by apartments, aptly named The Warehouse. The new supermarket and furniture store have breathed new life into the street. The hermetic character of the old warehouse has been opened up by dividing the volume in two and glazing the storefront. The intervening space was turned into an atrium with a view of the buildings behind. Below it a bicycle garage provides a new, semi-public underground passageway. An extension to the rear of V&D was demolished to make way for the Mercado apartment building, a joint design by De Zwarte Hond and Loer Architecten, which has a slightly set-back building line. It plays a key role in the revitalization of the street and is the hero of this story. The new building's reduced footprint vis à vis its predecessor and its positioning and staggered volume have allowed for a pocket square and a widening of the narrow street. The apartment building's open ground floor contributes to the liveliness of the street and square. The handsome all-round yellowish-green ceramic facade elements and copious greenery add to the street's new-found allure. Mercado is proof that with clever redistribution of the mass and discerning architecture it is possible to create meaningful new space in an historical city centre.

Foto's/Photos: **Ronald Zijlstra**

Foto/Photo: **De Zwarte Hond**

Powerhouse Company

BunkerToren
Eindhoven
Opdrachtgever: RED Company, Rotterdam; Being, Amsterdam

Tegenover de campus van de Technische Universiteit Eindhoven aan de John F. Kennedylaan bouwde H.A. Maaskant in 1969 het brutalistische studentencentrum De Bunker, een fijne, eigenzinnige ontmoetingsplek voor Eindhovense rafelrandjes van rebellerende langharig cyberpunks tot gladgestreken corpsballen. RED Company van Nanne de Ru en Niels Jansen is samen met Being als ontwikkelaar de drijvende kracht van het project waarin de oude Bunker dient als onderbouw voor een 100 meter hoge woontoren. Het gekante beton van Maaskant is vrij moeiteloos doorgezet in de gigantische torentoevoeging, waarin Maaskant zich ondanks de krappe randvoorwaarden vermoedelijk wel in had kunnen vinden. Het gebruik van natuursteen als afwerkingsmateriaal in de toren, in plaats van beton, verwijst ook op een fraaie manier naar Maaskants liefde voor materialisering.

Brutalismekenner Martijn Haan noemt het project op Oostblog treffend 'brutalisme voor hipsters'. De projectwebsite zegt zelf: 'Wonen in de BunkerToren betekent dat je STOER omarmt. HIGH END is de norm waar we niet van afwijken.' En hoewel het project als mixed-use is opgezet, zijn de mogelijkheden voor kruisbestuiving niet erg ruim. Er is een gedeelde lobby tussen de woontoren en de nieuwe kantoorruimte in de oudbouw, waarin ook een semi-publiek café is, maar daar blijft het bij.

Het project laat overtuigend zien dat je als architect iets te winnen hebt om betrokken te zijn bij de ontwikkeling. In de BunkerToren is de bestaande bouw, mede ook dankzij de status als gemeentemonument, met meer dan gebruikelijke toewijding behandeld. Dit zie je aan de geslaagde pogingen om de bestaande betonscheuren zorgvuldig te dichten, maar ook aan huren die niet sociaal, maar ook niet asociaal zijn. Zelfs de *greenwashende* plastic plantjes bij de entree van het kantoorgedeelte doen weinig af aan de kwaliteit van het nieuwe geheel. Het ontbreekt alleen nog aan wat viezige Eindhovense cyberpunk.

Situatie/Site plan
A   John F. Kennedylaan
B   Vincent van den Heuvellaan
C   Bisschopsmolen

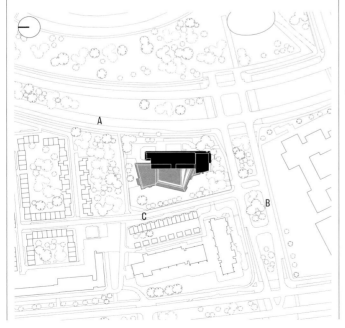

Foto's/Photos: **Sebastian van Damme**

Axometrie (nieuw/oud)/
Axonometric projection (new/old)

Achttiende verdieping, begane grond/
Eighteenth, ground floor
1   hoofdentree/main entrance
2   lobby
3   café
4   kantoor/office
5   entree/entrance
6   appartementen/apartments

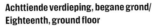

0   5   10   25 m

Foto/Photo: **Anna Odulinska**

Foto/Photo: **TU/e**

Foto/Photo: **Anna Odulinska**

BunkerToren

Eindhoven
Client: RED Company, Rotterdam; Being, Amsterdam

In 1969, opposite the campus of the Eindhoven University of Technology on John F. Kennedylaan, H.A. Maaskant built a brutalist student centre known as De Bunker, a great, offbeat meeting place for Eindhoven fringe elements, from rebellious long-haired cyberpunks to slicked-back frat boys. Nanne de Ru and Niels Jansen's RED Company and the Being Development company are the driving force behind a project in which the old Bunker informed the design of an adjoining 100-metre-high apartment tower. Maaskant's canted concrete has been carried through fairly smoothly into the gigantic tower addition, which Maaskant would probably have approved of, in spite of the tight preconditions imposed by such a massive undertaking. The use of stone rather than concrete as finishing material in the tower is also a subtle nod to Maaskant's love of materialization.

On Oostblog, Brutalism aficionado Marijn Haan dubs the project 'brutalism for hipsters'. The project website itself says: 'Living in the BunkerToren means embracing a COOL lifestyle. HIGH END will be the standard we won't deviate from.' And although the project was conceived as mixed-use, there are scant opportunities for cross-fertilization. There is a shared lobby between the apartment tower and the new offices in the old building, where there is also a semi-public café, but that's about it.

The project is compelling evidence that an architect can benefit from being involved in the development process. In the Bunker-Toren the existing building, thanks in part to its listed status, was treated with more than customary devotion. This can be seen in the meticulous and successful attempts to repair the existing cracks in the concrete, but also in the rental prices, which are neither socially low nor anti-socially high. Even the greenwashing plastic plants at the entrance to the offices do little to detract from the quality of the new entity. All that's missing are a few grungy Eindhoven cyberpunks.

Foto/Photo: **Anna Odulinska**

Caruso St John Architects

Veemgebouw
Eindhoven
Opdrachtgever: Trudo, Eindhoven

Foto's/Photos: **Winny Fast**

Alleen de betere Eindhoven-watcher zal het zijn opgevallen dat er aan het Veemgebouw, de oude Philips-opslag, gelegen in Strijp-S op fijnzinnige wijze drie kameleontische bouwlagen zijn toegevoegd. De nieuwe lagen, ontworpen door het Londense Caruso St John Architects, vormen een opmerkelijk golvende bakstenen bekroning die naadloos aansluit op de bestaande geronde oudbouw.

Al jaren worstelde eigenaar Trudo met de toekomst van het rijksmonument. Het ontwerp van Caruso St John voor nieuwe woningen in het pand dateert van 2010 en werd door verschillende crises vertraagd. Een plan om een markthal voor eten – welke stad droomt er niet van? – te realiseren op de begane grond werd uiteindelijk een extra grote supermarkt met kleinere aanvullende winkeltjes. Tussenliggende vloeren hebben onder meer een parkeerfunctie en worden rond de Dutch Design Week gebruikt voor pop-uptentoonstellingen. Op de zevende verdieping is een VR experience center. Maar wie nu vanuit de sobere maar fraaie historische entree de lift neemt naar de bovenste verdiepingen wordt echt verrast.

Wanneer de liftdeuren openen ontvouwt zich een fijn, onmiskenbaar jaren tachtig uitziend woningbouwhofje aan het oog. De goedkoop ogende witte steen en bonte kleurstelling van de kozijnen en deuren vormen een verrassend contrast met de lichte, aardkleurige buitenkant van het complex. Het geurt naar een Nederland dat – gelijk aan de doelstellingen van woningbouwcorporatie Trudo – nog niet high-end verslaafd was. In totaal werden 39 woningen gerealiseerd in de middenhuur. Iedere woning heeft een centraal, groot Edward Hopper-achtig raam dat uitnodigt tot staren over Eindhoven. De daadkracht die Trudo heeft getoond om vanuit een moeilijk startpunt toch een nieuwe invulling te geven aan het pand, gecombineerd met de kunde van Caruso St John maakt het nu mogelijk om op hoogte in een prettig sociaal hofje te wonen. Met smacht kijken we uit naar meer plannen voor de tussenliggende lagen.

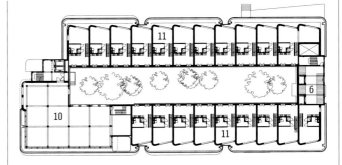

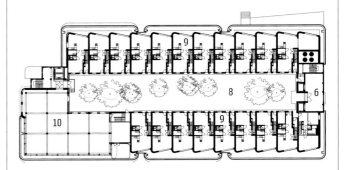

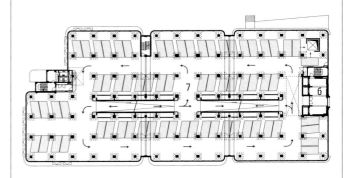

Elfde, tiende, vierde verdieping, begane grond/Eleventh, tenth, fourth, ground floor
1   entree woningen/entrance to apartments
2   entree parkeerlagen/parking entrance
3   supermarkt/supermarket
4   foodcourt
5   bierbrouwerij/brewery
6   lifthal/lift lobby
7   parkeerlaag/parking level
8   binnentuin/courtyard
9   studio
10 bedrijfsruimte/commercial space
11 maisonnettes onder/maisonettes below

0   5   10   25m

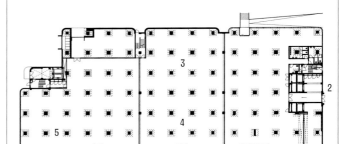

Situatie/Site plan
A   Torenallee
B   Beukenlaan

Doorsnede/Section

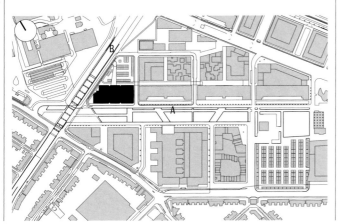

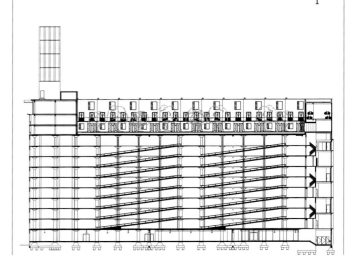

Foto/Photo: **Norbert van Onna**

Foto/Photo: **Norbert van Onna**

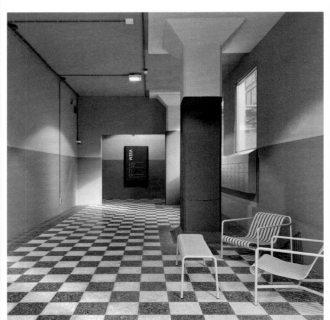

90

Veemgebouw
Eindhoven
Client: Trudo, Eindhoven

Only the keener Eindhoven watchers will have noticed that the Veemgebouw, a former Philips warehouse in the Strijp-S district, has acquired three chameleonic additional storeys. The new levels, designed by London-based Caruso St John Architects, form a strikingly wavy brick crown that is perfectly in tune with the existing rounded building.

The building's owner, housing corporation Trudo, had wrestled for years with the listed building's future. Caruso St John's design for new apartments in the building dates from 2010 but has been held up by various crises. A plan for a market hall with food stalls — what city doesn't dream of having one? — on the ground floor eventually became a supermarket with additional smaller shops. The next nine floors are reserved chiefly for parking and during Dutch Design Week are used for pop-up exhibitions; the seventh floor is occupied by a VR experience centre. But anyone taking the lift from the restrained but elegant historical entrance lobby to the top three floors is in for a surprise.

When the lift doors open an unmistakably 1980s-style courtyard housing enclave stands revealed. The cheap-looking white brick and bright colour scheme of the frames and doors are in stark contrast to the pale, sand-coloured exterior of the complex. It hints at a Netherlands that — in keeping with Trudo's objectives — was not yet hooked on high-end design. There are a total of 39 mid-priced rental dwellings. The focal point of every dwelling is a large Edward Hopper-style window that is an open invitation to gaze at the city of Eindhoven. The determination displayed by Trudo in pressing ahead with the repurposing of the building despite the difficult beginning, combined with Caruso St John's expertise, means that it is now possible to live in a pleasant and affordable high-rise 'village'. We are eagerly looking forward to more plans for the intervening storeys.

Foto/Photo: **Norbert van Onna**

De resterende 0,15 procent,

waarin we schoonheid, duurzaamheid en bevlogenheid langzaam een plek zien opeisen

The remaining 0.15 per cent,

in which we see beauty, sustainability and inspiration gradually making their presence felt

Wim Quist, hoofdkantoor/head office
Coöperatieve Suikerunie, Breda, 1976
Foto/Photo: EVA architecten

EVA architecten, transformatie voormalig hoofdkantoor Suikerunie tot woongebouw met 39 appartementen/ conversion of former Suikerunie head office into a 39-apartment residential building, Breda
Foto/Photo: Sebastian van Damme

Opzichtige hoogbouw of andere flamboyante architectuur met een grote A bleef onder de 154 inzendingen voor het *Jaarboek Architectuur in Nederland 2023–24* opvallend achterwege. De uitbreiding van museum Paleis Het Loo (KAAN Architecten) daargelaten, die verpletterend is in haar grandeur met het ongegeneerd gebruik van natuursteen en palissanderhout, maar paradoxaal genoeg volledig aan het publieke oog onttrokken is doordat deze geheel ondergronds tot stand is gebracht. In contrast met dit en ander gebouwd spektakel zagen we onder diezelfde inzendingen regelmatig de ietwat zouteloze 'spreadsheetgebouwen', waarin de creatieve en artistieke invloed van de ontwerper zeker geen hoofdrol opeiste. Maar voor het grootste deel troffen we relatief ingetogen en in esthetisch opzicht soms wat ernstige projecten aan waarin ontwerpers met hun architectuur op een of andere manier een bescheiden antwoord proberen te bieden op de grote opgaven als ongelijkheid, tekorten en klimaatcrisis. Thema's waarvan het belang in de 99,85 procent van de jaarproductie van de bouw nog nauwelijks is doorgedrongen, maar waarvoor we de ogen al een tijd niet meer kunnen sluiten. De creativiteit van de in dit Jaarboek geselecteerde projecten, die de 0,15 procent van de in 2023 opgeleverde bouwwerken uitmaken, uitte zich zelden in een opzichtig 'gebaar' of vorm, maar was fijnmaziger verborgen in een vernieuwende organisatievorm, afwijkende plattegrond of andere slimmigheden onder de motorkap van het gebouw. Daarmee kan de oogst van 2023–2024, uitzonderingen daargelaten, als betekenisvol, begaan, en wars van pretenties worden bestempeld.

Deze ontwikkeling lijkt niet meer dan logisch. Het is inmiddels lang en breed bekend, maar kan niet vaak genoeg worden herhaald: de bouwsector is door overdadig energie- en grondstoffengebruik verantwoordelijk voor een aanzienlijk deel van de huidige klimaatschade. Door menselijke activiteit stijgt de temperatuur op aarde, worden onze steden en landschappen bedreigd door smeltende ijskappen en de stijgende zeespiegel, kenmerken de zomers zich steeds vaker door hitte en aanhoudende droogte en neemt de biodiversiteit van onze ecosystemen af. Om de CO_2-afdruk van de bouw te beteugelen, zijn in het Klimaatakkoord van Parijs en de daaruit voortvloeiende Klimaatwet afspraken over de maximale CO_2-uitstoot gemaakt met het doel de verdere opwarming van de aarde terug te dringen. De Europese emissie moet in 2030 met 55 procent zijn gedaald, waarbij de bouwsector, die verantwoordelijk is voor ongeveer 38 procent van de uitstoot, drastisch zal moeten ombuigen. Opgejaagd door verduurzamingsnormen als de BENG (Bijna Energie Neutrale Gebouwen) en MPG (Milieu-Prestatie Gebouwen) neemt de sector weliswaar stappen om de beoogde vermindering te bewerkstelligen, maar recente becijferingen in de jaarlijkse Klimaat- en Energieverkenning door het Planbureau voor de Leefomgeving laten zien dat de bouwpraktijk er, mede door het gebrek aan harde regelgeving, nog onvoldoende werk van maakt. Veel kordatere opschaling van hernieuwbare en herbruikbare bouwmaterialen en energietransitie is noodzakelijk. De verduurzaming van de gebouwde omgeving vraagt om een systeemverandering op alle fronten, waarbij er afscheid genomen wordt van genormaliseerde hoge winstmarges en andere verrijkende privileges.

De architect maakt deel uit van deze complexe opstelling waarin alle spelers moeten geven en nemen. Het beeld van de architect als superster die een groots en meeslepend architectonisch spektakelstuk schept als fysieke stolling van de complexe architectuurtheorieën die er aan ten grondslag liggen, lijkt daarmee tot het verleden te horen. Kijkend naar de bureaus die zich halverwege 2023 met hun projecten meldden bij nai010 uitgevers, valt op dat ze als integraal ontwerpende onderzoekers hun tijd veelal wijden aan het maken van studies, modellen, bouwwerken en landschappen die inspelen op complexe mondiale klimatologische vraagstukken.

Showy high-rise and other flamboyant architecture with a capital A was noticeably absent from the 154 submissions for the *Yearbook of Architecture in the Netherlands 2023–24*. With the exception of the extension to the Paleis Het Loo museum (KAAN Architecten), which is stunning in its grandeur and unabashed use of stone and rosewood, but also paradoxically enough completely hidden from the public eye because it is entirely underground. In contrast to this and other architectural spectacle, those same submissions included quite a number of somewhat bland, 'spreadsheet buildings' in which the creative and artistic input of a designer was hard to find. But for the most part we saw relatively restrained and aesthetically sometimes rather earnest projects in which the architects sought to provide a modest architectural response to the major challenges of our day, such as inequality, shortages and the climate crisis. Themes whose importance has barely penetrated the 99.85 per cent of annual building production, but which have long since been impossible to ignore. The creativity of the selected projects featured in this Yearbook, which make up 0.15 per cent of buildings produced in 2023, was seldom expressed in a flashy 'gesture' or form but was more subtly interwoven as an innovative organizational form, non-standard floor plan or other sleight of hand beneath the bonnet of the building. With a few exceptions, the 2023-2024 harvest can be characterized as meaningful, socially aware, and free from pretensions.

This development seems perfectly logical. It can have escaped no one by now, but cannot be repeated often enough: the construction sector has contributed massively to current climate damage through its excessive consumption of energy and raw materials. Owing to human activity the temperature on earth is rising, our cities and landscapes are imperilled by melting ice caps and rising sea levels, summers are getting hotter and drier, and the biodiversity of our ecosystems is in decline. In order to rein in the construction industry's carbon footprint, the Paris climate agreement and the ensuing EU Climate Law contained agreements on maximum CO_2 emissions aimed at curbing further global warming. To attain the goal of a 55 per cent reduction in European emissions by 2030, the construction industry, which is responsible for 38 per cent of those emissions, is going to have to change course dramatically. Under constant pressure from sustainability standards like NZEB (net zero energy buildings) and MPG (Environmental Building Performance), the sector is taking steps to achieve the desired reduction, but recent calculations published in the Netherlands Environmental Assessment Agency's annual Climate and Energy Survey indicate that actual building practice, due in part to a lack of strict regulations, is still failing to step up to the mark. A much more resolute upscaling of renewable and recyclable building materials and energy transition is needed. Improving the sustainability of the built environment calls for system change on all fronts, including bidding farewell to normalized high profit margins and other lucrative privileges from the past.

Architects are part of this complex set-up in which all players must give and take. The image of the architect as a superstar who creates a grand and compelling architectural spectacle as the physical solidification of the complicated architectural theories that underpin it, appears to be a thing of the past. Looking at the practices that submitted projects to nai010 publishers in mid-2023, it is clear that these research-oriented designers spend most of their time producing studies, models, structures and landscapes that respond to complex global climatological issues.

Eye-catching architecture assumes a new form

Climate concerns present the building sector with a dauntingly huge challenge that requires it to take responsibility with respect to the design and development of the built environment. However, hard reality also dictates that a staggering number of dwellings need to be built as quickly as possible in our existing cities and villages in order to house the growing and demographically

Het klimaat stelt de bouwsector voor een huiveringwekkend grote opgave die dwingt tot het nemen van verantwoordelijkheid bij het ontwerpen en ontwikkelen van de gebouwde omgeving. De harde realiteit schrijft echter ook voor dat er op de allerkortste termijn nog altijd ongelooflijk veel woningen in onze bestaande steden en dorpen gecreëerd moeten worden om de groeiende en in samenstelling veranderende bevolking op een ordentelijke en humane manier te kunnen huisvesten. Ondanks de in grote hoeveelheden vierkante bouwmeters die in 2023 zijn gerealiseerd (zie essay 'De 99,85 procent'), blijven de resultaten op dit vlak achter. De beoogde realisatie van 981.000 woningen tot en met 2030 in onze al dichtbebouwde omgeving wordt bemoeilijkt door die verhoogde duurzaamheidseisen, grillig woonbeleid, hoge rentestanden en dito bouwkosten. Maar hoe gaan we voorzien in deze bouwopgave zonder ons klimaat nog veel meer schade te berokkenen? Met het water dat ons letterlijk aan de lippen staat, is er in elk geval geen ruimte meer voor grootse verspillende spierballenarchitectuur waarin de architect onbekommerd zijn gang kan gaan. Duurzaam en toekomstbestendig bouwen en het omarmen van nieuwe ecologische materialen en circulaire technieken is het devies, willen we de aarde en de toekomst van nieuwe generaties niet nog zwaarder belasten, ook al is dit beginsel in het huidige politieke klimaat bedroevend minder urgent geworden.

Binnen deze context tekent zich met het bestuderen van de ingezonden projecten voor dit Jaarboek een heel voorzichtige, maar desondanks hoopgevende opschaling af in de verdere verduurzaming van onze bouwproductie. Dit is met name afleesbaar in veelal toegepaste CLT-constructies, circulaire materialen, klimaatadaptieve toepassingen en integratie van energieopwekking- en opslag. De tien pagina's toelichting in tekst en beeld die per inzending zijn toegestaan, verhalen uitgebreid over de duurzaamheidsambities die in de projecten besloten liggen. Schema's en diagrammen waarin het demontabel zijn of de lichtheid van de constructies wordt uiteengezet en detailfoto's van toegepaste biobased (toeslag)materialen zijn inmiddels relevanter dan de gebruikelijke plattegronden, gevels of doorsnedes. Het illustreert de weloverwogen keuzes die architecten en hun opdrachtgevers maken om het bouwmeesterschap met het ontwerpend onderzoek te verenigen en met deze projecten een substantiële bijdrage te leveren aan het verbeteren van de wereld.

Dat streven verdient serieuze aandacht. Het Jaarboek heeft de belangrijke taak om deze ontwikkeling te erkennen en te adresseren. Zeker gezien de beschamende beperkte stappen die de sector als geheel in 2023 heeft gezet op het vlak van verduurzaming, zoals ook blijkt uit onze eigen analyse.

In hoeverre zien we bij de voor dit Jaarboek ingezonden projecten een serieuze respons op het klimaatvraagstuk? Op onze vraag aan Oana Rades, architect van project Domūs Houthaven in Amsterdam, of zij het wooncomplex precies zo zou ontwerpen als zes jaar geleden, antwoordde ze instemmend, maar de bouw zelf zou wel fundamenteel anders zijn. De overmatige toepassing van niet-duurzame materialen was in haar optiek niet langer meer van deze tijd.

Een van de meest overtuigende projecten die in 2023 op dit vlak al wel zijn gerealiseerd, is het hoofdkantoor voor energienetbeheerder Alliander. De Zwarte Hond ontwierp in de Amsterdamse haven een volledig in hout uitgevoerd kantoor dat niet alleen duurzaam is, maar in zijn vorm en uitstraling de toekomst communiceert. Hortus Ludi (Architectuur MAKEN) is daarnaast een mooi voorbeeld van een integraal ontwerp: architectuur, natuur en landschap komen daar in een onweerstaanbare vanzelfsprekendheid samen. Sporthal Bredius (Lichtstad Architecten) in Muiden is de eerste sporthal van Nederland in volledige duurzame opbouw en uitwerking. Het is een geslaagde poging om ook met dit type gebouwen een duurzaam statement te maken.

---

changing population in an orderly and humane fashion. Despite the huge number of square metres added to the built environment in 2023 (see the essay 'The 99.85 per cent'), results are failing to keep pace. The proposed construction of 981,000 dwellings by 2030 in this already densely built land is hampered by those increased sustainability requirements, capricious housing policies, high interest rates and building costs. How are we going to meet this construction target without doing yet more damage to our climate? With the water literally lapping at our doors there is in any event no longer any room for grandiose, wasteful macho architecture where the architect can blithely go his own way. Sustainable and future-proof construction and the embrace of new ecological materials and circular technologies must be the motto if we are serious about not compromising the planet and the future of new generations any further, even if this principle has become distressingly less urgent in the current political climate.

In this context, a study of the projects submitted for this Yearbook offers a very cautious but nevertheless promising upscaling of attempts to make our building production more sustainable. This is especially evident in the prevalence of CLT structures, circular materials, climate-resilient applications and integrated energy generation and storage. The ten pages of explanation in words and pictures permitted for each Yearbook submission, relate at length the sustainability ambitions embedded in the project. Charts and diagrams explaining the demountability and lightness of the constructions and detail photos of the bio-based materials and aggregates used are now more relevant than the usual floor plans, elevations or sections. This illustrates the carefully considered choices architects and their clients make in combining architecture with research by design and thereby making a substantial contribution to improving the world with these projects.

That ambition deserves serious consideration. The Yearbook has the important task of acknowledging and addressing this development, especially in view of the shamefully limited steps the sector as a whole took with regards to sustainability in 2023, as is also evident from our own analysis.

To what extent do we see a serious response to the climate issue in the projects submitted for this Yearbook? Oana Rades, the architect behind the Domūs Houthaven project in Amsterdam, when asked whether she would still design this housing scheme in exactly the same way as six years ago, replied that she would, but that the construction itself would be fundamentally different. The excessive use of non-sustainable materials was no longer tenable.

One of the most persuasive projects realized in this sphere in 2023 is the headquarters for energy network operator Alliander. De Zwarte Hond designed an entirely timber-built office in Amsterdam's harbour area that is not just sustainable, but also evokes the future in its form and charisma. Hortus Ludi (Architectuur MAKEN) is wonderful example of an integrated design: architecture, nature and landscape come together there with convincing naturalness. Sporthal Bredius (Lichtstad Architecten) in Muiden is the first sports hall in the Netherlands that is fully sustainable in structure and elaboration. It is a successful attempt to make a sustainable statement with this type of building as well.

Other comparable projects that just missed out on selection, including the Boschgaard housing scheme in 's-Hertogenbosch by the circular pioneers of Superuse Studios and Juf Nienke in Amsterdam by RAU-SeARCH, are equally illustrative of the trend. The timber structure is often hidden behind a different, less sustainable facade cladding so that the building's sustainable essence is not immediately legible from the outside. With these and other projects, designers are demonstrating that circular construction need not result in a back-to-nature aesthetic but is just as capable of delivering a contemporary and refined architectural language. This may not be particularly stunning or exciting in form and expression, just very good and relevant, and worthy of follow-up.

Superuse Studios, Boschgaard, Den Bosch. Transformatie voormalig buurthuis tot wooncomplex van restmaterialen met 19 wooneenheden en collectieve woon- en buurtfuncties.

Superuse Studios, Boschgaard, Den Bosch. Scrap materials were used to convert a former community centre into a housing complex with 19 residential units and collective residential and local functions.
Foto/Photo: Frank Hanswijk

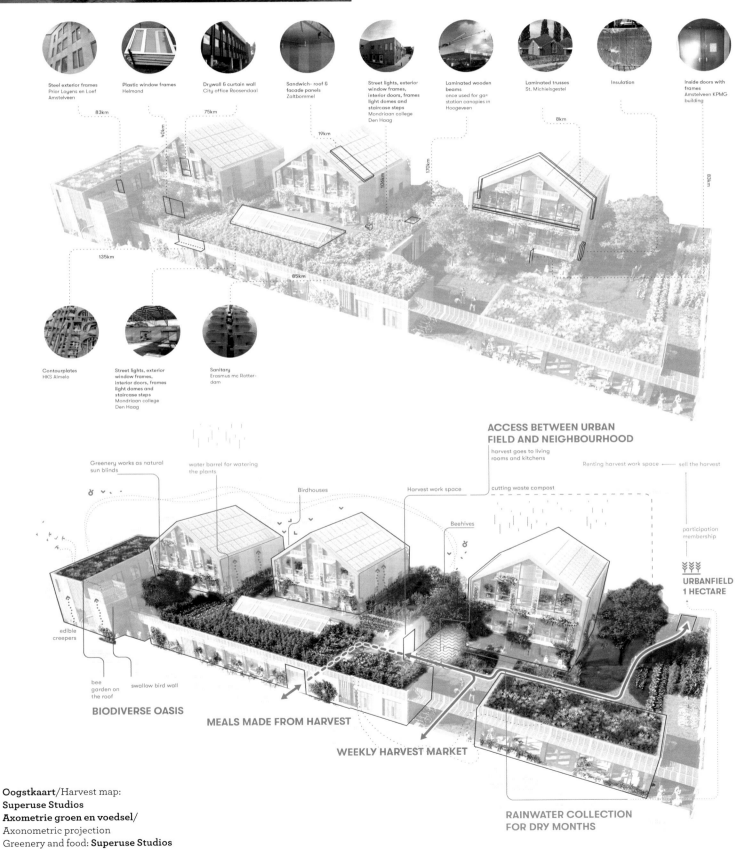

Steel exterior frames
Prior Logens en Loef
Amstelveen

Plastic window frames
Helmond

Drywall & curtain wall
City office Roosendaal

Sandwich- roof &
facade panels
Zaltbommel

Street lights, exterior
window frames,
interior doors, frames
light domes and
staircase steps
Mondriaan college
Den Haag

Laminated wooden
beams
once used for gas
station canopies in
Hoogeveen

Laminated trusses
St. Michielsgestel

Insulation

Inside doors with
frames
Amstelveen KPMG
building

Contourplates
HKS Almelo

Street lights, exterior
window frames,
interior doors, frames
light domes and
staircase steps
Mondriaan college
Den Haag

Sanitary
Erasmus mc Rotterdam

ACCESS BETWEEN URBAN FIELD AND NEIGHBOURHOOD

harvest goes to living rooms and kitchens

Renting harvest work space — sell the harvest

Greenery works as natural sun blinds

water barrel for watering the plants

Birdhouses

Harvest work space

cutting waste compost

Beehives

participation membership

URBANFIELD 1 HECTARE

edible creepers

bee garden on the roof

swallow bird wall

BIODIVERSE OASIS

MEALS MADE FROM HARVEST

WEEKLY HARVEST MARKET

RAINWATER COLLECTION FOR DRY MONTHS

Oogstkaart/Harvest map:
Superuse Studios
Axometrie groen en voedsel/
Axonometric projection
Greenery and food: **Superuse Studios**

Andere vergelijkbare projecten die de selectie net niet haalden, zijn bijvoorbeeld wooncomplex Boschgaard in Den Bosch van de circulaire pioniers van Superuse Studios en Juf Nienke in Amsterdam van RAU-SeARCH, maar deze zijn in feite net zo illustratief. Vaak is de houtconstructie verborgen achter een andersoortige minder duurzame gevelbekleding, waardoor de duurzame essentie van het gebouw niet direct afleesbaar is van buitenaf. Ontwerpers laten met deze en andere projecten zien dat duurzaam en circulair bouwen niet altijd hoeft te leiden tot geitenwollensokkenesthetiek, maar net zo goed een eigentijdse en verfijnde architectuurtaal kan opleveren. Deze is misschien niet heel erg opzienbarend of opwindend in vorm en expressie, maar wel heel goed en relevant en vraagt om opvolging.

Het recyclen van het alledaagse

Naast de volledige verduurzaming van de bouwpraktijk en het eigen maken van circulair ontwerpen, zal hergebruik van bestaande bebouwing meer dan ooit tevoren een principieel uitgangspunt moeten worden, omdat behoud en renovatie van

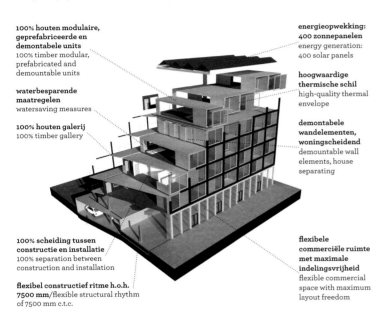

100% houten modulaire, geprefabriceerde en demontabele units
100% timber modular, prefabricated and demountable units

waterbesparende maatregelen
watersaving measures

100% houten galerij
100% timber gallery

100% scheiding tussen constructie en installatie
100% separation between construction and installation

flexibel constructief ritme h.o.h. 7500 mm/flexible structural rhythm of 7500 mm c.t.c.

energieopwekking: 400 zonnepanelen
energy generation: 400 solar panels

hoogwaardige thermische schil
high-quality thermal envelope

demontabele wandelementen, woningscheidend
demountable wall elements, house separating

flexibele commerciële ruimte met maximale indelingsvrijheid
flexible commercial space with maximum layout freedom

RAU-SeARCH, Juf Nienke, Amsterdam. Circulaire houtbouw met 61 woningen en commerciële ruimte op Centrumeiland IJburg.

RAU-SeARCH, Juf Nienke, Amsterdam. Circular timber construction with 61 dwellings and commercial space on Centrumeiland IJburg.
Foto/Photo: Stijn Poelstra

Recycling the everyday

In addition to making building practice wholly sustainable and adopting circular design, it is now more important than ever that we make the recycling of existing buildings a fundamental principle, because the preservation and renovation of buildings is the most sustainable option. The carbon footprint is lowest with reuse, which is therefore always preferable to new-build. This applies not only to the building itself, but also to any existing associated above- and belowground infrastructure. A building should no longer be demolished unless it has been determined 'beyond reasonable doubt' that preservation is out of the question. This should at the very least be mandated in the Building Regulations.

There was a time when adaptive reuse was second nature. In premodern societies buildings were extended and changed in response to the needs of the moment or in order to repair damage caused by war or natural disasters. Our earliest building history reveals countless examples of buildings and structures that were reused and adapted to serve a succession of functions, or where the building substance acquired a new life elsewhere as a bridge, fort or castle. The Roman Theatre of Marcellus (13 BC) is one of the many eloquent examples of this practice. Hundreds of years after it had fallen into disuse it was partially dismantled to be used as building material elsewhere, only to be pressed into service again centuries later as a fortress. In the sixteenth century it became a palazzo for wealthy Roman families who built luxury, Renaissance-style residential floors on top of the

ruined arcades, a bit like adding a new level to a tall layer cake.

Even less exalted buildings like country houses, factories and farmhouses were for centuries repaired, extended, rearranged and heightened as required. All of which illustrates not just the serious respect paid to the importance and value of building materials, but also the idea that architecture is a living organism that adapts to the times and is at heart not a single-use article.

Demolition-new-build only became common practice in Europe at the beginning of the nineteenth century under the influence of industrialization. Steam power and electricity enabled factory-scale mass processing of fossil raw materials and fuels into extremely strong building materials, which in turn led to an explosive growth in construction. Suddenly it was possible to build large structures of concrete, brick, iron and steel quickly and cheaply and so house a steadily growing population. Cities grew, blocks of houses were erected, and facilities built, bridges constructed, and streets and squares laid out.

The modern period brought not only structural and aesthetic innovations, but more especially a fundamental financial revolution. The act of building became a virtue in itself, if not the flywheel of our growth economy. Towards the end of the nineteenth century, the rapid succession of technological developments in construction also led to speculative building, whereby private parties were able, with the help of bank-issued mortgages, to build large numbers of cheap dwellings. The high rental returns enabled them to amass a fortune.

This revenue model, in which buildings and the people who live in them are regarded as commodities, has continued to be

gebouwen de meest duurzame keuze is. De CO$_2$-afdruk is bij hergebruik het laagst en daarmee altijd te prefereren boven nieuwbouw. Dit geldt niet alleen voor de bebouwing zelf, maar ook voor de aanwezigheid en het behoud van bijbehorende boven- en ondergrondse infrastructuur. Bebouwing zou niet langer meer gesloopt mogen worden zonder dat er *beyond a reasonable doubt* is vastgesteld dat instandhouding echt niet meer kan. Het Bouwbesluit zou hier op zijn minst een verplichtende rol in moeten spelen.

Er was een tijd dat we gewoonweg ook niet beter wisten dan op deze manier te handelen. In de premoderne samenleving werden bouwwerken zo nodig uitgebreid en veranderd naar de behoeften van dat moment of als herstel van verwoesting door oorlog of natuurramp. Onze vroegste bouwgeschiedenis toont ons talloze gebouwen en constructies die voor opeenvolgende functies werden hergebruikt en aangepast en waarbij de bouwsubstantie elders een nieuw leven kreeg als brug, fort of kasteel. Het Romeinse openluchttheater van Marcellus (13 v.Chr.) is daarvan een van de vele sprekende voorbeelden. Honderden jaren nadat het in onbruik was geraakt werd het deels ontmanteld en ingezet als bouwmateriaal elders, om

vervolgens eeuwen later weer dienst te doen als vesting. In de zestiende eeuw functioneerde het als palazzo voor vermogende Romeinse families die op de ruïnes van de arcades luxe woonverdiepingen in renaissancestijl toevoegden, als een nieuwe verdieping in een hoge laagjestaart.

Ook minder verheven gebouwen als landhuizen, fabrieken en boerderijen werden eeuwenlang naargelang de wens gerepareerd, uitgebreid, herschikt en opgetopt. Een en ander illustreert niet alleen dat er serieus ontzag was voor het belang en de waarde van bouwmaterialen, maar ook het idee dat architectuur een levend organisme is dat zich aanpast aan de tijd en dus in de kern geen wegwerpartikel is.

Sloop-nieuwbouw werd begin van de negentiende eeuw onder invloed van de industrialisering pas echt gemeengoed in Europa. Stoomkracht en elektriciteit maakten fabrieksmatige massaverwerking van fossiele grond- en brandstoffen tot oersterke bouwmaterialen mogelijk en zorgden voor een explosieve groei in de bouw. Ineens bleek het mogelijk om goedkoop en snel grote constructies van beton, baksteen, ijzer en staal te maken en zo een gestaag groeiende bevolking te huisvesten. Steden groeiden, er werden huizenblokken opgetrokken

Theater van Marcellus, Rome. Door de eeuwen heen is het theater in verval geraakt, later werd het omgebouwd als deel van de vesting en vervolgens tot palazzo. In de zestiende eeuw werd er een woonverdieping bovenop gebouwd.

Theatre of Marcellus, Rome. Over the centuries the theatre fell into disuse, was later used for part of a fortress and later still a palazzo. In the sixteenth century a residential level was added. Foto/Photo: Jensens

very lucrative right up to the present day and is the engine of the capitalist economy. In this financial construct design and architecture are relegated to a few rows and columns in a cold spreadsheet calculation. What's more, this is often at the expense of existing buildings and structures, because demolition of existing construction, so the calculations and arguments go, is always cheaper and more efficient than renovation and consequently justified. Especially when it is replaced by a new 'sustainable' building.

This thoughtless practice, the throwing away of ecologically costly buildings for something brand new, is no longer acceptable and, in light of everyday reality, reveals a lack of cultural awareness. Happily, the call from within the professional community for developers and designers to adopt a different attitude to the existing built fabric is growing louder. Architects and a few developers are increasingly making public appeals to curb the urge to demolish and to be more circumspect in the way we deal with our built heritage. Some firms have decided to confine themselves to adaptive reuse projects out of discomfort with the double CO$_2$ burden of new-build.

We recognized a corresponding trend in the Yearbook submissions. Nearly a third of the total number of projects and half the eventual selection involved the adaptive reuse and/or extension of existing buildings. Two of the projects we selected were imposing nationally listed properties of undisputable cultural-historical value that had been modified to serve a new purpose. Museum Paleis Het Loo in Apeldoorn and Stationspostkantoor in The Hague were included as successful examples

of reuse. This type of project is no stranger to the Yearbook; these two deserve the spotlight owing to the meticulous restoration and clever design that both protect and refurbish their quintessential heritage value.

But we also noted another very interesting and promising new development, in that the majority of the selected renovation projects involve the transformation or adaptation of fairly ordinary buildings. These 'mainstream projects' consist of buildings of all types and sizes dating from a wide range of historical eras. We saw plain factory halls and sheds converted into work and maker spaces, churches and monasteries turned into schools and offices, undistinguished office buildings given a new lease of live as housing complexes, and shabby school buildings upgraded to present-day educational practice. None of these buildings would ever make it onto the official heritage list on account of their architectural or cultural-historical qualities but they are robust enough to endure a second (or third or fourth) adaptation.

In light of current conditions, the preservation of these more prosaic buildings is an important development that will need to persist into the future if we are to meet the aforementioned construction challenge. Designers and clients are going to have to take a radically different attitude to that large stock of existing buildings previously dismissed as both spatially and financially worthless. Reuse requires more research into the qualities *and* the imperfections, because these will of course exist, before picking up the pencil to get on with designing. At present such research is usually only carried out in the case heritage-listed

en voorzieningen gebouwd, bruggen aangelegd en straten en pleinen ingericht.

De moderne tijd bracht ons naast bouwtechnische en esthetische vernieuwing echter ook een fundamentele omwenteling van financiële aard. De handeling van het bouwen werd een verdienste op zichzelf, zo niet het vliegwiel van onze groei-economie. De snel opeenvolgende technologische ontwikkelingen in de bouw resulteerden immers tegen het eind van de negentiende eeuw ook in speculatiebouw, waarbij particulieren met behulp van door banken verstrekte hypotheken in staat werden gesteld om grote hoeveelheden goedkope woningen te bouwen. Door de hoge huuropbrengsten wisten zij een fortuin te vergaren.

Dit verdienmodel waarbij gebouwen en de mensen die er in leven en werken functioneren als handelswaar is tot op de dag van vandaag zeer lucratief gebleken en vormt de motor van de kapitalistische economie. Ontwerp en architectuur zijn binnen dit financiële construct gedegradeerd tot enkele kolommen en rijen van een kille spreadsheetberekening. Dit alles gaat bovendien vaak ten koste van bestaande bebouwing en structuren, want sloop van bestaande bouw, zo wordt berekend en beargumenteerd, is nog altijd goedkoper en efficiënter dan renovatie en daarmee gerechtvaardigd. Zeker wanneer men er een nieuw 'duurzaam' gebouw voor in de plaats zet.

Deze achteloze handelingswijze, het wegwerpen van in ecologische zin duurbetaalde gebouwen voor iets fonkelnieuws, is niet langer meer aanvaardbaar en laat, gezien de dagelijkse realiteit, een gebrek aan beschaving zien. De roep om een andere houding van ontwikkelaar en ontwerper ten aanzien van bestaande bebouwing wordt gelukkig luider in de vakgemeenschap. Architecten en een enkele ontwikkelaar doen steeds vaker een publiek appel om de sloopdrang te beteugelen en behoedzamer met het erfgoed om te springen. Een enkel bureau besluit zich uitsluitend nog met hergebruik bezig te houden uit ongemak over de dubbele CO₂-belasting van nieuwbouw.

Een afgeleide tendens hebben we ook kunnen aflezen aan de inzendingen voor het Jaarboek. Bijna een derde van het totale aantal projecten en de helft van de uiteindelijke selectie betreft herbestemming en/of uitbreiding van bestaande bebouwing. We selecteerden twee imposante rijksmonumentale panden met onbetwiste cultuurhistorische waarde die voor een nieuw doeleinde werden omgebouwd. Museum Paleis Het Loo en het Stationspostkantoor in Den Haag zijn als geslaagde voorbeelden opgenomen in deze editie. Dit type projecten is in het algemeen niet uitzonderlijk in het Jaarboek en verdient terecht de spotlights door zorgvuldige restauratie en knap ontwerp, waarin de monumentale essenties worden beschermd en geactualiseerd.

Maar een zeer interessante en hoopvolle nieuwe ontwikkeling die we zien, is dat het grootste deel van de geselecteerde renovatieprojecten de transformatie of aanpassing van vrij alledaagse gebouwen betreft. Deze 'doorsnee-projecten' bestaan uit alle soorten en maten afkomstig uit uiteenlopende tijdslagen van de geschiedenis. We zagen transformaties van sobere fabriekshallen en -loodsen tot werk- en maakplekken, kerken en kloosters die waren veranderd in scholen en kantoren, onbeduidende kantoorgebouwen die vervolgens een nieuw leven hadden gekregen als wooncomplex en sleetse schoolgebouwen die waren aangepast aan hedendaags onderwijsgebruik. Het zijn allemaal gebouwen die vanwege hun architectonische en cultuurhistorische kwaliteiten begrijpelijkerwijs niet op de officiële erfgoedlijsten staan, maar heel goed een tweede (of derde of vierde) ronde meekunnen.

Gezien de actualiteit is ook het behoud van deze meer banale bebouwing een belangrijke ontwikkeling, die noodzakelijkerwijs in de toekomst gecontinueerd zal moeten worden om aan de eerdergenoemde bouwvraag te voldoen. De ontwerper en opdrachtgever zullen zich met dit uitgangspunt op een wezenlijk andere manier moeten verhouden tot die grote voorraad bestaande bebouwing die eerder als ruimtelijk én financieel

buildings where it is a compulsory step in the permit procedure.

Among the various renovation and repurposing projects we studied, a few design approaches to dealing with existing structures stood out. There were a great many projects in which an existing building was extended upwards or outwards. Sometimes to good effect, as in Eindhoven with the upward extension of the Veemgebouw (Caruso St John) and with the legendary 'Maaskant Bunker' (Powerhouse Company), but also on Amsterdam's Scheldeplein where Dok Architecten added a new layer of apartments to a former garage (just missed out on selection).

However, other projects in this category seem somewhat lazy, even uncritical. As if the architect was reluctant to delve into the essence of the existing building and responded by simply tacking on a conservatory-like volume in a contrasting material and form. In the South Holland dunes, HDK-Architecten provided a 1930s villa with the obligatory contrasting glass extension (not selected) and we saw an XXXL version of this in MVRDV's glazed slab extension to Aldo and Hannie van Eyck's Tripolis offices. The contrast between the sensitive and meticulously thought-out architecture of the Van Eycks and the chilly glazed walls of the new-build slab whose form was dictated by the contours of a property boundary is telling.

More complex and perhaps all the more interesting because of that are the projects where you cannot see what exactly has been done. We encountered this in the former Suikerunie headquarters in Breda (not selected), where EVA architecten had carefully studied the original logic of Wim Quist's architecture. In 'dialogue' with Quist, they opted for the simple gesture of adding balconies and turning the offices into agreeable apartments. Not exactly earth-shattering, but impressive nonetheless.

Another design stance we noticed in the most convincing renovation projects was the ostensibly simple tactic of removing walls and sections of floors to accommodate a new use. By getting under the skin of the existing building, assimilating it and conducting research into it, the architect ceases to be afraid of

HDK-Architecten, glazen uitbouw van ondergrondse expositieruimte met artist-in-residence bij jarendertigvilla in het Zuid-Hollands duingebied

HDK-Architecten, 1930s villa in the South Holland dunes with glazed extension of underground exhibition space and artist-in-residence. Foto/Photo: Jeroen Musch

intervening drastically in the structure and thereby significantly improving the spatial experience. This design approach was used in the aforementioned Stationspostkantoor and in the successful renovations of modernist educational buildings like Neuron (Team V), ITC (Civic) and Nimeto (Maarten van Kesteren). In a similar fashion, diederendirrix very effectively transformed J.J.P. Oud's town hall in Almelo into dwellings (just missed out on selection). A cursory look at these projects would seem to suggest that very little has been changed, but on closer inspection it turns out that all these projects involve openings cut out of the original concrete structure with the aim of creating new floor plans and bringing daylight into the building. And it has often been done so beautifully that the qualities of the original architecture have been enhanced with a new chronological layer and a new use.

Dok Architecten, Scheldeplein, Amsterdam. Herontwikkeling voormalige parkeergarage. Aan de bestaande bouw is op het dak een nieuwe woonlaag toegevoegd.

Dok Architecten, Scheldeplein, Amsterdam. Redevelopment of former parking garage. A new residential level was added to the existing building.
Foto's/Photos: Arjen Schmitz

waardeloos werd afgedaan. Hergebruik vraagt om meer onderzoek naar de kwaliteiten en imperfecties, want die zijn er natuurlijk ook gewoon, alvorens men de pen kan trekken voor verder ontwerp. Nu wordt deze vorm van onderzoek vaak alleen gedaan wanneer het om een officieel monument gaat en derhalve als verplicht nummer onderdeel uitmaakt van de vergunningsprocedure.

In de reeks van renovatie- en herbestemmingsprojecten die we bestudeerden, vielen enkele ontwerphoudingen ten aanzien van de omgang met het bestaande op. Zo was er een groot aantal projecten waar bestaande bebouwing wordt voorzien van een nieuwe uit- of opbouw. Soms pakt dat wonderwel goed uit, zoals in Eindhoven met optopping van het Veemgebouw (Caruso St John) en bij de legendarische Bunker van Maaskant (Powerhouse Company), maar bijvoorbeeld ook aan het Amsterdamse Scheldeplein, waar Dok Architecten een voormalig garagegebouw voorzag van een nieuwe laag woningen (net niet geselecteerd).

Andere projecten binnen deze categorie doen daarentegen gemakzuchtig of zelfs kritiekloos aan. Alsof de architect zich niet heeft willen of durven verdiepen in de essenties van bestaande bebouwing en als antwoord er een in materiaal en vorm contrasterend serre-achtig volume tegenaan zet. We zagen een jarendertigvilla in het Zuid-Hollands duingebied door HDK-Architecten voorzien van de gangbare contrasterende glazen uitbouw (niet geselecteerd) en als XXXL-versie van deze variant de glazen schijf van MVRDV als uitbreiding van de Tripolis-kantoren van Aldo en Hannie van Eyck. Het verschil tussen de fijnzinnige en tot in de puntjes doordachte

diederendirrix , Het Stads Huis, Almelo. Transformatie van voormalig stadhuis (J.J.P. Oud, 1965) tot woongebouw met een mix van woningtypen.

diederendirrix , Het Stads Huis, Almelo. Conversion of former town hall (J.J.P. Oud, 1965) into residential building with a mix of dwelling types. Foto's/Photos: Bart van Hoek

architectuur van de Van Eycks met daar tegenaan ijskoud de glazen wanden van de nieuwbouwschijf die in zijn vorm voortkwam uit de contouren van een grondeigendomgrens is veelzeggend.

Complexer en daardoor misschien wel boeiender zijn de projecten waarvan je eigenlijk niet ziet wat er nu precies gedaan is. Dit zagen we bij het voormalige hoofdkantoor van de Suikerunie in Breda (niet geselecteerd), waarbij EVA architecten heel goed heeft gekeken naar de oorspronkelijke logica van de architectuur van Wim Quist. In dialoog met Quist is gekozen voor een eenvoudig gebaar in de vorm van de toevoeging van balkons, waarmee kantoren werden getransformeerd tot prettige woningen. Niet hemelbestormend maar wel trefzeker.

Een andere ontwerphouding die we terugzagen in de meest overtuigende renovatieprojecten is het ogenschijnlijk simpele wegnemen van muren en vloerdelen om nieuw gebruik te accommoderen. Door in de huid van het bestaande te kruipen, het eigen te maken en onderzoek te doen, is de architect niet bang om flink in te grijpen in de constructie, en de ruimte-ervaring daarmee substantieel te verbeteren. Deze ontwerpmethode werd toegepast bij het eerdergenoemde Stationspostkantoor en ook bij de geslaagde renovaties van modernistische onderwijsgebouwen als Neuron (Team V), ITC (Civic) en Nimeto (Maarten van Kesteren). Het Almelose stadhuis van J.J.P. Oud werd door diederendirrix op vergelijkbare wijze doeltreffend getransformeerd tot woningen (haalde de selectie net niet). Wanneer men bij deze projecten door de oogharen tuurt, lijkt het steeds alsof er nauwelijks iets is gewijzigd, maar bij nader inzien blijken er bij al deze projecten steeds sparingen in de betonconstructies te zijn gemaakt met het doel nieuwe plattegronden te kunnen creëren en daglicht te introduceren. En dat vaak ook nog op een fraaie manier, waarbij de kwaliteiten van de oorspronkelijke architectuur werden verrijkt met een nieuwe tijdslaag en ander gebruik.

Onwards to 100 per cent

As amply demonstrated by the companion essay, 'The 99.85 per cent', the projects included in the Yearbook represent no more than a tiny fraction of annual building production. Nevertheless, the ambition and good will evident in many of the featured projects renders them highly relevant and essential, and consequently deserving of an audience. Socially speaking, these buildings are worth infinitely more than a building that is merely beautiful or, at the other extreme, that dutifully ticks off the list of Building Regulations requirements. With respect to sustainability and reuse, the modest but promising 2023 harvest whets the appetite for many more, especially when it comes to responding to the huge demand for affordable housing.

What would all this mean in the long term for our cities and villages, our districts and neighbourhoods, if we were to abandon tabula rasa planning and design and embrace sustainable and nature-inclusive construction? By turning the spotlight on these 28 projects, the Yearbook demonstrates that when architects are given the opportunity to act as both researcher *and* architect a more comprehensive and higher-calibre added value can be achieved. Accordingly, we challenge the clients, architects and contractors involved in the bulk of the remaining 99.85 per cent of Dutch building practice to follow the same responsible course and to allow the public interest to prevail over self-interest.

In het essay 'De 99,85 procent' is al ruimschoots aangetoond dat wat in het Jaarboek is opgenomen slechts een fractie van de jaarlijkse bouwproductie vertegenwoordigt. Maar tegelijkertijd maken de ambitie en goede wil die uit een groot deel van de gepresenteerde projecten blijken dat deze projecten zeer relevant en noodzakelijk zijn en een publiek verdienen. In maatschappelijke zin zijn deze gebouwen oneindig veel meer waard dan een gebouw dat alleen maar mooi kan zijn of als ander uiterste louter plichtmatig de eisen van het Bouwbesluit afvinkt. De bescheiden maar hoopvolle oogst van 2023 op het vlak van verduurzaming en hergebruik maakt hongerig naar veel meer, zeker als het gaat om de beantwoording van de grote vraag naar betaalbare woningen.

Wat zal dit alles op termijn betekenen voor onze steden en dorpen, onze wijken en buurten wanneer we tabula-rasa-planning en -ontwerp achter ons laten en we duurzaam en natuurinclusief bouwen hebben omarmd? Door deze 28 projecten uit te lichten, laat het Jaarboek zien dat wanneer de architect de ruimte gegeven wordt om als onderzoeker én bouwmeester op te treden er een bredere een kwaliteitsvolle meerwaarde kan worden behaald. Aansluitend dagen wij de opdrachtgevers, architecten en aannemers van de massa uit om met de resterende 99,85 procent van de Nederlandse bouwpraktijk dezelfde verantwoordelijke weg in te slaan en het maatschappelijke belang te laten prevaleren boven het eigenbelang.

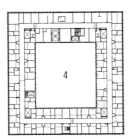

Foto's/Photos: **Hanne van der Woude**

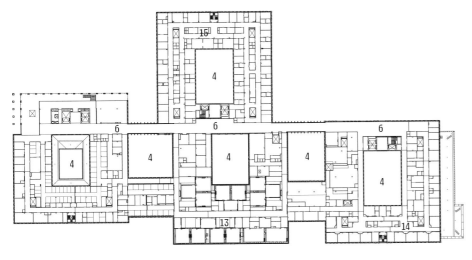

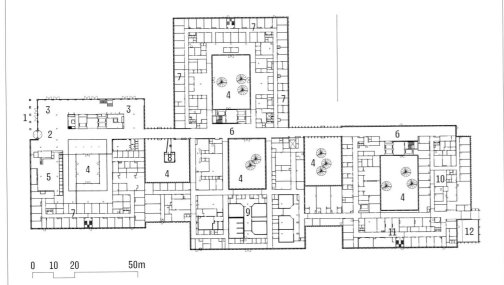

0 10 20   50m

Axometrie (mobiliteit/groen)/
Axonometric projection (mobility/greenery)

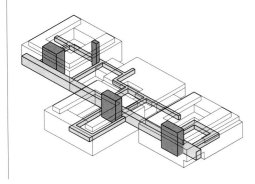

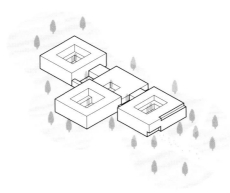

Wiegerinck

Tergooi MC
Hilversum
Opdrachtgever: Tergooi MC, Hilversum

In het park van voormalig klooster Monnikenberg is het Tergooi MC opgeleverd, waarin verschillende kleine streekziekenhuizen zijn samengebracht. De ontwerpfilosofie van het ziekenhuis grijpt terug op die van het even verderop gelegen iconische sanatorium Zonnestraal (J. Duiker, 1928), waarin tuberculose-patiënten door de luchtige en transparante architectuur van het gebouw zo dicht mogelijk bij de natuur werden gebracht vanuit de overtuiging dat frisse lucht en zonlicht een doorslaggevende rol spelen in de genezing. Deze opvatting over het belang van symbiose tussen natuur, gebouw en gezondheid is in de loop der geschiedenis bij de ontwikkeling van ziekenhuisarchitectuur steeds verder uit het zicht geraakt. Ziekenhuizen werden kolossale, naar binnen gerichte complexen, waarin alsmaar uitdijende logistiek, programma en techniek moeten worden beteugeld.
In Hilversum heeft Wiegerinck Architecten getracht de oude opvatting weer centraal te stellen in het ontwerp voor het medisch centrum. Zij werden daarbij vanzelfsprekend flink geholpen door de fantastische groene locatie waarin zij het ziekenhuis mochten invoegen. Het bureau ontwierp vier losse gebouwen rondom drie forse patio's, die vervolgens door zeer ruime gangen aaneen zijn geregen. De gevels zijn op elke ver-dieping zo open mogelijk uitgevoerd, waardoor vanuit vrijwel elke zijde van het complex zicht is op de bomen en beplanting in het park. Doordat deze bomen op zeer korte afstand van de gevels staan, lijkt het alsof de groene buitenwereld het zieken-huis volledig omarmt en de zuurstof royaal binnenstroomt. Gelukkig is er niet voor gekozen om het gebouw aan te kleden met een bleek standaardinbouwinterieur, dat men in veel ziekenhuizen aantreft. Het interieur is eveneens van de hand van Wiegerinck. De zachte kleurstelling en afwerking van de vloeren, wanden en plafonds alsook het op maat gemaakte meubilair maken dat de binnenwereld zeer ruim en prettig voelt en nergens kil of klinisch aandoet.

Vierde, eerste verdieping, begane grond/Fourth, first, ground floor
1 hoofdentree/main entrance
2 centrale hal/central hall
3 restaurant
4 patio
5 apotheek/pharmacy
6 ruime gang/spacious hallway
7 spreek- en onderzoekskamers/ consulting & examination rooms
8 stilteruimte/quiet room
9 radiologie/radiology
10 huisartsenpost/GP out-of-hours surgery
11 spoedeisende hulp/emergency care
12 ambulance hal/hall
13 operatieafdeling/operating theatres
14 IC-afdeling/ICU
15 kraamafdeling/Maternity

Situatie/Site plan
A Dopheidelaan
B parkeergebouw/parking garage
C Laan van Tergooi

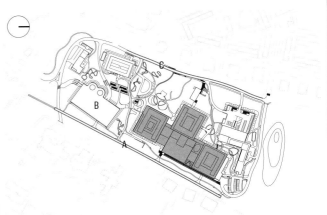

Foto/Photo: **William Moore**

Foto/Photo: **Your Captain Luchtfotografie**

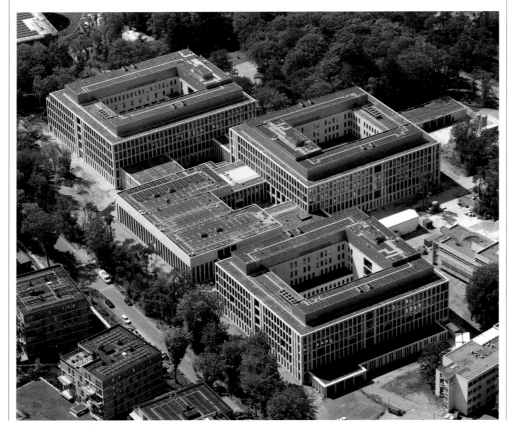

Foto/Photo: **William Moore**

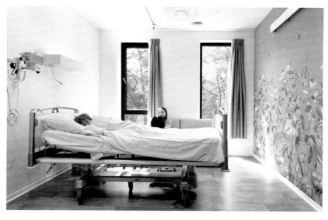

Tergooi MC

Hilversum
Client: Tergooi MC, Hilversum

The park belonging to the former Monnikenberg convent is now home to the Tergooi MC, an agglomeration of several small regional hospitals. The design philosophy behind the new medical centre harks back to that of the nearby iconic Zonnestraal sanatorium (J. Duiker, 1928), whose airy and transparent architecture was designed to bring tuberculosis patients as close to nature as possible, in the firm belief that fresh air and sunlight play a key role in recovery. Since then, this notion of the importance of a symbiosis between nature, building and health has increasingly faded from sight during the ongoing development of hospital architecture. Hospitals have become colossal, introverted complexes in which ever-expanding logistical, programming and technological demands need to be kept in check.
In Hilversum, Wiegerinck Architecten have endeavoured to put the old idea front and centre in their design of the medical complex. Obviously, they were greatly helped by the beautiful leafy surroundings in which they were able to site the hospital. The practice designed four free-standing buildings arranged around three generous patios, which are in turn linked by wide corridors. The elevations on all floors were made as open as possible, with the result that there are views of the trees, plants and shrubs in the park from almost every side of the complex. Because the trees are so close to walls, it seems as if the green outdoor world is embracing the hospital and fresh air is pouring in. Happily, the client did not opt for the bland standard interior one finds in many hospitals. Wiegerinck designed the interior as well. The muted colour scheme and floor, wall and ceiling finishes, together with the customized furniture make for a spacious and pleasant interior world that does not feel at all cold or clinical.

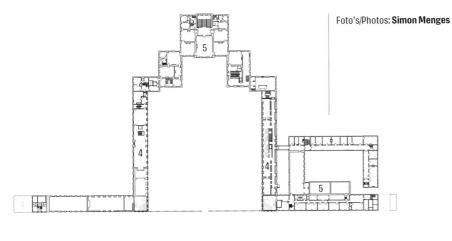

Foto's/Photos: **Simon Menges**

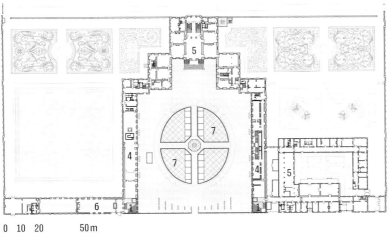

0 10 20   50m

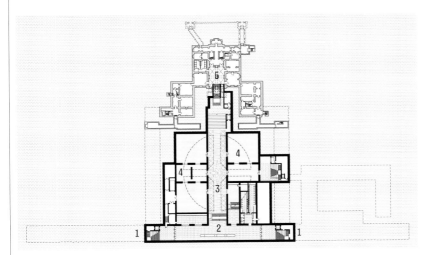

**Eerste verdieping, begane grond/
First, ground floor**

1 entreehuis/entrance pavilion
2 balie/reception
3 ondergrondse museumgang/
   underground museum passageway

4 tentoonstellingsruimte/exhibition
   space
5 paleis/palace
6 restaurant
7 ondiepe vijver/shallow pond

Situatie/Site plan

A Koningslaan
B Koninklijk Park
C voorhof/forecourt
D paleistuin/palace garden

Doorsnede/Section

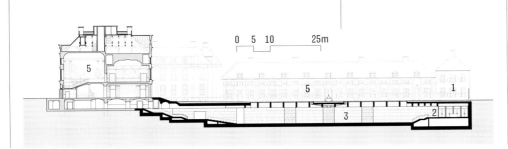

0 5 10   25m

KAAN Architecten

Museum Paleis Het Loo
Apeldoorn
Opdrachtgever: Stichting Paleis Het Loo Nationaal Museum, Apeldoorn

De koninklijke familie mag de handjes dichtknijpen met de uitbreiding en verbouwing van Paleis Het Loo. De Oranjes behoren qua koninklijk vastgoed en interesse in architectuur binnen Europese monarchieën historisch gezien niet bepaald tot de top. Wie koninklijke paleizen bezoekt in Nederland raakt vertederd door de knulligheid van het getekende marmer en de afwezige of onsamenhangende modernisering. Van het beste paleis dat de Oranjes ooit bouwden, het door Jacob van Campen ontworpen Paleis Honselaarsdijk, is vrijwel niets over. Vergelijk hun koninklijk vastgoed eens met Schloss Schönbrunn, Versailles of het Palacio Real in Madrid.

Terug in Apeldoorn kan de grootschalige aanpassing door KAAN (met medewerking van restauratiearchitect Van Hoogevest) alleen maar gezien worden als een *Zeitenwende* voor koninklijke architectuur in Nederland. De nieuwe toevoegingen zijn zo imposant dat er een on-Nederlandse allure van uitstraalt – naast de museale functie, voelt het ondergrondse deel ook mausoleaal aan. Onder het voorhof is er veel extra ruimte voor tentoonstellingen en bijeenkomsten gerealiseerd met indrukwekkende natuurstenen en palissanderhouten afwerkingen. In de zijvleugels van het paleis is er niet zachtzinnig omgegaan met de complexe historische structuur van het gebouw en is het gebouw her en der radicaal doorbroken om nog meer tentoonstellingsruimte mogelijk te maken. Het nieuwe entreehuis is magisch in zijn stilmakende eenvoud. Vanaf het nieuwe dakterras is de exceptionele Frans geïnspireerde paleistuin nu in volle glorie voor iedereen te zien.

Elk detail ademt koninklijke waarde op een moderne manier: met de beste materialen en technieken werken om een puntgaaf gebouw te maken, waarin elk detail moeiteloos maar – des KAANs – loepzuiver uitgedacht en uitgevoerd is. Maar ook in het grote gebaar, de trompe-l'oeil van de onzichtbaarheid van de nieuwe gebouwtoevoegingen, is verfijnder en mooier dan I.M. Pei's versie voor het Louvre. Het Paleis dat de Oranjes nooit echt verdienden, hebben ze nu toch gekregen.

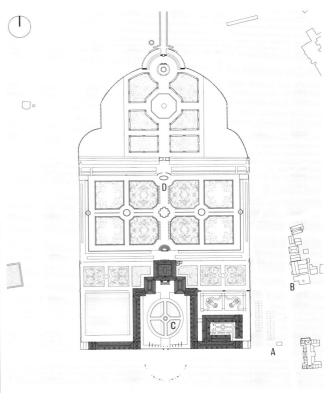

Museum Paleis Het Loo
Apeldoorn
Client: Stichting Paleis Het Loo Nationaal Museum, Apeldoorn

The royal family may count itself fortunate with the renovation and extension of Paleis Het Loo. Historically, the House of Orange has not exactly shone among European monarchies in terms of royal real estate and an interest in architecture. Visitors to royal palaces in the Netherlands can't help being touched by the gaucheness of the faux marble finishes and the absent or desultory modernization. Of the best palace ever built by the House of Orange, Jacob van Campen's Paleis Honselaarsdijk, almost nothing remains. Compare their royal properties with Schloss Schönbrunn, Versailles or Palacio Real in Madrid.

Back in Apeldoorn, the comprehensive alterations by KAAN (with restoration architects Van Hoogevest) can only be regarded as a turning point for royal architecture in the Netherlands. The new additions are so imposing as to seem un-Dutch: alongside its museum function, the underground section feels like a mausoleum as well. Underneath the forecourt, a lot of additional space for exhibitions and gatherings has been created with magnificent stone and rosewood finishes. In the palace wings there has been no kid-glove approach to the complex historical structure of the building, some of which has been radically breached in order to create even more exhibition space. The entrance space is quite magical in its sublime simplicity. From the new roof terrace, the outstanding French-style palace garden can be seen in all its glory. Every detail is indicative of royal quality in a modern manner: employing the best materials and techniques to create a flawless building in which each detail has been effortlessly but — à la KAAN — perfectly thought out and executed. But even the grand gesture, the trompe-l'oeil invisibility of the new additions, is more sophisticated and more beautiful than I.M. Pei's version for the Louvre. The palace the House of Orange never really deserved, it has finally acquired.

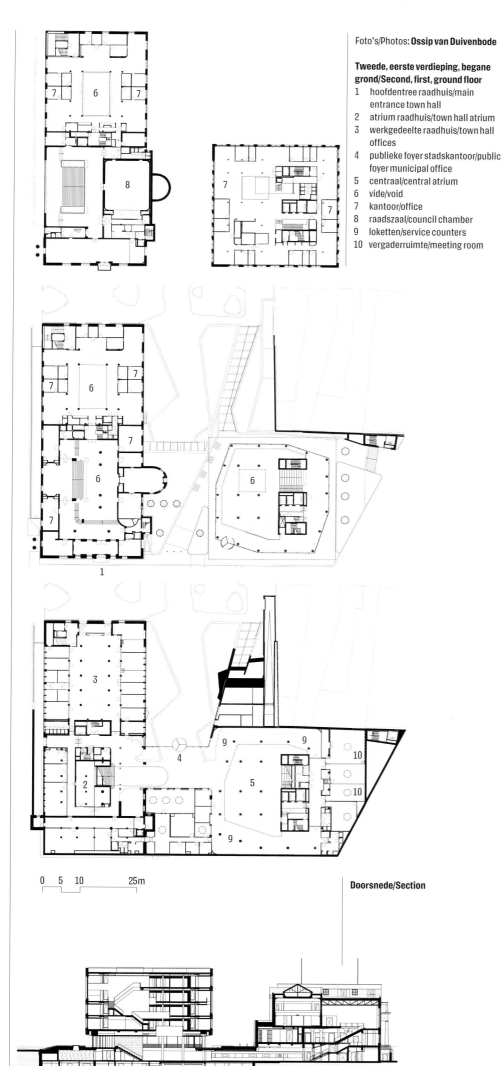

Foto's/Photos: **Ossip van Duivenbode**

Tweede, eerste verdieping, begane grond/Second, first, ground floor
1 hoofdentree raadhuis/main entrance town hall
2 atrium raadhuis/town hall atrium
3 werkgedeelte raadhuis/town hall offices
4 publieke foyer stadskantoor/public foyer municipal office
5 centraal/central atrium
6 vide/void
7 kantoor/office
8 raadszaal/council chamber
9 loketten/service counters
10 vergaderruimte/meeting room

0 5 10   25m

Doorsnede/Section

Mecanoo

Raadhuis en stadskantoor
Heerlen
Opdrachtgever: Gemeente Heerlen

Het raadhuis van de moderne hofarchitect van Heerlen Frits Peutz, een geniale vermenging van modernisme en (Egyptisch) classicisme, is een stedenbouwkundige schakel tussen het Raadhuisplein, dat lange tijd als parkeerplaats benut werd, en het ooit levendige binnenstedelijke winkelhart langs de Geleenstraat en de Promenade. Peutz ontwierp eind jaren vijftig een wat minder iconisch buurpand, een warenhuis voor V&D met een tienlaagse kantoortoren. Na een 'facelift' in de jaren negentig was dit al langer leegstaande complex getransformeerd tot gemeentekantoren, en verworden tot een groene puist die de connectie tussen plein en stad belemmerde.
Architect Francine Houben groeide op een steenworp afstand van het raadhuis op en dat juist zij, samen met medearchitect Luuk van Wylick (weliswaar afkomstig uit Geleen), de ontwikkeling van een nieuw stadskantoor mocht uitdenken, is een godsgeschenk voor Heerlen geweest. De liefde voor zowel de stad als voor publieke architectuur spat er af.
De uitbreiding neemt zowel letterlijk als figuurlijk gepaste afstand van de monumentale Peutz. Op de plek van het voormalige gemeentekantoor ontwierp Mecanoo een kleiner vierkant blok dat in de gevelcompositie met grote vierkante diepliggende ramen in een lichte façade naar Peutz' raadhuis luistert, zonder te nadrukkelijk aanwezig te zijn. Met natuursteen in de plint en in andere delen van de nieuwbouw wordt een duidelijke stilistische verbinding gemaakt met Peutz. Een nieuwe ondergrondse gang verbindt het gerenoveerde stadhuis en het nieuwe stadskantoor. Boven op deze gang is nu een sterk verbeterde aansluiting gemaakt tussen het Raadhuisplein en de Geleenstraat. Dit geeft eindelijk een natuurlijkere verbinding tussen de binnenstad en de aangrenzende woonwijk Aarveld.
De publieke foyer en de nieuwe werkplekken verbinden burger en bestuur direct door een aantrekkelijk centraal atrium, al is het interieurontwerp zelf vrij generiek. Dat belet niet dat dit een wonderbaarlijk goed ontwerp is. Het is te hopen dat de gemeente voor de verdere broodnodige herontwikkeling van de stad dit kaliber plannen ruimte weet te geven.

Situatie/Site plan
A Raadhuisplein
B Doctor Poelsstraat
C Geleenstraat
D raadhuis/town hall
E stadskantoor/municipal offices
F trap/stairs

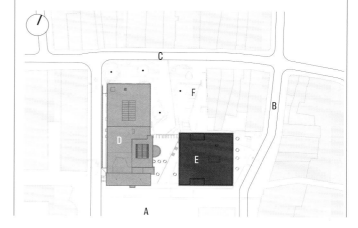

Foto/Photo: **Mecanoo**

Town hall and municipal offices

Heerlen
Client: City of Heerlen

The town hall designed by Heerlen's in-house modern architect, Frits Peutz, is an ingenious mixture of modernism and (Egyptian) classicism, a spatial link between Raadhuisplein, long used as a car park, and the once lively central shopping precinct along Geleenstraat and the Promenade. In the late 1950s Peutz designed a somewhat less iconic neighbour in the form of a Vroom & Dreesman department store plus ten-storey office tower. Following a facelift in the 1990s, this long-empty complex was converted into municipal offices, becoming a green carbuncle standing in the way of the logical connection between the town hall square and the city.

Architect Francine Houben grew up a mere stone's throw from the town hall, and the fact that it was she, along with fellow architect Luuk van Wylick (albeit from Geleen), who was commissioned to design a new municipal office a mere stone's throw from Peutz's town hall, has proved a godsend for Heerlen. Their love for both the city and for public architecture is clear for all to see.

The extension defers literally and metaphorically to the monumental Peutz building. On the site of the former municipal office Mecanoo designed a smaller square block whose facade composition of large, deeply recessed square windows in a light-coloured facade clearly defers to Peutz's town hall, without overdoing it. The stone used for the base and elsewhere in the new building establishes a clear stylistic connection with Peutz. A new underground passageway connects the renovated town hall with the new municipal office. Above this passageway a much-improved connection has been made between Raadhuisplein and Geleenstraat, finally establishing a more natural link between the city centre and the neighbouring Aarveld district. An attractive central atrium between the public foyer and new offices provides a direct link between citizens and the municipal administration. Although the interior design itself is fairly generic, that does not detract from the fact that this is a wonderfully good design. It is to be hoped that when contemplating the further much-needed redevelopment of the city, the town council will give free rein to plans of similar calibre.

Foto/Photo: **Klaus Tummers**

Foto/Photo: **Philip Driessen**

Happel Cornelisse Verhoeven

Historisch Centrum Limburg
Heerlen
Opdrachtgever: Gemeente Heerlen

Het lukt de gemeente Heerlen niet altijd om aan succesvolle stadsplanning te doen. Niet zelden werd planning gedreven door bedenkelijke grondpolitiek, kortzichtigheid en/of grootheids-waan, waardoor het centrum van de stad grote rotte kiezen kent van gedeeltelijk of volledig mislukte projecten – De Klomp, de Promenade, delen van het nieuwe Maankwartier, om enkele te noemen. Dat maakt de verhuizing van het stadsarchief, een vestiging van het Historisch Centrum Limburg, van het centrum naar Heerlen-Noord des te bijzonderder.

Het Heerlens stadsarchief verhuisde vanwege de grootschalige verbouwing van het Thermenmuseum, waarboven het gevestigd was. De nieuwe locatie bevindt zich in een buurt die onderdeel is van het Nationaal Programma Heerlen-Noord, overheidsbeleid voor dit probleemgebied. In de sociaal-modernistische wijk Vrieheide stond de hoogmodernistische Christus Koningkerk van de Limburgse kerkarchitect Jozef Fanchamps te verkomme-ren. De open centraalbouwkerk is in 1965 ingewijd en heeft duidelijke invloeden van de experimentele wederopbouwkerken in Duitsland van de expressieve modernist Rudolf Schwarz en zelfs Egon Eiermann.

De verbouwing door Happel Cornelisse Verhoeven is uitmuntend gedaan. De opzet, een doos in een doos, is niet nieuw, maar gezien de nieuwe erfgoedfunctie goed te begrijpen. Bij de entree is een kleine bidkapel, die het statische archief meer bezieling geeft. De eenvoudige maar effectieve moderne afwerking is fijn en toont duidelijk liefde voor het oorspronkelijke ontwerp. Ook van het plein voor de kerk is met niet al te veel middelen een sterk verbeterde publieke ruimte gemaakt. Voor zover mogelijk mist het plan nog wel verdere aansluiting met de buurt. Archieven zijn uiteraard niet voor iedereen even belangrijk, maar een meer nadrukkelijke handreiking naar de buurt had het project nog beter gemaakt. Waar (rand)stedelijke projecten in dit Jaarboek overlopen van koffieplekken, had er hier nog wel eentje bij gekund om met de prachtige verbouwing ook de gemeenschaps-zin verder nieuw leven in te blazen.

Eerste verdieping, begane grond,
souterrain/first, ground floor, basement
1 hoofdentree/main entrance
2 foyer
3 bidkapel/prayer chapel
4 studiezaal/reading room
5 multifunctionele ruimte/multifunc-
tional space
6 vergaderruimte/conference room
7 balie/reception
8 kantoor/office
9 opslag/storage
10 statisch archief/static archive

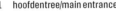

0 2 4   10 m

Situatie/Site plan
A Navolaan
B Verdragstraat

Doorsnede/Section

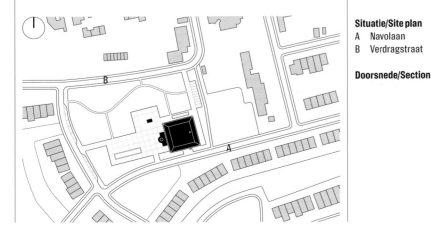

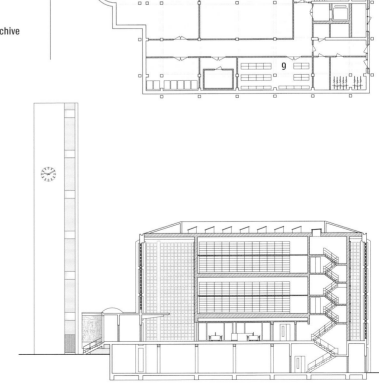

116

Historisch Centrum Limburg

Heerlen
Client: City of Heerlen

The City of Heerlen does not always manage to engage in success-ful urban planning. Too often planning is driven by dubious land-use policies, short-sightedness and/or megalomania, so that the centre of the city is marred by rotten teeth in the form of partially or wholly failed projects like De Klomp, the Promenade, or parts of the new Maankwartier, to name a few. This is what makes the relocation of the city archives, which fall under Historisch Centrum Limburg, from the city centre to Heerlen-Noord all the more exceptional.

Heerlen city archives had to move because of the comprehensive renovation of the Thermenmuseum above which it was housed. The new location is in a neighbourhood that is part of a government programme aimed at ameliorating conditions in disadvantaged areas. In the modernist social housing estate of Vrieheide the high-modernist heritage-listed Christus Koning church by Limburg church architect Jozef Fanchamps was falling into disrepair. The open central-plan church, which was consecrated in 1965, dis-plays the clear influence of experimental post-war reconstruction churches in Germany by the expressive modernist Rudolf Schwarz, and even Egon Eiermann.

Happel Cornelisse Verhoeven's conversion is nothing short of superlative. The concept, a box within a box, is not new but, given the new heritage function, quite logical. At the entrance there is a small prayer chapel that introduces a touch of vitality into the static archives. The simple but effective modern finish is first-class and reflects the architects' clear love for the original design. The square in front of the church has also been turned into a greatly improved public space using modest means. Other connections with the surrounding area are lacking, however. Archives do not resonate with everyone, of course, but a more explicit gesture towards the neighbourhood would have made the project even better. Whereas other urban and suburban projects in this Yearbook are abound with coffee spots, the addition of just one would have enabled this superb conversion project to help revitalize the local community spirit as well.

Foto/Photo: **HCVA**

Foto/Photo: **HCVA**

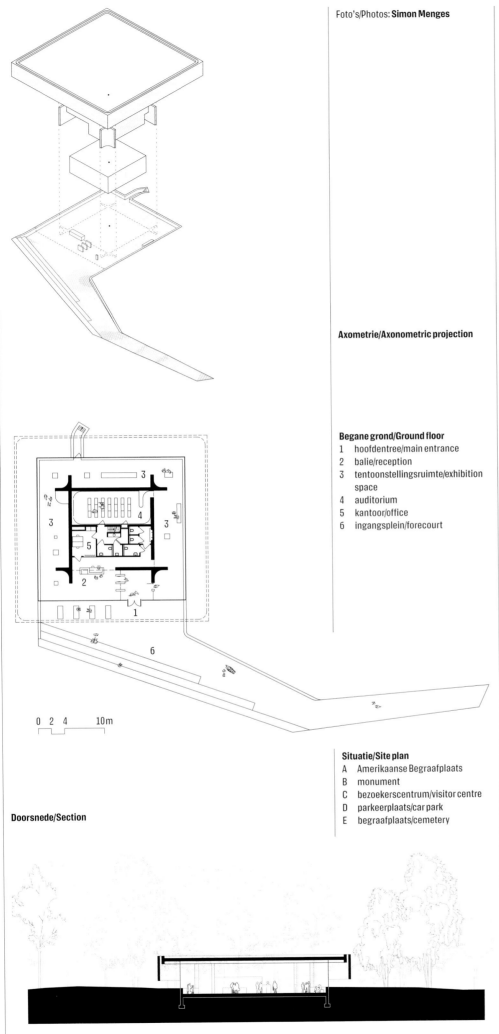

Foto's/Photos: **Simon Menges**

Axometrie/Axonometric projection

Begane grond/Ground floor
1 hoofdentree/main entrance
2 balie/reception
3 tentoonstellingsruimte/exhibition space
4 auditorium
5 kantoor/office
6 ingangsplein/forecourt

0 2 4 10m

Situatie/Site plan
A Amerikaanse Begraafplaats
B monument
C bezoekerscentrum/visitor centre
D parkeerplaats/car park
E begraafplaats/cemetery

Doorsnede/Section

KAAN Architecten

Netherlands American Cemetery Visitor Center
Margraten
Opdrachtgever: American Battle Monuments Commission, Arlington (VS)

Het kwam in de recente geschiedenis maar zelden voor dat je de Amerikaanse overheid ervan kon betichten een blijvende en prachtige toevoeging aan de gebouwde omgeving mogelijk te maken. De American Battle Monuments Commission (ABMC) is een onafhankelijke organisatie die namens de Amerikaanse overheid gedenkplekken voor de Amerikaanse slachtoffers van oorlog en geweld bouwt en beheert op verschillende plekken in de wereld.

Bij de grote gedenkplek ten behoeve van Amerikaanse slachtoffers van de Tweede Wereldoorlog bij het Zuid-Limburgse Margraten werd door ABMC een nieuw bezoekerscentrum verlangd. Als opdrachtgever vragen zij veel van architecten, maar bieden ook veel, aangezien ze willen bouwen voor de eeuwigheid. Van KAAN Architecten werd gevraagd om niet minder dan twaalf verschillende opties verspreid over het glooiende terrein in de westelijke Limburgse heuvels voor te stellen.

De uiteindelijke keuze viel op een Miesiaans paviljoen dat verzonken in het landschap een serene indruk maakt. De strakke vierkante vorm is monumentaal, maar tegelijkertijd klein genoeg om uitnodigend te zijn om dichter bij de 8.000 gevallenen te komen. In de buitenschil wordt gelaagdheid letterlijk leesbaar doordat het zichtbaar in verschillende lagen in-situ gestort is. Die uitdrukking sluit zowel aan bij het natuursteen in de bestaande gedenkplekken op het terrein, als bij de gedragenheid van de lagen aan leed en tragiek die er herdacht worden. In het paviljoen vouwt een tentoonstellingsruimte zich om de vierkante centrale kern waarin zich een klein auditorium, kantoor en toiletten bevinden, alle met veel aandacht ontworpen. Het geheel is intiem, maar ook ruw, hard. Het is meedogenloos maar ook betrokken, en lost daarmee treffend de wens van de opdrachtgever in om met respect de eeuwige opoffering voor vrede te gedenken.

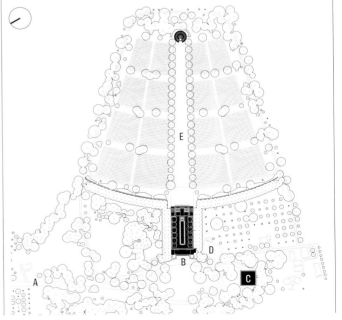

Netherlands American Cemetery Visitor Center

Margraten
Client: American Battle Monuments Commission, Arlington (US)

There have been few recent occasions on which one could accuse the American government of creating an enduring and beautiful addition to the built environment. The American Battle Monuments Commission (ABMC) is an independent organization that on behalf of the US government builds and manages memorials to American victims of war and violence in various places around the world.

At its vast cemetery and memorial for American victims of the Second World War near the Zuid-Limburg village of Margraten, ABMC wanted a new visitor centre. As client they ask a lot of architects, but they also have a lot to offer, given that their intention is to build for eternity. KAAN Architecten were asked to come up with no fewer than twelve different options distributed across the undulating terrain of the west Limburg hills.

The final choice fell on a serene-looking Miesian pavilion that is half-submerged in the landscape. The taut square form is monumental, yet modest enough to invite closer acquaintance with the 8,000 fallen. The sense of layer upon layer is literally legible in the concrete skin, which is visibly composed of several poured-in-situ layers. That layered effect accords with both the stone in the existing memorials on the site and the solemn layers of suffering and tragedy that are commemorated here. Inside the pavilion an exhibition space wraps itself around a square core containing a small auditorium, office and toilets, all designed with great solicitude. The whole is intimate, but also raw, hard. It is unsparing but engaged, and as such perfectly fulfils the client's desire to respectfully commemorate the eternal sacrifice for peace.

Lichtstad Architecten

Sporthal Bredius
Muiden
Opdrachtgever: Gemeente Gooise Meren

Nederland heeft weinig op met de sporthal. Waar je met name in voormalige Sovjetrepublieken af en toe op fraaie uitbundige sporthallen stuit, gebeurt dat in Nederland niet erg vaak. Sporthallen zijn hier niet zelden in de jaren zeventig of tachtig gebouwd, waarbij het ontwerp en de bouw soms door de vereniging zelf zijn gedaan, of het sluitstuk vormden van het gemeentelijk budget. Aangezien we in een tijd leven waarin van overheidswege gezondheid en gemeenschapszin van grote maatschappelijke meerwaarde worden beschouwd, is het opmerkelijk dat de publieke architectuur die daarbij hoort doorgaans bij een liefdeloze industriehal met een gummivloer blijft steken.

In het project van de circulaire sporthal Bredius hebben we te maken met een architect die in ieder geval probeert om met opdrachtgevers het beste ervan te maken. Eerder realiseerde Lichtstad Architecten in Venlo en Wageningen ook al duurzamere sporthallen. Circulariteit voor sporthallen ligt misschien, gezien de industriële schaal van het gebouwtype, wel voor de hand, maar vraagt ook om specifieke oplossingen en een robuustheid voor wet- en regelgeving die niet altijd vanzelfsprekend zijn.

In Muiden zijn er nieuwe rekenmethodes gebruikt om de impact op klimaat, natuur en milieu te monitoren, is er een interactief materialenpaspoort voor het gebouw en is het hele complex demontabel opgezet. In de natte delen, zonder kit moeilijker te detailleren, is er een innovatieve oplossing met glazen panelen gebruikt.

De opzet van het complex begint bij een efficiënte kruisvormige indeling van de begane grond, waarin de kleedkamers zijn ondergebracht, die ook voor de buitensporten gebruikt worden. De grote sportzaal ligt op de eerste verdieping. Waar zalen meestal de vorm van een gesloten schoenendoos hebben, is het hier bijzonder dat er een diagonale zichtlijn vanuit ramen in de zaal naar de kantine en vervolgens naar de buitenvelden is. Het complex blijft een industrieel aandoend geheel, maar dan wel circulair en met meer kwaliteit voor de Muidense sporter. Hopelijk leidt dit tot enthousiasme bij andere gemeenten om de handschoen op te pakken.

Situatie/Site plan
A   Maxisweg
B   Amsterdamsestraatweg

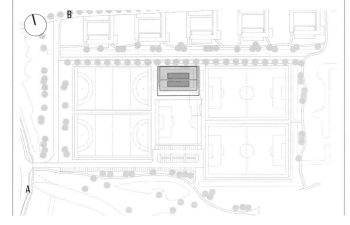

Foto's/Photos: **BASEphotography**

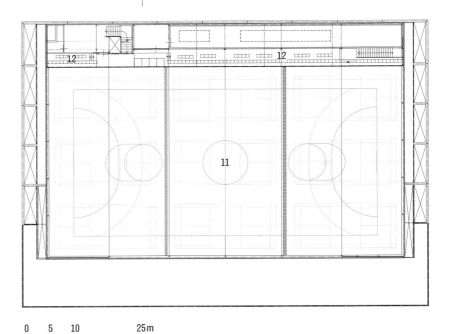

0   5   10   25m

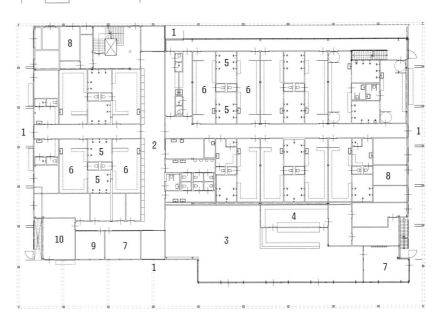

Tweede, begane grond/
Second, ground floor
1   entree/entrance
2   centrale gang/central corridor
3   kantine/canteen
4   keuken/kitchen

5   douches/showers
6   kleedkamers/dressing rooms
7   kantoor/office
8   berging/storage
9   docentenverblijf/instructors' room
10 washok/laundry room

11 sportzaal/sports hall
12 tribune/grandstand

Doorsnede/Section

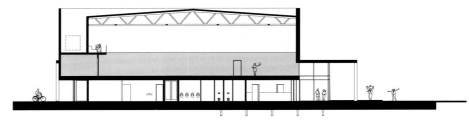

Bredius sports hall

Muiden
Client: Municipality of Gooise Meren

Dutch architects have never shown any great enthusiasm for designing sports halls. Whereas in other countries, particularly the former Soviet republics, you occasionally come across splendidly exuberant sports halls, that is seldom the case in the Netherlands. Many Dutch sports halls were built in the 1970s or '80s, whereby design and construction was sometimes carried out by the sports club itself or was the final item in the municipal budget. Since we live in an age when health and community spirit are officially regarded as being of great social benefit, it is curious that the accompanying architecture so often amounts to no more than a dreary industrial shed with a rubber floor.

In the circular Bredius sports hall project we have an architect who at least tries, together with the clients, to make the best of it. Lichtstad Architecten have previously built highly sustainable sports halls in Venlo and Wageningen. Circularity for sports halls might seem straightforward considering the industrial scale of the building type, but it also entails specific solutions and a legally mandated robustness that are not always self-evident. In Muiden new calculation methods were used to monitor the impact on climate, nature and the environment, the building has an interactive materials passport, and the entire complex was designed to be demountable. In the wet areas, where detailing is more difficult without using a sealant, an innovative solution involving glass panels was employed.

The configuration of the complex begins with an efficient cruci-form organization of the ground floor where the dressing rooms, which are also used for outdoor sports, are located. The large sports hall is on the upper floor. While most halls are shaped like a closed shoe box, this one surprises with a diagonal sightline from the windows in the hall to the canteen and from there to the outdoor playing fields. The complex is still fairly industrial-looking, but its construction is circular, and it has more to offer local sportsmen and women. It is to be hoped that it will inspire other councils to take up the gauntlet.

Wonend in Nederland,

waarin we ogenschijnlijk tevreden door Nederlands nieuwste woonwijken dwalen, maar er toch iets blijft knagen...

Living in the Netherlands,

in which we wander with apparent approval through the Netherlands' newest residential areas, and yet a seed of doubt lingers in our minds...

Hoek Dokter Frans Fouquetstraat/ Rerum Novarum, Sphinxterrein, Maastricht

Corner Dokter Frans Fouquetstraat/ Rerum Novarum, Sphinxterrein, Maastricht
Foto/Photo: Rubén Dario Kleimeer

Wie na een uitgebreide rondgang langs de in 2023 in Nederland opgeleverde woningbouw binnentreedt bij de tentoonstelling *Nederland op de tekentafel* bij Nieuwe Instituut, heeft misschien een *trigger warning* nodig. De afgelopen jaar in samenwerking met het College van Rijksadviseurs tot stand gekomen tentoonstelling die honderd jaar fantaseren over ruimtelijke inrichting viert, bestaat uit een mengeling van tomeloze radicaliteit en kneuterige huiselijkheid geschetst in opdracht van onze overheid. De vaak onbesuisde of op z'n minst wilde schetsen van verschillende generaties architecten, ambtenaren en planners in de tentoonstelling over hoe Nederland ook zou kunnen zijn, vormen een scherp contrast met dat wat we zagen tijdens onze dagen als redactie *on the road*. Natuurlijk, ook in het verleden was spruitjeslucht niet onbekend, zoals de bloedsaaie maar prettig wonende vinex-wijken en hun voorlopers, die ook in de tentoonstelling te zien zijn, maar het is met zekerheid te stellen dat een grootschalige expressieve zoektocht naar een nieuwe samenleving vandaag de dag niet de boventoon voert in de woningbouw. En toch vertelde die rondgang zoveel meer dan op het eerste gezicht deed vermoeden. Deze bood ruimte om stil te staan bij de vraag wat voor woningen we nu bouwen en de bredere vraag aan de rol van de architect daarin.

Van de 154 ingezonden projecten voor dit jaarboek bestond ongeveer twee derde uit woningbouw. Veel van deze projecten maken deel uit van grootschalige gebiedsontwikkelingen die al decennia geleden in gang zijn gezet en inmiddels hun voltooiing naderen. Vaak vonden we binnen dezelfde gebiedsontwikkeling meerdere inzenders en voelde het onzinnig om te kiezen, omdat er geen noemenswaardige verschillen in kwaliteit waren. Soms leek een aanpalend maar niet ingezonden project op z'n minst even bijzonder. De architectuur was niet altijd buitengewoon, vaak zonder maatschappelijke of programmatische vernieuwing of speciale samenwerkingen, maar de optelsom van deze projecten vroeg wel om aandacht.

Daarom voelt het gepast om in plaats van individuele projectbeschrijvingen een bredere contourschets te geven – een kleine staalkaart – van vier ontwikkelingen die het waard zijn om nader te beschouwen.

De postindustriële inbreiding: Sphinx Maastricht en Amsterdam Oostenburg

We begonnen onze reis in Maastricht. Daar kwam de Twins van Marlies Rohmer Architecture & Urbanism en Hund Falk Architecten gereed, een woningbouwcomplex op het Sphinx-terrein, de voormalige fabrieksgronden van de beroemde aardewerkfabrikant. Palmbout Urban Landscapes ontwierp in 2006 een stedenbouwkundig plan voor de transformatie van het terrein, waar ooit sanitair en tegels van de band rolden, dat in totaal een oppervlakte van 80.200 m² omvat. De bestaande fabrieksterreinmorfologie vormt de opzet voor de ruimtelijke lay-out van het nieuwe binnenstedelijke stadsdeel, dat wordt gedomineerd door een aantal oude fabrieksgebouwen en de nieuwe, in baksteen uitgevoerde woonblokken.

Sinds 2008 zijn er pakweg 700 stadswoningen gerealiseerd, waarbij steeds verschillende architectenbureaus betrokken waren. Binnen deze context voorziet de Twins in 78 royale woningen rondom een binnentuin die op een prettige en vanzelfsprekende manier aansluiten bij fabriekssfeer van de wijk, qua massaopbouw, maar vooral door de gevels waarvan de betonkaders zijn gevuld met in kleur verlopend baksteen. Terwijl we richting de Twins liepen, werd duidelijk dat de karakteristieke binnenstedelijke straatprofielen met semi-open bloktypologie met appartementen op de begane grond omarmd zijn door de nieuwe bewoners. Ze hebben zich de buitenruimte toegeëigend met plantenpotten en her en der tuinmeubilair. Een echtpaar met de pensioengerechtigde leeftijd dat ons trots rondleidde in hun nieuwe appartement in de Twins woont met veel plezier in de nieuwe wijk. Zij hadden

Post-industrial densification: Sphinx Maastricht and Amsterdam Oostenburg

Anyone visiting the *Designing the Netherlands* exhibition at Nieuwe Instituut following an extended tour of 2023 Dutch housing projects might require a bit of a trigger warning. The exhibition celebrating one hundred years of quixotic spatial planning ideas, put together last year in collaboration with the Board of Government Advisers, consists of a mixture of full-on radicality and cosy domesticity sketched at the behest of the Dutch government. The often hare-brained or at the very least unorthodox imaginings of successive generations of architects, public servants and planners featured in this showcase of alternative visions of the Netherlands stands in stark contrast to what we, the editors, experienced during our days on the road. Of course, a whiff of the parochial was not unheard of in the past, as in the deadly dull but comfortable 'Vinex' urban expansion schemes of the 1990s and their predecessors, which can also be seen in the exhibition, but it is safe to say that a large-scale imaginative quest for a new society does not predominate in housing today. And yet our road trip was much more revealing than first impressions might have suggested. It gave pause to consider the question of what type of dwellings we are building now and the broader question of the architect's role in that.

Of the 154 projects submitted for this Yearbook, some two thirds involved housing. Many of those projects are part of large-scale area developments that were launched decades ago and are now nearing completion. We often encountered several submissions in the same area development and there seemed to be little point in singling out one rather than another since there were no appreciable differences in quality. Sometimes an adjacent but unsubmitted project looked just as good. The architecture was not necessarily exceptional, was often lacking in social or programmatic innovation or unique collaborations, yet the sum total of these projects did demand attention. It therefore feels more appropriate to dispense with descriptions of individual projects in favour of a broader outline – a modest sample – of four developments that are worth looking at in more detail.

We began our trip in Maastricht and the recently completed Twins housing complex by Marlies Rohmer Architecture & Urbanism and Hund Falk Architecten, which is located in the Sphinx district that now occupies the former factory site of the eponymous ceramics manufacturer. In 2006 Palmbout Urban Landscapes drew up a spatial master plan for the redevelopment of the 80,000 m² site where sanitary ware and tiles once rolled off the production line. The existing factory site morphology informs the spatial layout of the new urban district, which is dominated by a number of old factory buildings and the new, mostly brick-built housing blocks.

Since 2008 some 700 urban dwellings have been built here by several different architectural practices. Within this context, the Twins delivers 78 spacious dwellings grouped around a courtyard garden, which harmonize pleasingly and naturally with the district's industrial atmosphere, not just in terms of massing but more especially owing to the concrete frames filled with colour-graduated brickwork. As we approached the Twins it became clear that the typical urban street profiles of semi-open blocks with apartments on the ground floor have been embraced by the new residents who have appropriated the outdoor space with pot plants and a scattering of garden furniture. A retired couple who proudly showed us around their new apartment in the Twins love living in the district. They sold their home in Amsterdam in order to enjoy the Limburg lifestyle in the comfort of their spacious new dwelling in Maastricht.

Two hundred kilometres north of Maastricht, another former industrial area is being redeveloped for housing in Amsterdam's east. Roughly 600 of the 4,500 dwellings built in Amsterdam in 2023 were on Oostenburg. In 2012, urban design firm Urhahn produced a redevelopment plan for this eastern island that in the

hun huis in Amsterdam verkocht om in Maastricht in het comfort van hun ruime woning de Limburgse levensstijl te omarmen.

Tweehonderd kilometer noordelijk van Maastricht wordt in Amsterdam in het oosten van het centrum eveneens een voormalig industrieel gebied getransformeerd tot woonbuurt. Pakweg 600 van de 4.500 in 2023 in Amsterdam gerealiseerde woningen werden in gebruik genomen op Oostenburg. Stedenbouwkundig bureau Urhahn was in 2012 verantwoordelijk voor de herinrichting van het oostelijke eiland dat in de zeventiende eeuw dienstdeed als werfterrein voor de Vereenigde Oostindische Compagnie en vanaf eind negentiende eeuw plaats bood aan de industriële bedrijvigheid van machineonderdelenfabrikant Stork. In het plan, dat ruim twee keer zo groot is als het Sphinxterrein, is ruimte geschapen voor 1.900 woningen in zeer hoge dichtheid. Het is daarmee de grotere en stuk drukkere broer van Sphinx. Urhahn introduceerde er een grachtenpandenstad gecombineerd met industrieel karakter; de omvangrijke rijksmonumentale negentiende-eeuwse Van Gendthallen en de kleinere Werkspoorhal zorgen voor historische gelaagdheid en afwisseling in stedenbouwkundige maat

Oostenburgermiddenlaan (boven) en semi-publieke groene tussenzone Oostenburg, Amsterdam

Oostenburgermiddenlaan (top) and semi-public green intermediate zone, Oostenburg, Amsterdam
Foto/Photo: Rubén Dario Kleimeer

en schaal. Een beeldkwaliteitsplan schreef bouwregels voor waarin is gestuurd op variatie en contrast in breedte en hoogte, kavelrichting, rooilijn, plinten en materialisering van de architectuur.

Een keur aan (vaak jonge en hippe) ontwerpbureaus ging er aan de slag. Een kavel aan de centrale Oostenburgermiddenstraat van de hand van NEXT, HOH Architecten en Urban Echoes is het resultaat van een ontwerpwedstrijd uitgeschreven door woningbouwcorporatie Stadgenoot. Verdeeld over vier geschakelde gebouwen ontwierpen de bureaus in totaal 173 sociale huurwoningen voor jongeren, 30 voor ouderen en bedrijfsruimtes grenzend aan een gemeenschappelijke tuin. Met name het hoekpand van HOH bekleed met kleine zwarte geglazuurde bakstenen met schijnvoeg springt in het oog. Aan de overzijde van de straat troffen we een groter kavel, ontwikkeld door VORM, dat gekenmerkt wordt door modieuze pastelkleurige gevels in groen en lichtblauw glad tegelwerk met opvallende voegen. Op dit kavel ontwierpen Space Encounters woongebouwen De Gieter en De Slijper; BETA office for architecture and the city gaf vorm aan het hoge woongebouw De Draaier met daarnaast het kleinere De Lasser; Workshop Architecten ontwierpen op hun beurt woongebouwen Unit 6 en De Warmoes en herenhuis De Hout. Afzakkend in zuidelijke richting zagen we, parallel aan de Van Gendthallen, het voltooide ensemble op het kavel van Stadswerf Oostenburg Ontwikkeling (een samenwerking tussen Steenwell en VORM) gebouwd door gelegenheidstrio Ronald Janssen Architecten, Bastiaan Jongerius Architecten en Paul de Ruiter Architects. Zij ontwierpen tien woonblokken met in totaal 450 woningen en 25 bedrijfsruimtes, die sinds 2021 in fases zijn opgeleverd en die afgelopen jaar werden bekroond met de oplevering en ingebruikname van De Groningen, De Amsterdam, De Susanna en De Oranje.

Zelfs voor Amsterdamse nieuwbouwbegrippen is het aantal woningen per hectare bijzonder hoog. De entrees en ontslui-

seventeenth century served as a shipyard for the Dutch East India Company (VOC), and from late nineteenth century hosted the industrial activities of the machine parts manufacturer Stork. Urhahn proposed a canal house district with an industrial character; the huge heritage-listed Van Gendt sheds and the smaller Werkspoor shed make for a spatial setting with historical layering and variation in size and scale. A visual quality plan prescribed building rules favouring variation and contrast in width and height, plot layout, building line, podiums, and the materialization of the architecture.

An array of (often young and trendy) design practices set to work. One plot along the central axis (Oostenburgermiddenstraat) designed by NEXT, HOH Architecten and Urban Echoes is the outcome of a design competition organized by the Stadgenoot housing association. On a single plot, the team of architects designed a total of 173 social housing dwellings for young people and 30 apartments for the elderly plus business units, distributed over four staggered buildings bordering an imaginatively planted communal garden. HOH's corner building, clad with small, glazed black bricks, is particularly eye-catching. On the other side of the street, we encountered a bigger plot developed by VORM, which has a penchant for fashionable pastel-coloured elevations in smooth green and pale blue tile work with pronounced jointing. On this plot Space Encounters designed two apartment buildings, De Gieter and De Slijper, while BETA office for architecture and the city designed the high-rise De Draaier apartment building and its smaller neighbour De Lasser. For their part, Workshop Architecten designed the apartment buildings Unit 6 and De Warmoes as well as the De Hout residential block. Moving southwards we saw, parallel to the Van Gendt sheds, the ensemble designed by the ad hoc team of Ronald Janssen Architecten, Bastiaan Jongerius Architecten and Paul de Ruiter Architects on a plot developed by Stadswerf Oostenburg Ontwikkeling (a collaboration between Steenwell and VORM). The trio designed a total of

450 dwellings and 25 business units in ten apartment blocks, built in stages since 2021 and capped off last year with the completion and occupation of De Groningen, De Amsterdam, De Susanna and De Oranje.

The number of dwellings per hectare is exceptionally high, even by Amsterdam new-build standards. The entrances and access routes to the buildings seem to have been conceived as delimited outdoor space; a chill autumn wind was blowing through them when we were there. The tall, narrow and often dark entrance lobbies and other access spaces are closed off by fences and grilles, conjuring a new, Hong Kong-style experience in Amsterdam. This atypical approach to access and closure is the unintended consequence of a provision in the zoning plan stipulating that open, unheated spaces would not be included in the maximum gross floor area (GFA). This made it possible to build larger volumes, thereby further increasing building density on the island. This lucrative loophole, which has been exploited by all the developers and architects active on Oostenburg, now largely determines the architectural character of the housing blocks and the accessibility of the dwellings. Nevertheless, all the projects are of a fairly high architectural quality and differ little in terms of aesthetics. Interestingly, the role of the architect on Oostenburg was limited, and the execution of the projects was, as far as we have been able to ascertain, largely left to drawing offices and contractors. The architect is often relegated to the role of aesthetic consultant once the final design has been signed off, sometimes as early as the preliminary design. Quality is thereafter monitored by a strictly formulated visual quality plan drawn up by the council and supervisor.

The Spinx site and Oostenburg together constitute a reasonable barometer of the urban densification operations that have become standard practice in the effort to accommodate the growth of the Dutch population. In stark contrast to the long tradition of tabula rasa urban extensions, the industrial heritage present in both projects provides the comfort of a genuine but

ting van de woongebouwen lijken opgevat te zijn als begrensde buitenruimte, de herfstwind waait er guur doorheen als wij er zijn. De smalle, hoge en vaak donkere entreehallen en andere ontsluitingsruimtes zijn afgesloten met hekwerken en roosters en geven een nieuwe Hongkongachtige ervaring in Amsterdam. Deze atypische manier van ontsluiten en afsluiten is het resultaat van een onbedoelde bepaling in het bestemmingsplan, waarin is geregeld dat open, niet-verwarmde ruimtes niet tot de maximale bruto-vloeroppervlakte (bvo) worden gerekend. Daardoor konden er feitelijk grotere volumes worden gebouwd, zodat de bebouwingsdichtheid op het eiland verder werd verhoogd. Deze lucratieve shortcut is door alle ontwikkelaars en architecten op Oostenburg opgepakt en bepaalt nu grotendeels het architectonische karakter van de blokken en de aansluiting van de woningen. Alle projecten hebben niettemin een vrij hoge architectonische kwaliteit en doen in esthetisch opzicht nauwelijks voor elkaar onder. Opvallend was dat de rol van de architecten op Oostenburg beperkt was en de uitvoering van de projecten, voor zover wij kunnen nagaan, voor een aanzienlijk deel het werk was van tekenbureaus en aannemers. De architect wordt nog vertrouwd als esthetisch begeleider na afronding van het definitief ontwerp en soms al na het voorlopig ontwerp. Een stringent beschreven beeldkwaliteitsplan van gemeente en supervisor bewaakt vervolgens aanvullend de kwaliteit.

Het Sphinxterrein en Oostenburg zijn samen een redelijke barometer van de grootstedelijke inbreidingen die gangbaar zijn geworden om de groei van Nederland vorm te geven. In sterk contrast met de lange traditie van de tabula rasa-uitbreidingen, geeft het industriële erfgoed in beide projecten het comfort van een bestaand maar afgesloten industrieel verleden; het is niet *ohne Eigenschaften* en behoeft minder eigen invulling, en daarmee ook minder verbeelding van het lege en het onbekende. Aan elk woonblok lijkt steeds met duidelijke zorgvuldigheid gewerkt. Al is betaalbaarheid van de woningen een groot punt van zorg, de kwaliteit die geleverd wordt, voelt bijna vanzelfsprekend. Een mooie dakrand hier, doordachte gevelbelijning daar en ruime aandacht voor al dan niet automatisch geïrrigeerd groen maakt dat het best fijne wijkjes zijn.

Top-down-tabula-rasa Leidsche Rijn

Leidsche Rijn is de voorlopig laatste tabula (tamelijk) rasa-ontwikkeling in Nederland en waart rond als een spook uit een ver verleden van daadkrachtige politiek. Dit in de jaren negentig door stedenbouwkundige Riek Bakker top-down geplande vinexbaksteenparadijs nadert zijn voltooiing met de afbouw van het centrumdeel. De cluster Leidsche Rijn Centrum heeft een gepland oppervlak van 520.000 m² waar in totaal 2.400 woningen aan worden toegevoegd. Veel grote bureaus – KCAP, diederendirrix, De Zwarte Hond, Bedaux de Brouwer om enkele te noemen – ontwierpen hier de afgelopen jaren woningen en getuige de gebouwen die er onlangs zijn verrezen, stuurt verantwoordelijk stedenbouwkundige en supervisor Jo Coenen hier nadrukkelijk op architectonische kwaliteit.

'Klassieke' bouwbloktypen met een duidelijk gearticuleerde plint en een goede traditie van baksteenarchitectuur domineren het straatbeeld. Ook hier, zoals op Oostenburg, leidt het tenderproces voor aannemer/ontwikkelaar samen met de architect tot een consistente architectonische kwaliteit, door het gebruik van goede materialen en fijne detaillering. We bezochten het resultaat van een samenwerking tussen Zecc en Bureau Van Eig. Ook de architectuur van het sociale wooncomplex van Zecc en Van Eig is aangenaam en rijk door massaopbouw, kleur en reliëf van de gevels. Opvallend detail is dat alle gevels van het complex in minerale steenstrip zijn uitgevoerd, terwijl Leidsche Rijn hoofdzakelijk uit massieve baksteen opgetrokken is. De toepassing van de steenstrip was een voorwaarde van ontwikkelaar en aannemer, want het is als gevelaankleding snel en goedkoop te vervaardigen. Deze namaakbaksteen

closed industrial past; it is not *ohne Eigenschaften* and requires less original elaboration and thus also less reimagining of the void and the unknown. Each block reflects the evident care expended on its design and execution. Although the affordability of the dwellings is a major concern, the quality delivered here feels almost self-evident. An attractive roof edge here, a well-thought-out gable wall line there, and plenty of well, in some cases automatically, watered greenery make for a pretty fine living environment.

Leidsche Rijn: top-down tabula rasa

Leidsche Rijn is for the time being the final (semi) tabula rasa development in the Netherlands, a haunting reminder of a distant past of decisive politics. This brick-built paradise, a 1990s example of top-down planning by Riek Bakker, is nearing completion with the finishing of the central area. Leidsche Rijn Centrum has a surface area of 520,000 m² and will eventually accommodate a total of 2,400 dwellings. Many leading firms, including KCAP, diederendirrix, De Zwarte Hond and Bedaux de Brouwer, have designed dwellings for this area in recent years and judging by the recently completed buildings Jo Coenen, the responsible urban designer and supervisor, has his sights set firmly on architectural quality.

'Classic' building block types with a clearly articulated plinth and good, traditional brick architecture dominate the streetscape. As on Oostenburg, the tender process for contractor/developer plus architect has resulted in consistent architectural quality, achieved through the use of good materials and fine detailing. We visited the outcome of a collaboration between Zecc and Bureau Van Eig. The architecture of their social housing complex is pleasant and interesting thanks to the massing, and the colour and texture of the elevations. It is noteworthy that all the elevations of the complex are clad with mineral brick slips, whereas the rest of Leidsche Rijn is predominantly solid brick. The use of brick slips was a condition imposed by the developer and contractor because this imitation brick cladding is quick and cheap to manufacture. Unfortunately, it also feels offputtingly hollow when touched, but luckily the precision and expertise with which the panels of imitation brick in Leidsche Rijn have been joined together helps to mitigate the unpleasant flatness of mineral brick slip. On the other hand, in order to achieve that level of perfection, the design team greatly exceeded their estimated design hours because every tiny alteration in the design necessitated a rearrangement of the slips. We are curious to know what Coenen and Bakker think about the increasing use of brick slips. If the slips were to be used on a larger scale purely on the grounds of affordability, what would that mean for the tactility and appearance of the 'classic' building blocks? Nonetheless, anyone driving around Leidsche Rijn will see a new, well-groomed town to all intents and purposes inhabited by happy Dutch citizens who give their lives a 7.8/10 rating.

Vogelaar district Woensel-West

The final leg of our road trip took us to Eindhoven's Woensel-West where we exchanged the suburban idyl of Leidsche Rijn for a district once plagued by criminality. In 2007 it was designated – in the policy jargon of the day – a 'vogelaar' district after the then minister of housing. Minister Ella Vogelaar's policy helped cities tackle their problem areas spatially and programmatically. In Woensel-West this resulted in 2016 in Plan Celsius (84,000 m²), instigated by the city of Eindhoven and the Trudo housing association. One of the Yearbook submissions was NEXT architects' striking, bright orange Waaggebouw, which is centrally positioned along the axis of Edisonstraat in Woensel-West. The spatial master plan drawn up by Tarra was based on a sweeping demolition-new-build operation around Celsiusplein, culminating in the construction of around 450 new family dwellings. In effect, Woensel-West's rough edges have been expertly removed and

geeft ook in Leidsche Rijn de muren bij aanraking een vervreemdende holheid, maar de panelen met namaakstenen zijn gelukkig in detaillering zo precies en vakkundig op elkaar aangesloten dat daarmee de nare vlakheid van de minerale stripmateriaal enigszins wordt verzacht. Daartegenover staat dan weer wel dat de ontwerpuren van de architectencombinatie zwaar werden overschreden om deze mate van perfectie te kunnen naderen, omdat elke verschuiving in het ontwerp leidde tot een nieuwe stripindeling. We zijn benieuwd hoe Coenen en Bakker tegen het toenemend gebruik van strips aankijken. Wanneer de steenstrip alleen al vanuit betaalbaarheid op grotere schaal de standaard wordt, wat betekent dat voor de tastbaarheid en uitstraling van de 'klassieke' bouwblokken? Niettemin, wie in Leidsche Rijn rondrijdt ziet een nieuwe, aangeharkte stad waar gelukkige Nederlanders, die hun leven een 7,8 als cijfer geven, lijken te wonen.

Vogelaarwijk Woensel-West

We trokken ten slotte verder naar Eindhoven, Woensel-West. We wisselden de suburbane idylle van Leidsche Rijn af voor een ooit door criminaliteit geteisterde wijk die in 2007 in het beleidsjargon van die tijd als vogelaarwijk werd aangewezen. Het beleid van minister Ella Vogelaar faciliteerde steden om hun probleemwijken in ruimtelijk en programmatisch opzicht aan te pakken. In Woensel-West resulteerde dit in 2016, als onderdeel van een omvangrijker plan, in Plan Celsius (84.000 m²), dat in opdracht van de stad Eindhoven en woningcorporatie Trudo in gang werd gezet. NEXT architects stuurde voor het Jaarboek het feloranje en sculpturale Waaggebouw in dat centraal in de as van de Edisonstraat is gepositioneerd. Het stedenbouwkundige plan van Tarra ging uit van een grootschalige sloop-nieuwbouwoperatie rondom het Celsiusplein, waarbij circa 450 nieuwe familiewoningen zijn gerealiseerd. Woensel-West werd hiermee vakkundig ontdaan van de ruwe randen en het Waaggebouw met buurtkamer vormt de frisse en sculpturale afsluiting van deze ingrijpende gebiedsontwikkeling. Het huidige opgeruimde karakter van de wijk, dat je kunt aflezen aan de nette voortuinen en bakfietsen, wordt kritisch bezien door enkele oorspronkelijke bewoners die we in het buurthuis spreken. Met weemoed denken ze terug aan oude tijden, toen er nog echt wat te beleven viel in Woensel-West. Hoewel er zeker kwaliteiten zichtbaar zijn in NEXTs aanpak, valt het oog net zo goed op de omgeving. Want hoe gaat het nu met deze en andere wijken? Zijn er al lessen die we kunnen trekken? Hebben de sloop en herbouw nu tot het beloofde resultaat geleid? Het project vraagt om een bredere reflectie op voormalige beleidsambities. Was de rol van de architect louterend? Werkte het? En hoe komen we daar achter?

En dan?

De meeste architecten die we ontmoetten op onze rondgang door het land vonden het lastig om te komen met een scherp verhaal over hun project, zeker bij de woningbouwprojecten. De meesten begonnen over een moeizaam vertrekpunt voor het project, een opdrachtgever die weliswaar zijn best deed,

Parkje en woongebouw Tango aan Vallettapad, Leidsche Rijn-Centrum, Utrecht

Pocket park and Tango apartment building on Vallettapad, Leidsche Rijn-Centrum, Utrecht
Foto/Photo: Rubén Dario Kleimeer

Zicht naar Celsiusplein, Woensel-West, Eindhoven

View towards Celsiusplein, Woensel-West, Eindhoven
Foto/Photo: Rubén Dario Kleimeer

the Waaggebouw, complete with community hub, is the vibrant and sculptural culmination of this radical area development scheme. The district's current spruced-up character, manifested in the immaculate front gardens and family cargo bikes, are regarded with a degree of scepticism by some of the original residents we speak to in the community centre. They are nostalgic for the good old days when there was still some real action to be had in Woensel-West. Although NEXT's approach is certainly not without visible qualities, the eye is inevitably drawn to the surroundings. How are this and other districts faring? Are there already lessons to be drawn? Have demolition and rebuilding produced the promised result? The project calls for a broader reflection on former policy ambitions: has the architect's input been cathartic? Has it worked? And how can we find out?

And what then?

Most of the architects we spoke to on our tour of the country had difficulty coming up with a cogent account of their project, especially housing projects. Most began by talking about the project's difficult starting point, a client who did their best but was also subject to financial constraints and preconditions, often followed by the slogan 'the highest attainable'. *Designing the Netherlands*, with its array of grandiose ideas about how people should live, presents a different picture of the 'the highest attainable'. Radical and activist, holistic, with a coherent interweaving of architecture, urban design, landscape and programme. The projects we visited represent an everyday reality determined by free-market thinking, pragmatism, regulation and efficiency. They reveal an architect reluctantly forced to abandon the building site who, under increasing pressure as aesthete, is now a 'process guardian', not an initiator. It is a world without standouts – about that, critics like Aaron Betsky and Thomas Heatherwick, who last year bemoaned the relative vapidity of

current architecture, were right. Dreaming and conjuring have made way for embracing a future without too much fuss that looks not unlike the present. Neat and tidy, attractive and in line with existing, not yet AI-driven, mood boards. If you were cynically inclined, you could call it antidepressant-architecture.

But the projects can just as easily be interpreted as a particularly resilient, fairly successful and increasingly sustainable response to a growth and development that our open, globalized society wants. And even though many of the housing projects in the areas visited may seem banal, one may well ask what exactly is wrong with them. The pursuit of good quality in the design of the everyday – a possibly beneficial Alain de Bottonification of architecture – and the embrace of the ordinariness of much housing production, also makes it possible to pay more attention to other important social themes. The innovations on this score take the form of modest and sensitive interventions such as programming with extra shared use, new forms of collaboration, and modern conveniences, together with regulations that support long-term value and ensure the fulfilment of sustainability requirements and good visual coherence between projects. The residents we spoke to enjoy living there and give every appearance of contentment. The blocks of housing we see distributed across

maar ook gebonden was aan financiële beperkingen en rand-voorwaarden, vaak gevolgd door de kreet 'het hoogst haalbare'. *Nederland op de tekentafel* toont met grootse ideeën over hoe men zou moeten wonen een andere versie van 'het hoogst haalbare'. Radicaal en activistisch, integraal, met samenhang tussen architectuur, stedenbouw, landschap en programma. De projecten die we bezochten, vertegenwoordigen de alle-daagse realiteit die wordt bepaald door marktdenken, prag-matiek, regelgeving en efficiëntie. Ze tonen een architect die tegen zijn zin in afstand moet nemen van de bouwplaats, en onder oplopende druk als estheet een 'procesbewaker' is, niet een initiator. Het is een wereld zonder uitschieters – daarin hebben critici als Aaron Betsky en Thomas Heatherwick, die zich afgelopen jaar uitspraken over de relatieve saaiheid van de architectuur van het moment, gelijk. Dromen en toveren hebben plaatsgemaakt voor het omarmen van een toekomst zonder te veel poespas die lijkt op het heden. Goed verzorgd, aantrekkelijk en in de pas met bestaande, net niet AI aan-gedreven moodboards. Met gevoel voor cynisme zou je het antidepressiva-architectuur kunnen noemen.

Maar net zo goed kunnen de projecten juist gelezen worden als bijzonder bestendige, best geslaagde en steeds duurzamere invullingen van een groei en ontwikkeling die wij als open, geglobaliseerde samenleving willen. En al kunnen veel van de woningbouwprojecten in de gebieden banaal overkomen, de vraag wat er nu precies mis mee is, valt net zo goed te stellen. Het streven naar goede kwaliteit in het ontwerp van het alle-daagse – een wellicht heilzame Alain de Bottonificering van de architectuur – en het omarmen van de doodgewoonheid van veel van de woonproductie bieden ook ruimte om de aandacht meer op andere belangrijke maatschappelijke thema's te concentreren. De innovaties zijn bescheiden en zorgvuldig in de vorm van programmering met extra gedeeld gebruik, nieuwe samenwerkingsvormen en technisch comfort. Met regelgeving die langetermijnwaarde ondersteunt en zorgt voor de realisatie van duurzaamheidseisen en van voldoende visuele samenhang tussen projecten. Getuige de bewoners die we spraken, is het er fijn wonen en toont men zich erg tevreden. De blokken die we verspreid over het land zien, kunnen zich goed met elkaar meten. Echt lage kwaliteit is er niet. Is dit alleen van toepassing op de 0,15% waarvan de tenders en kwaliteitsbewaking als supervisors en welstandscommissies deel uitmaken? Of waar-van de stedenbouwkundige en beeldkwaliteitskaders goed zijn?

En dan toch: de droom om het volstrekt anders te doen blijft als een sirene verleidend zingen. Zou er nog plaats zijn voor een radicaal experiment als in de tentoonstelling? Om als Wijdeveld, Berlage, Constant of Bakema te tekenen aan een grootschalig plan dat aan de dogma's van de tijd kan ontkomen. Waarin de markt niet altijd centraal staat maar de mens. Is er nog plek voor integraal ontwerp waarbij architectuur niet langer is beperkt tot de gevel van een al door de ontwikkelaar uitgedacht en verkaveld bouwvolume, maar een antwoord biedt op een ruimtelijke opgave in de breedste zin? Een archi-tectuur met een mensvisie die waagt radicaal af te wijken? Of eindigt het meer dan honderdjarige experiment dat Neder-land heet met Doe Maars *is dit alles?*

the country are much of a muchness in terms of quality; really low quality is absent. Does this apply only to the 0.15% that involve tenders and quality control in the form of supervisors and design review committees? Or to projects where the urban design and visual quality parameters are robust?

And yet: the siren call of the dream of doing something completely different retains its power to seduce. Is there still room for a radical experiment like those in the exhibition? Or, like Wijdeveld, Berlage, Constant or Bakema, to draft a large-scale plan capable of transcending the orthodoxies of the age? A plan focused not on the market but on human beings. Is there still a place for integrated design in which architecture is no longer confined to the elevations of a volume pre-emptively thought-out and divided up, but which actually provides a solution to a spatial challenge in the broadest sense? An architecture with a human vision that dares to differ radically? Or is the over one-hundred-year experiment called the Netherlands destined to end with a plaintive 'is this all then?'.

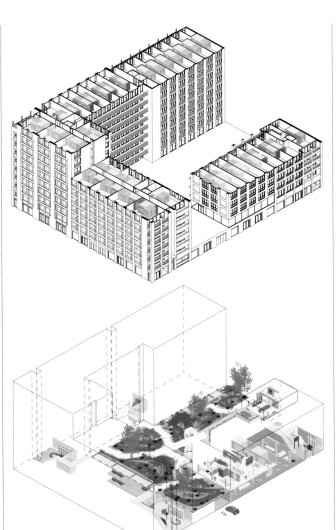

Foto's/Photos: **Pim Top**

Axometrie (microwoningen en gemeenschappelijke ruimtes)/
Axonometric projection (micro-homes and communal spaces)

Shift architecture urbanism

Domūs Houthaven
Amsterdam
Opdrachtgever: Synchroon, Utrecht

Aan de noordwestrand van de Amsterdamse Houthavens staat Domūs Houthaven, een fors en kleurrijk superblok, dat ruimte biedt aan 235 appartementen. Het woonblok is opgedeeld in verschillende in maat en schaal variërende bouwvolumes die alle een andere architectonische behandeling kregen en een opgetilde binnentuin omkaderen. Op de grens waar de volumes elkaar raken, bevindt zich steeds een entree die toegang biedt tot de appartementen die zijn gericht op bewoning door alleen-staanden en stelletjes.

Domūs Living is een microwoningconcept ontwikkeld door Synchroon en Shift dat een nieuwe manier van wonen in de stad presenteert. Het complex beschikt over een groot aantal gemeenschappelijke ruimtes die verspreid zijn over alle bouw-delen en op verschillende verdiepingen. Op deze fijne plekken kunnen bewoners samenkomen, om te werken, bezoek te entertainen, te koken of een luchtje te scheppen. Deze ruimtes zijn royaal en goed ontworpen en gaan qua meubilering veel verder dan de obligate pingpongtafels die men doorgaans in dit soort ruimtes aantreft. Het complex is qua verhouding privé-woonoppervlak – gemeenschappelijke ruimte echt voorbeeld-stellend en zou de norm moeten zijn. Dit type microwoningen treffen we meer en meer aan op de woningmarkt, maar door krappe budgetten of simpelweg uit financieel opportunisme worden gedeelde ruimtes voor de community steeds marginaler. De markt is immers krap, zeker in de grote steden, waardoor men de woningen toch wel afneemt. Dat is hier niet het geval, hier krijg je met een flinke gemiddelde huur van 1.200 euro per maand wel waar voor je geld. De vrolijke signatuur van Shift is door het hele complex waarneembaar. Ze waren ook verant-woordelijk voor het interieur van alle gemeenschappelijke ruimtes, entrees en voor de *wayfinding* en ontwierpen de kleur-rijke interieurinbouw van de appartementen. Door hun slimme en warme interventies hebben zij zo ook in de woning zelf een gebruiksmeerwaarde weten te realiseren.

Plattegronden verschillende microwoningen/Floor plans of several micro-homes

0 1 2   5m

Situatie/Site plan
A   Houthavenweg
B   Spaarndammertunnel (park)
C   Spaarndammerdijk
D   Haparandaweg

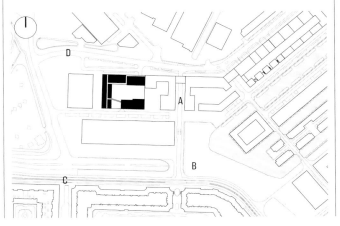

Foto/Photo: **Oana Rades**

Foto/Photo: **Oana Rades**

Foto/Photo: **René de Wit**

Foto/Photo: **René de Wit**

Te huur / For rent domus-houthaven.nl

Domūs Houthaven

Amsterdam
Client: Synchroon, Utrecht

On the north-west edge of Amsterdam's old timber wharves (*houthavens*) stands Domūs Houthaven, a massive and colourful super block containing 235 apartments. The block is made up a number of volumes varying in size, scale and architectural treatment that together enclose a raised courtyard garden. Wherever the volumes meet there is an entrance providing access to the apartments, which are aimed at singles and couples.

Domūs Living is a micro housing concept, developed by Synchroon and Shift, that presents a new way of living in the city. The complex boasts numerous communal spaces distributed across the volumes and on various floors. Here residents can come together to work, entertain visitors, cook, or to get some fresh air. The spaces are generous and well designed, and in terms of furnishing go well beyond the obligatory ping-pong tables usually encountered in such spaces. The ratio of private living surface to communal space is truly exemplary and should become the norm. This type of micro housing is becoming increasingly common on the housing market, but whether owing to tight budgets or simple financial opportunism, shared spaces for the community are being squeezed out. The housing market is tight, especially in the big cities, meaning that people will still snap up whatever the market offers. Here, however, for a hefty average monthtly rent of 1,200 euros , you do get value for your money.

Shift's trademark cheerfulness is evident throughout the complex. They were responsible for the interiors of all the communal spaces, the entrances and the wayfinding signage, and also designed the colourful fixtures and fittings in the apartments. Thanks to their clever and cosy interventions they have also managed to generate added amenity within the home itself.

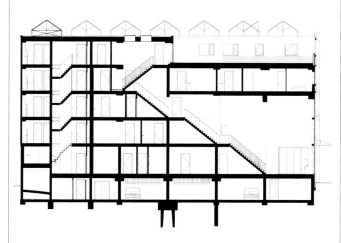

Natrufied Architecture

De Warren
Amsterdam
Opdrachtgever: Wooncooperatie De Warren, Amsterdam

De Warren betreft het eerste door een wooncoöperatie (een vorm van collectief wonen) gerealiseerde wooncomplex in Nederland. Bij deze eigendomsvorm geeft een wooncoöperatie waarin bewoners een aandeel kopen, opdracht tot de bouw van woningen en blijft deze er eigenaar van. Hiermee wordt de prikkel tot vastgoedspeculatie beteugeld en blijven prijzen betaalbaar. Het gegeven dat het de coöperatie was gelukt om een bouwlocatie te bemachtigen, was al een prestatie op zich. Maar wat voor een gebouw heeft dit nu opgeleverd?

De coöperatie vroeg Natrufied om het ontwerp te maken en de bouw te begeleiden. De architecten toonden een bovenmenselijk uithoudingsvermogen om ontwerp, bewonerswensen en bouwproces tot aan het moment van oplevering te verenigen en te begeleiden. Een duurzaam gebouw was een wederzijdse ambitie die tot in de diepste poriën van het ontwerp is doorgevoerd. Het duurzaamheidsstreven leest men het beste af van de natuurinclusieve gevels van het complex die met oersterke hergebruikte meerpalen werden bekleed en tot een gevelesthetiek leidden die ongetwijfeld niet iedereen zal bekoren.

De interne organisatie van het blok is spannend en illustreert de manier waarop men samenleeft in De Warren. Het blok bestaat uit 36 woningen waarin huishoudens variërend van gezin tot alleenstaande resideren. Er zijn door de ontwerpers verschillende maten van 'publiekheid' in het complex geïntroduceerd. Zo zijn er centrale multifunctionele ruimtes op de begane grond en op het dakterras die met elkaar zijn verbonden door de Machu Picchu-trap, een brede en hoge trappartij die dwars door het gebouw loopt. De trap biedt toegang tot de verschillende leefverdiepingen, waar per etage een woonkeuken is. Vanuit de gedeelde keuken betreed je het privédomein van de bewoners, waar ze beschikken over een zelfstandige woning met keuken en privébalkon. Rondslingerend speelgoed, potten met wilde planten en her en der stapels met boeken laten zien dat er echt geleefd wordt in De Warren.

Vierde verdieping, begane grond/ Fourth, ground floor
1 hoofdentree/main entrance
2 gemeenschappelijke ruimtes/communal spaces
3 keuken/kitchen
4 muziekstudio/music studio
5 multifunctionele ruimte/multifunctional space
6 starterswoning/starter dwelling
7 gezinswoning/family dwelling
8 studio
9 kas/greenhouse
10 daktuin/roof garden

Axometrie/Axonometric projection
1-2 collectieve ruimten door gebouw/ shared spaces throughout building
3 keukens verbonden aan collectieve ruimten/kitchens linked to shared spaces
4 natuurinclusieve gevel/nature-inclusive facade
5 daklandschap met tiny houses/ roof landscape with tiny houses

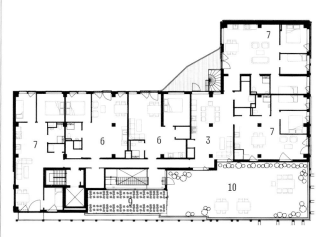

0 2 4 10m

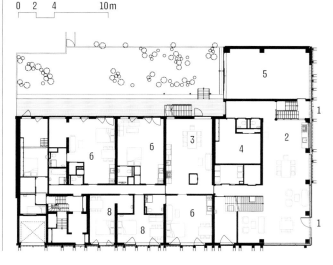

Situatie/Site plan
A Camille Balystraat
B Nydia Ecurystraat
C Strandeilandlaan

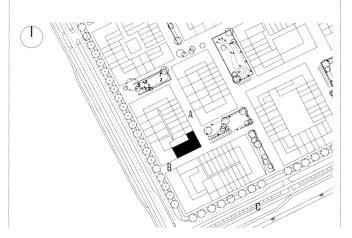

De Warren

Amsterdam
Client: De Warren housing cooperative, Amsterdam

De Warren is the first housing complex realized by a housing cooperative (a form of collective housing) in the Netherlands. Under this ownership arrangement a housing cooperative, in which every resident buys a share, commissions the construction of dwellings of which it remains the owner. This serves to stifle the incentive for property speculation and so keep prices affordable. The fact that the cooperative managed to procure a building site was an achievement in itself. But what manner of building has it produced?

The cooperative commissioned Natrufied to design the complex and to supervise construction. The architects displayed superhuman tenacity in reconciling and supervising the design, residents' wishes and the construction process from start to finish. A sustainable building was a mutual ambition that has seeped into the deepest pores of the design and its execution. That sustainability ambition is most apparent in the nature-inclusive facades of the complex, which was clad with highly durable recycled mooring posts, delivering a facade aesthetic that will certainly not be to everyone's taste.

The internal organization of the block is intriguing and illustrative of the way people co-exist in De Warren. The block consists of 36 apartments occupied by households that vary from families to singles. The designers introduced different degrees of 'publicness' in the complex. There are central multifunctional spaces on the ground floor and on the roof terrace, which are connected by the 'Machu Picchu' staircase, a wide, steep stairway cutting right through the building. The stair provides access to the apartment floors, each of which has a living kitchen. From the shared kitchen one enters the private domain of the residents, who have a self-contained apartment with their own kitchen and balcony. A scattering of toys, pots containing wild plants and the occasional pile of books are evidence that life is really being lived in De Warren.

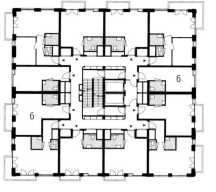
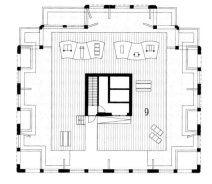
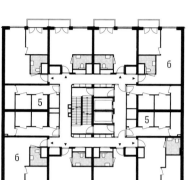
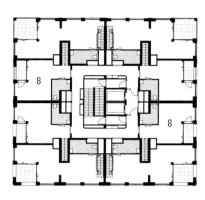
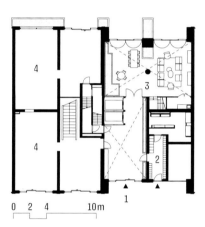
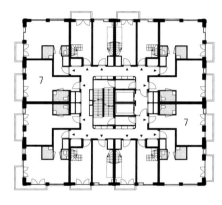

0 2 4   10m

Doorsnede/Section

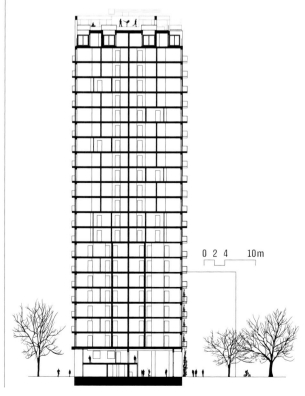

0 2 4   10m

LEVS architecten

Stepstone
Amsterdam
Opdrachtgever: Lieven de Key, Amsterdam

In opdracht van Woonstichting Lieven de Key ontwierp LEVS architecten een 80 meter hoge woontoren op de Zuidas. De woontoren maakt deel uit van een omvangrijker U-vormig bouwblok met in totaal drie torens van verschillende architecten rondom een gedeelde binnentuin, dat nog grotendeels in aanbouw is. Wat de toren bijzonder maakt, is dat deze volledig is bestemd voor woningen binnen de sociale huursector. Verschillende kleine woningtypen zijn zo efficiënt mogelijk georganiseerd rondom een kern. Ondanks dat de toren is gesitueerd op vermoedelijk de duurste grond van Nederland en omgeven wordt door de zakelijke pracht en praal van de Zuidas doet deze er in architectonisch opzicht niet voor onder. De constructie is bekleed met geprefabriceerde betongevelelementen die zijn verbijzonderd door de toepassing van groen grind en Noors marmer. Bijna alle woningen zijn voorzien van balkons die op speelse wijze rondom de toren zijn verdeeld. Gecombineerd met de grote gevelopeningen maakt dat dat de woningen, ondanks de beperkte omvang, van binnen prettig aanvoelen.

Wonen in de eerste sociale hoogbouw op de Zuidas is echter niet voor iedereen weggelegd. De woningen zijn uitsluitend beschikbaar voor starters tot 28 jaar en met een woontermijn van vijf jaar als extra beperking. Ter compensatie van de kleine woningen is er zowel in de plint als op het dak ruimte geschapen voor collectieve voorzieningen. Het dak is ingericht als sportfaciliteit en op de begane grond is een ontmoetingsruimte. De hoeveelheid vierkante meters gemeenschappelijke ruimte ten opzichte van de 216 woningen is niet heel overtuigend. Maar wellicht is dat ook helemaal niet nodig op deze plek, waar het stadse leven zich straks heel direct en in alle glorie aandient. Waar de starters na de afgesproken termijn heen moeten, blijft altijd een vraagteken bij dit soort woonconcepten. Op deze uitzonderlijke locatie zal de vastgestelde periode van vijf jaar gevoelsmatig ongetwijfeld binnen een mum van tijd verstreken zijn.

Foto's/Photos: **Ossip van Duivenbode**

Dertiende, vijfde verdieping, begane grond, dak, tweeëntwintigste, eenentwintigste verdieping/ Thirteenth, fifth floor, ground floor, roof, twenty-second, twenty-first floor
1 hoofdentree/main entrance
2 brievenbussen/letter boxes
3 lounge
4 inpandige fietsenstalling/indoor bicycle storage
5 bergingen/storage areas
6 appartementen/apartments
7 maisonnettes onder/maisonnettes below
8 maisonnettes boven/ maisonnettes above
9 gemeenschappelijk sportdak/ communal sports roof

Axometrie/Axonometric projection

Situatie/Site plan
A Gustav Mahlerlaan
B Ringweg Zuid/A10
C Parnassusweg
D Station Zuid

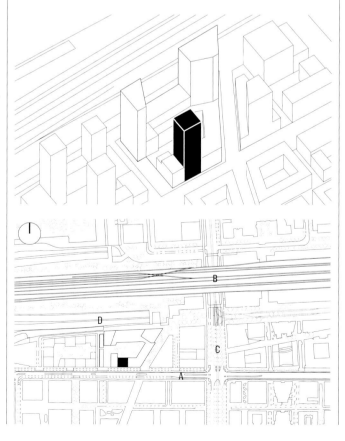

Foto/Photo: **LEVS architecten**

Foto/Photo: **LEVS architecten**

Stepstone
Amsterdam
Client: Lieven de Key, Amsterdam

LEVS architects were commissioned by the Lieven de Key housing foundation to design an 80-metre-high apartment tower in Amsterdam's upmarket Zuidas business district. The apartment tower is part of a larger, U-shaped block made up of three towers designed by different architects arranged around a shared court-yard garden, much of which is still under construction. What makes the LEVS tower so special is that all its dwellings are in the social rental sector. A variety of small housing types are organized as efficiently as possible around a core. Despite being located on quite possibly the most expensive land in the Netherlands and surrounded by the corporate glitz of the Zuidas, this social housing tower is no architectural poor relation. The structural frame is clad with precast concrete facade panels rendered distinctive by the application of green gravel and Norwegian marble. Nearly all the dwellings have balconies, which are irregularly distributed around the tower. These, combined with the large facade openings, mean that although the dwellings are relatively compact, they don't feel unduly cramped.

Living in the first social housing high-rise in the Zuidas is not reserved for everyone, however. The dwellings are exclusively available to starters up to 28 years of age, with a five-year occupancy limit as a further constraint. In compensation for the small dwellings, room has been created for communal facilities at street level and on the roof. The roof is laid out for sporting activities while the ground floor hosts a meeting space. The number of square metres of communal space relative to the 216 dwellings is not particularly impressive. But perhaps it is not even needed in this location where urban life in all its glory is but a short walk away. Where the starters are supposed to go at the end of the agreed term is a question that dogs this type of housing concept. In an exceptional location like this, the stipulated five years will no doubt seem to have passed in no time at all.

Architectuur MAKEN

Hortus Ludi
Nijmegen
Opdrachtgever: Dura Vermeer Bouw Zuid, 's-Hertogenbosch

Binnen de ommuring van het voormalige kloostercomplex aan de Dobbelmannweg, dat naast het klooster zelf bestaat uit een school en een parochiewoning, zijn elf duurzame woningen gerealiseerd. De woningen zijn opgenomen in twee vierlaagse volumes die zich qua maat, schaal en ordening voegen naar de ruimtelijke opzet van het klooster. Ook in architectuur vertonen historische bebouwing en nieuwbouw verwantschap, simpele maar effectieve ornamentering in de dakrand vormt een vertaling van de gedecoreerde dakrand van het klooster. De rijwoningen omkaderen een tuin waarin spel en ontspanning centraal staan (Hortus Ludi) en ze zijn met de hoofdentree gericht op het gemeenschappelijke groen. Een tweede voordeur bevindt zich aan de straatzijde.

Architectuur MAKEN bouwt aan een overtuigend oeuvre van echt duurzame architectuurprojecten en dat gegeven zien we terug in de woningen van Hortus Ludi. De ruime, naar eigen smaak in te delen woningen zijn volledig uit CLT opgetrokken en voorzien van natuurlijk vergrijzende grenenhouten geveldelen met verschillende lattenbreedtes die de individuele woningen markeren. In het nog door de bewoners te programmeren zelfstandige poortgebouwtje staat hergebruik centraal. De gevel is opgemetseld uit reststenen, de vloer bestaat uit oude straatklinkers en het dak is bekleed met hergebruikt plastic van Pretty Plastics. De tuin en de groendaken zijn in samenwerking met Bureau Stadsnatuur en Buro Lubbers ontworpen en ingericht. In de eerdergenoemde dakrand is ruimte voor in totaal 127 nestkasten. De beplanting van het sedum op de daken komt nog niet overal even goed uit de verf maar is veelbelovend. Doordat het groen op alle schuine daken is aangebracht en daarmee goed zichtbaar is vanaf de straat, worden het belang én de schoonheid van natuurinclusief bouwen actief gecommuniceerd met de omgeving. Hortus Ludi bewijst ook nadrukkelijk dat duurzaamheid geen houtjetouwtje-esthethiek hoeft op te leveren en wel degelijk verfijnd kan zijn.

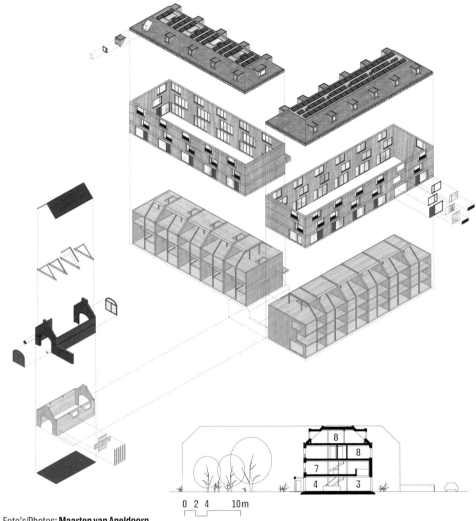

Foto's/Photos: **Maarten van Apeldoorn**

Situatie/Site plan
A   Dobbelmannweg
B   tuin/garden
C   publiek 'ommetje'/public 'walk'
D   begraafplaats/cemetery
E   voormalig klooster/former monastery

Axometrie/Axonometric projection

**Begane grond, eerste verdieping/
Ground, first floor**
1   hoofdentree gemeenschappelijk poortgebouw/main entrance communal gatehouse
2   hoofdentree woning/main entrance to dwelling

3   berging met tweede voordeur/storeroom with second front door
4   woonkamer-keuken/living room-kitchen
5   poortgebouw/gatehouse
6   vide/void
7   extra woon-werkverdieping/additional live-work level
8   slaapverdieping/bedroom level

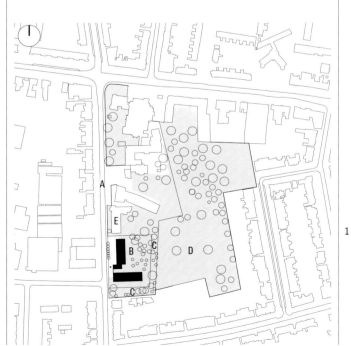

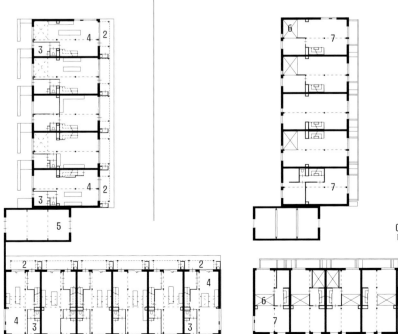

Hortus Ludi

Nijmegen
Client: Dura Vermeer Bouw Zuid, 's-Hertogenbosch

Within the walls of a former monastic complex which, in addition to the monastery itself, consists of a school and a priest's house, eleven sustainable dwellings have been realized. The dwellings are contained in two four-storey volumes that conform in size, scale and arrangement to the spatial layout of the monastery. Architecturally, too, there is an affinity between the historical buildings and the newbuild, where a simple but effective roof edge ornamentation echoes the monastery's decorated roof edge. The row houses enclose a garden devoted to play and leisure (Hortus Ludi) and their main entrances face onto this communal green space. There is a secondary entrance via a parking area on the street side.

Architectuur MAKEN is building an impressive portfolio of genuinely sustainable architectural projects, and we see that manifested in Hortus Ludi. The spacious dwellings, which residents are free to arrange according to their own preferences, are built entirely of CLT and clad with naturally greying pine facade sections in which different lath widths mark the individual dwellings. In the freestanding gatehouse, whose function has yet to be decided by the residents, reuse was a high priority. The facade is made from leftover bricks, the floor consists of old street clinkers and the roof lining is made of recycled plastic from Pretty Plastics. The garden and the green roofs were designed and laid out in collaboration with Bureau Stadsnatuur and Buro Lubbers. The aforementioned roof edge contains 127 nesting boxes. The sedum planted on the roofs is a bit patchy at present but is nevertheless promising. The vegetation has been applied to all the pitched roofs and is consequently visible from the street, thereby actively conveying the importance and the beauty of nature-inclusive architecture to the neighbourhood. Hortus Ludi is proof positive that sustainability need not result in some ad hoc aesthetic but can in fact be quite elegant.

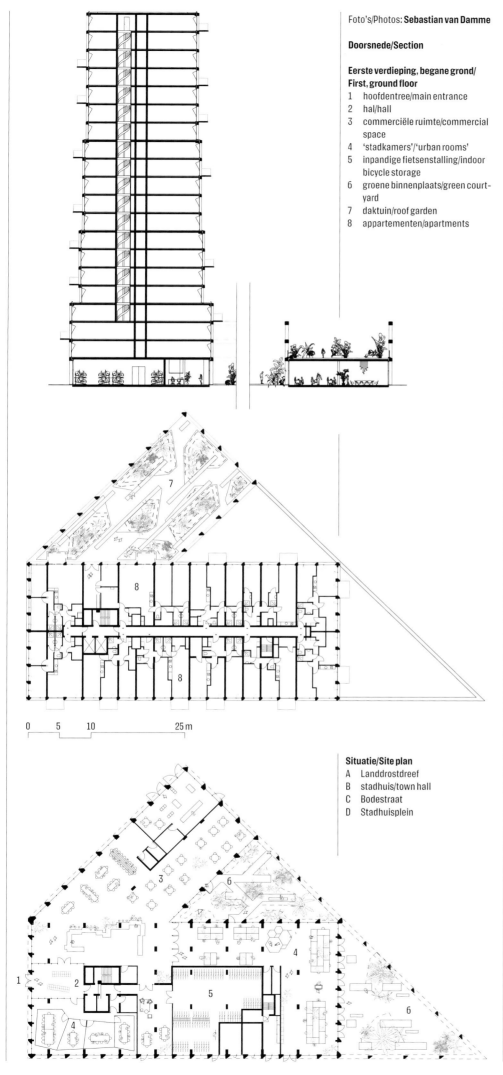

Foto's/Photos: **Sebastian van Damme**

Doorsnede/Section

Eerste verdieping, begane grond/
First, ground floor
1　hoofdentree/main entrance
2　hal/hall
3　commerciële ruimte/commercial
　　space
4　'stadkamers'/'urban rooms'
5　inpandige fietsenstalling/indoor
　　bicycle storage
6　groene binnenplaats/green court-
　　yard
7　daktuin/roof garden
8　appartementen/apartments

0　　5　　10　　　　25 m

Situatie/Site plan
A　Landdrostdreef
B　stadhuis/town hall
C　Bodestraat
D　Stadhuisplein

Studioninedots

HIGHnote
Almere
Opdrachtgever: AM Noordwest, Utrecht; Rockfield Real Estate,
Amsterdam

De woningnood zorgt ervoor dat er met name in de grote steden nog altijd grote wooncomplexen zullen verrijzen met veel kleine woningen voor studenten en starters. Het stapelen van veel woningen in combinatie met het zo efficiënt mogelijk leggen van een plattegrondenpuzzel blijkt een onvermijdelijke opgave waar men op brede schaal mee worstelt. De vraag of de woonkwaliteit in dit type projecten, met de huidige haperende bouwmarkt, wel voldoende overeind blijft, is zeer relevant.

Pal naast het stadhuis is in het centrum van Almere recentelijk een project binnen de categorie 'compact wonen' opgeleverd met 157 woningen. Studioninedots staat bekend om hun ontwerpen van hippe woongebouwen in opvallende maar zachte kleuren en om de uitzonderlijke aandacht die het bureau heeft voor detaillering en tactiliteit. Deze architectonische houding zien we ook terug bij HIGHnote. Boven een driehoekige basis zijn daar vier volumes als doosjes op elkaar gestapeld en aan alle zijden voorzien van een warmrood en in configuratie variërend grid van prefab betongevelelementen dat de verschillende ritmes van de volumes benadrukt. De balkons rondom de toren en de diepte van de gevelelementen zorgen op afstand voor reliëf en verraden dat er in dit gebouw gewoond wordt. Op straatniveau loopt de gevel door in een zuilengalerij die het terrein omsluit.

Gemeenschapsvorming wordt gestimuleerd in de 'stadskamers' op de begane grond. Dit zijn onderling verbonden binnen- en buitenruimtes gewijd aan ontmoeting, met onder andere een café en een restaurant. Daarnaast is er ruimte voor een groene binnenplaats en een groene daktuin. De in-house community manager zorgt aanvullend voor de broodnodige activiteiten. Het is een gemiste kans dat de gemeenschappelijke ruimte zich concentreert in de plint en dat de daken van de vertrappingen in de toren niet nadrukkelijk zijn ingezet om samenkomst te stimuleren. De combinatie van met aandacht ontworpen architectuur en de uitgebreide gemeenschappelijke voorzieningen in de plint maken dat dit project, ondanks de donkere gangen waaraan de woningen grenzen, binnen deze categorie voldoet.

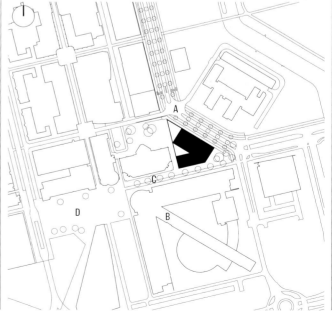

HIGHnote

Almere
Client: AM Noord west, Utrecht; Rockfield Real Estate, Amsterdam

The ongoing housing shortage means that large new housing complexes filled with lots of tiny apartments for students and starters will continue to be built, especially in the big cities. The piling up of a great many dwellings in combination with hyper-efficient floor plan juggling has become inescapable task that architects and developers are wrestling with on a wide scale. The question of whether residential amenity is being sufficiently maintained in these types of projects and in today's faltering housing market is therefore highly relevant.

Right next to the town hall in the centre of Almere, a 'compact housing' project comprising 157 dwellings was recently completed. Studioninedots has a reputation for designing trendy residential buildings in unusual but muted colours and for paying exceptional attention to detailing and tactility. That architectural approach is also evident in HIGHnote. Above a triangular base four box-like volumes are stacked in a stepped formation and clad on all sides with a warm red, variously configured grid of precast concrete facade elements that emphasize the volumes' different rhythms. From a distance, the balconies around the tower and the depth of the cladding units provide visual contrast while also revealing that people live in this building. At street level the facade morphs into a colonnade that encloses the site. Community building is fostered in the 'urban rooms' on the ground floor. These are interconnected indoor and outdoor spaces that are dedicated to socializing and include a café and a restaurant. There is also space for a green courtyard and a green roof garden. The in-house community manager is tasked with organizing sorely needed activities. It is a missed opportunity that community space is concentrated in the podium and the tower's tiered platforms have not been explicitly enlisted as potential social spaces. The combination of meticulously designed architecture and the extensive communal facilities in the podium means that in spite of the dark apartment corridors this project rates well in this category.

Foto's/Photos: Thijs Wolzak

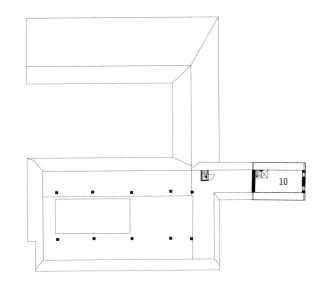

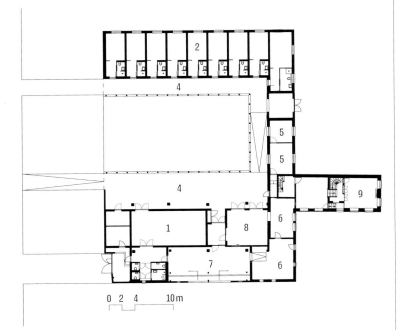

0 2 4   10m

Eerste verdieping, begane grond/
First, ground floor
1   klooster/monastery
2   gastverblijven/guest rooms
3   woningen/dwellings
4   kloostergang/cloister
5   kantoor/office

6   keuken/kitchen
7   eetzaal/dining room
8   gemeenschappelijke ruimte/
    communal space
9   voorhuis/front house
10 meditatiezolder/meditation loft

Situatie/Site plan
A   kop-halsklooster/farmhouse
    monastery
B   kruidentuin/herb garden
C   buitenkapel/outdoor chapel
D   nieuwe woningen/new dwellings
E   parkeerplaatsen/parking

Doorsnede/Section

Wonen

J.O.N.G. architecten

Kop-halsklooster
Hijlaard
Opdrachtgever: Stichting Nijkleaster, Hijlaard

Bij het kop-halsklooster in Hijlaard geldt een straf dagritme met ochtend-, middag- en avondvieringen, waarmee gemeenschappelijke en solitaire momenten elke dag duidelijk georganiseerd zijn. We kloppen gelukkig nog net aan voor het gebed voor de lunch. Nijkleaster Klooster Westerhûs is een achttiende-eeuwse rijksmonumentale terpboerderij die verbouwd werd tot een nieuwe kleine kloostergemeenschap. Het project is opgezet en ondersteund door verschillende naburige protestantse gemeenten en erfgoedsubsidies. Het geheel is gelegen in een weelderig typisch Fries polderlandschap, waarin alleen de nabijgelegen alpaca-boerderij opzien baart. Badend in de ontegenzeggelijke stilte is een meer rustgevende plek in Nederland nauwelijks voor te stellen.

Het hoofd van de nieuwe kloosterorde draagt een zilveren medaillon om zijn nek waaruit een moeilijk te omschrijven vrijzinnigheid straalt. Dat de protestantse gemeente uitgerekend de katholieke typologie van het klooster gebruikt om een nieuw pact te smeden met de meer zenboeddhistische daginvulling is even verrassend als verfrissend. Deze nieuwe oecumene sluit naadloos aan bij een tijdperk dat minder geïnteresseerd is in geloofsideologische of liturgische twistpunten, maar zoekt naar gemeenschappelijke zingeving en rust. Los daarvan toont het klooster aan hoe het ontwikkelen van kleine nieuwe gemeenschappen in het groeiend aantal lege boerderijen het platteland nieuwe aantrekkingskracht geeft.

De architectonische ingrepen in het ontwerp van J.O.N.G. architecten zijn niet meteen spectaculair te noemen. De vernieuwde oude boerderijkap schittert als een eigen al bestaande gotische kathedraal, en bij het opknappen van het voorhuis was er vanuit erfgoedoverwegingen wat onnodig gesteggel over de kozijnindeling. De L-vormige aanbouw waarin kamers zijn voor de bezoekers refereert wel aan de bekende kloostertypologie, maar maakt de carrévorm niet volledig af. De invulling van de binnentuin laat nog op zich wachten. De inrichting van de verblijven is sober maar doeltreffend vormgegeven. Ook de vier toegevoegde woningen ademen kwalitatieve eenvoud. De combinatie van doeltreffende soberheid en respect voor het bestaande maakt de architectuur tegelijkertijd krachtig, maar ook subtiel. Met de klimaat- en woningcrisis in het achterhoofd kan Nederland wel wat meer van deze nieuwe zenkloostergemeenten gebruiken.

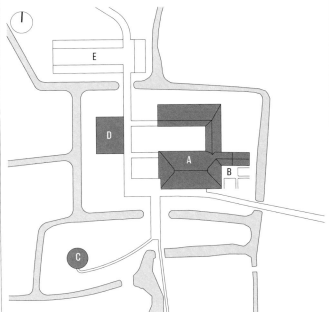

Farmhouse monastery

Hijlaard
Client: Stichting Nijkleaster, Hijlaard

This converted farmhouse monastery in Hijlaard observes a strict daily rhythm of morning, midday and evening services by which communal and solitary moments are clearly organized. Fortunately, we arrive just before pre-lunch prayers. Nijkleaster Klooster Westerhûs is an eighteenth-century heritage-listed 'terp' or knoll farmhouse that has been converted into a small new monastic community. The project was set up and supported by various local Protestant congregations and by heritage grants. It lies in a lush, typically Friesian polder landscape where only the nearby alpaca farm raises eyebrows. Bathed in an unassailable peace and calm, a more soothing spot in the Netherlands is scarcely imaginable.

Around his neck, the leader of the new monastic order wears a silver medallion that exudes an unfathomable nonconformism. The fact that the Protestant congregation has chosen to use the Catholic typology of the monastery to forge a new pact with the more Zen Buddhist daily programme is both surprising and refreshing. This new ecumenical venture is in tune with an age that is less interested in doctrinal or liturgical controversies than in a search for communal fulfilment and serenity. Apart from that, the monastery demonstrates how creating small new communities in the growing number of empty farmhouses has the potential to lend the countryside new appeal.

The architectural interventions in the design by J.O.N.G. architecten are not immediately spectacular. The renewed old farmhouse roof structure shines like its own pre-existing Gothic cathedral, and there was some unnecessary heritage-related bickering about the fenestration during the refurbishment of the front part of the house. While the L-shaped extension containing rooms for visitors refers to the familiar monastery typology, it does not complete the quadrangular form. The courtyard garden is yet to be laid out. The guest rooms are austerely but befittingly designed. The four additional dwellings also exude high-quality simplicity. The combination of fitting austerity and respect for the existing building makes the architecture both powerful and subtle. With the climate and housing crises in mind, the Netherlands could do with more of these new Zen monastic communities.

Marlies Rohmer Architecture & Urbanism

Apart Together
Heemskerk
Opdrachtgever: Gemeente Heemskerk, De Nijs project-ontwikkeling

Het project Apart Together begon voor Marlies Rohmer eigenlijk al jaren eerder met het omvangrijke kind- en jeugdcentrum Heliomare, dat in 2018 werd gerealiseerd op het belendende perceel. Heliomare is een verzamelplek voor sport, school en revalidatie voor kinderen en jongeren met een lichamelijke, verstandelijke of meervoudige beperking. Via een constructief ingestelde gemeente en bouwer kreeg Rohmer op het kavel ernaast zo goed als de vrije hand om een klein wijkje met twee-laagse woningen naar eigen inzicht te plannen. Op de vraag wat voor woningen en voor wie die zouden moeten zijn, dacht ze initieel aan de families van de leerlingen bij Heliomare. Ze ont-wierp plattegronden met extra aandacht voor gelijkvloers wonen met grotere ruimtes en bredere deuropeningen, die grotere draaicirkels mogelijk maken.

Het resultaat zijn drie 'ensembles' van elk acht semi-vrijstaande woningen die 'te gast zijn' in de bosrand en qua stedenbouw-kundige opzet aansluiten bij de aangrenzende wijk. De bijzondere plattegronden vielen uiteindelijk met name in de smaak bij ouderen. Uit Rohmers onderzoek naar het lot van eigen werk bleek dat baksteengevels het langst goed blijven en ze zette daarom in op hoogwaardig en goed gedetailleerd en uitgevoerd metselwerk. De woningen zijn ook nog relatief betaalbaar met aannemer De Nijs, die trots is op zijn werk en niet beknibbelde op de fijne detaillering. Het geheel heeft de prettige 'tijdrijke' uitstraling van Berlages Gemeentemuseum in Den Haag in afge-schaalde woonvorm. De verkopende makelaar maakte er zelfs nog 'Frank Lloyd Wright-woningen' van. Niettemin is het bijzonder om naast alle kleine gestapelde woonschoenendozen nog relatief betaalbare woningen met een mooie plattegrond en dito detaillering en materialisering van een gerenommeerde architect te vinden.

Foto's/Photos: **Andreas Secci**

Doorsnede/Section

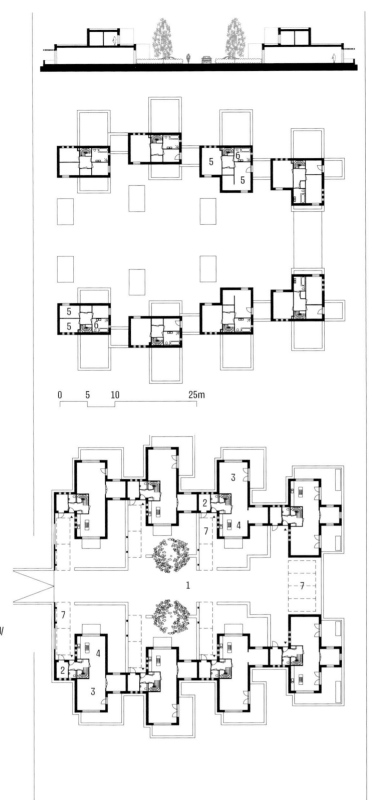

Eerste verdieping, begane grond/
First, ground floor
1   binnenhof/courtyard
2   entreehal/entrance hall
3   woonkamer/living room
4   keuken/kitchen
5   slaapkamer/bedroom
6   badkamer/bathroom
7   parkeerplaats/parking

Situatie/Site plan
A   De Baandert
B   De Velst

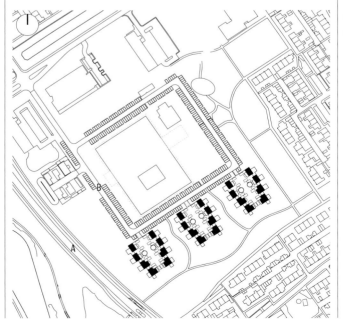

Foto/Photo: **Roos Aldershoff**

Foto/Photo: **Roos Aldershoff**

Apart Together

Heemskerk
Client: City of Heemskerk, De Nijs projectontwikkeling

For Marlies Rohmer the Apart Together project actually began several years ago with the extensive Heliomare child and youth centre her practice built on an adjoining plot in 2018. Heliomare is a hub for sport, school and rehabilitation aimed at children with a physical, intellectual or complex disability. Via an amenable local council and builder, Rohmer was given a more or less free hand in the design of a small enclave of two-storey houses. As to what kind of houses and for whom they should be, she initially thought of the families of the Heliomare pupils. She designed floor plans that took account of single-level living with wider door openings to accommodate larger turning circles.

The result is three 'ensembles' of eight semi-freestanding dwellings that are 'guests' on the edge of the woods and spatially consistent with the neighbouring residential area. In the end, the unusual floor plans found favour with the elderly. Rohmer's research into the fate of her own work had revealed that brick elevations were the most long-lasting and so she opted for high-quality and carefully detailed and executed brickwork. The dwellings are also relatively affordable. The contractor De Nijs, who is proud of his work, did not skimp on the fine detailing. The whole already has the pleasing time-tested aura of Berlage's Gemeentemuseum in The Hague albeit in a scaled-down residential form. The selling agent even styled them 'Frank Lloyd dwellings'. In any event, it is a treat to still find, alongside so many tiny, stacked shoe boxes, relatively affordable dwellings with a good floor plan and ditto detailing and materialization by a renowned architect.

M3H Architecten

Lariks
Amsterdam
Opdrachtgever: Lieven de Key, Amsterdam

'Hoelang denkt u eigenlijk dat dit complex mee zal gaan?', vroeg de redactie aan Mariette Adriaanssen, gebiedsontwikkelaar voor Lieven de Key, over het sociale woningbouwproject Lariks in de Amsterdamse Houthavens. Zonder een seconde na te denken kwam er een oprecht 'honderd jaar' als antwoord. Oké, voor de boekhouding moet er volgens Adriaanssen een kortere levensduur worden aangehouden, maar Lieven de Key ziet dit project wel als een 'een monument voor de toekomst'.
En dat zou best weleens uit kunnen komen. Lariks heeft op basis van de architectonische uitvoering nog niet een monumentaliteit die het nu al erfgoed maakt, maar er is wel veel kwaliteit aanwezig. Het feit dat er in de dure commerciële nieuwe wijk een geheel blok sociale woningbouw is, is al bijzonder op zichzelf. Ook de indeling van de plattegrond met 'friends'-woningen, waarbij elke woning bestaat uit vier gelijke ruime kamers, waarvan er drie apart verhuurbaar zijn en voorzien zijn van eigen sanitair, en één die als gemeenschappelijke woonkeuken fungeert. Binnen deze opzet zijn de woningen in de toekomst ook vrij eenvoudig tot eengezinswoningen te verbouwen.
Aan de buitenkant zijn er verschillende gevels aan elke zijde. Eén kant heeft een opvallend brutalistisch ogende open galerij, de andere zijdes zijn meer gesloten. In het blok is het parkeren onder de fraai aangelegde binnentuin verstopt. In de afwerking van de gedeelde publieke ruimtes was er binnen het budget niet veel ruimte, maar toch is er met zorg een prettig geheel gemaakt. Het resultaat voelt aan als een fijn complexje dat poogt wat van de kwaliteiten van de sociale Spaarndammerbuurt-iconen 'binnen wat haalbaar is' tot leven te kussen. Een blok waarvan het inderdaad vrij zeker is dat het er over honderd jaar nog staat, mits de Houthavens het dan ook nog drooghouden.

Eerste verdieping, begane grond/First, ground floor
1 hoofdentree/main entrance
2 entree parkeergarage/car park entrance
3 parkeergarage/car park
4 inpandige fietsenstalling/indoor bicycle storage
5 commerciële ruimte/commercial space
6 woningen/dwellings
7 collectieve tuin/shared garden

0 2 4 10 m

Twee typen 'Friends'-woning, rechts aangepast tot eengezinswoning/Two types of 'Friends' dwelling, pair on the right converted into a single-family home

Doorsnede/Section

Situatie/Site plan
A Revaleiland
B Pillaubrug
C Pernaubrug

Foto's/Photos: **Rufus de Vries**

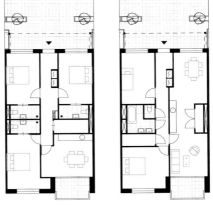

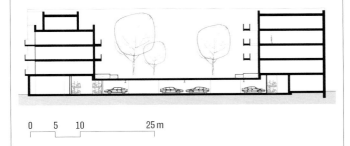

0 5 10 25 m

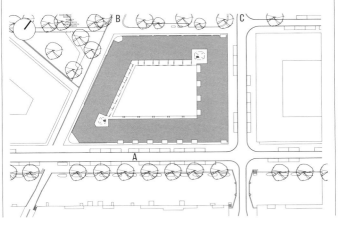

Foto/Photo: **Luuk Kramer**

Foto/Photo: **Luuk Kramer**

Lariks
Amsterdam
Client: Lieven de Key, Amsterdam

'How long do you think this complex will last?', the editors asked Mariette Adriaanssen, area developer for Lieven de Key, referring to the Lariks social housing project in Amsterdam's Houthavens area. Without a second's hesitation her answer was a whole-hearted 'hundred years'. While conceding that a shorter lifespan had to be used for bookkeeping purposes, Adriaanssen insisted that Lieven de Key views the project as 'a future monument'.
And that could well prove to be the case. Architecturally speaking Lariks does not yet possess a monumentality that would currently earn it the heritage label, but it is certainly not lacking in quality. The fact of an entire block of social housing being located in a new upmarket commercial district is unusual enough in itself. Likewise the floor plans, which in the case of the 'friends' dwellings consist of four identical large rooms, three of which have their own bathroom/toilet and can be let separately, and one that acts as a communal living kitchen. This set-up also means that these dwellings could be fairly easily converted into single family homes in the future.
On the outside, each elevation is different. One side has a strikingly brutalist-looking open deck, the other three are more closed. Car parking is out of sight below an attractively laid out courtyard garden. Although the budget did not allow much scope for the finishing of the shared public spaces, care has gone into creating a pleasant whole. It feels like a fine complex that resurrects 'to the extent feasible' some of the qualities of the iconic Spaarn-dammerbuurt social housing. A block that is pretty sure to be still standing a hundred years from now, provided the Houthavens remain dry.

Technische gegevens
Technical information

SO Schetsontwerp/Sketch design
VO Voorlopig Ontwerp/ Provisional design
DO Definitief Ontwerp/Final design
TO Technisch ontwerp/Technical design
UO Uitvoeringsontwerp/Detailed design
U Uitvoering/Implementation

p. 30
De Zwarte Hond
Liander Westpoort
Basisweg 75
Amsterdam

Architect:
De Zwarte Hond, Groningen – Rotterdam – Keulen/Cologne
Betrokkenheid bij ontwerpfases/Involvement in design phases:
SO-UO: ontwerp, tekenwerk en BIM model/ design, drawings and BIM model
UO-U: esthetische begeleiding en controle/ aesthetic supervision
U: esthetische ondersteuning, en begeleiding van de technische controle/aesthetic support, and supervision of technical management
Projectarchitect/Project architect:
Erik Roerdink
Medewerkers/Contributors:
Buddy de Kleine, Chris ten Have, Iso van der Meer, Sameri Kachachee, Pavel Berger
Verantwoordelijke stedenbouwer/Urban planner:
De Zwarte Hond, Groningen (Erik Roerdink, Buddy de Kleine, Kjai Tjokrokoesoemo, Pavel Berger)
Ontwerp – Oplevering/Design – Completion:
2020–2023
Opdrachtgever/Client:
Alliander, Amsterdam
Aannemer/Contractor:
Dura Vermeer, Hoofddorp
Constructeur/Structural engineer:
IMd Raadgevende Ingenieurs, Rotterdam
Installatieadviseur/Building services consultant:
Croonwolter&dros, Rotterdam
Bouwfysica/Building physics:
DGMR, Den Haag/The Hague
Landschapsarchitect/Landscape architect:
De Urbanisten, Rotterdam
Interieurarchitect/Interior designer:
Coare Architectuur, Amsterdam
Bruto vloeroppervlak/Gross floor area:
29.000 m²
Verhuurbaar vloeroppervlak/Lettable floor area:
21.000 m²
Duurzaamheid/Sustainability:
Energieneutraal (EPC = 0); MPG = 0,36; opgeslagen CO₂: 1.195 ton/Energy-efficient (EPC=0)/ Environmental Building Performance rating (MPG) = 0.36, sequestered CO₂: 1195 tonnes

p. 34
KCAP
Stationpostgebouw
Waldorpstraat 3
Den Haag/The Hague

Architect:
KCAP, Rotterdam
Betrokkenheid bij ontwerpfases/Involvement in design phases:
SO-U: ontwerp en tekenwerk, directievoering/ design and drawings, site management
Projectarchitecten/Project architects:
Irma van Oort, Kasper Hauschultz, Wim Haasnoot, Yoanna Shivarova
Ontwerp – Oplevering/Design – Completion:
2018–2023
Opdrachtgever/Client:
LIFE, SENS Real Estate, Den Haag/The Hague

Aannemer/Contractor: Constructeur/Structural engineer:
J.P. van Esteren, Gouda; BESIX, Brussel/Brussels
Installatieadviseur/Building services consultant:
Coors, Ridderkerk
Bouwfysica/Building physics:
TRAJECT Adviseurs & Managers, Arnhem
Landschapsarchitect/Landscape architect:
Delva, Rotterdam
Interieurarchitect/Interior designer:
Kraaijvanger Architects, Rotterdam
Bruto vloeroppervlak/Gross floor area:
30.000 m²
Verhuurbaar vloeroppervlak/Lettable floor area:
30.000 m²
Duurzaamheid/Sustainability:
Ontworpen volgens de WELL- en BREEAM-normen, eerste Nederlandse rijksmonument dat is gecertificeerd met het hoogst haalbare energielabel 'A'/ Designed in accordance with WELL and BREEAM standards, first national monument to achieve the Netherlands' highest energy rating (A)

p. 38
MVRDV
Tripolis-Park
Burgerweeshuispad 101
Amsterdam

Architect:
MVRDV, Rotterdam
Betrokkenheid bij ontwerpfases/Involvement in design phases:
SO-DO: ontwerp en tekenwerk/design and drawings
TO-U: esthetische begeleiding en controle/ aesthetic supervision
Projectarchitect/Project architect:
Winy Maas
Medewerkers/Contributors:
Gideon Maasland, Gijs Rikken, Rik Lambers, Bob de Rijk, Steven Anton, Roxana Aron, Guido Boeters, Teodora Cirjan, Joao Viaro Correa, Guillermo Corella Dekker, Karolina Duda, Cas Esbach, Valentina Fantini, Rico van de Gevel, Piotr Janus, Nika Koraca, Urszula Kuczma, Claudia Mainardi, Sanne van Manen, Rugile Ropolaite, Irgen Salianji, Maxime Sauce, Claudia Storelli, Karolina Szostkiewicz, Laurens Veth, Olesya Vodenicharska, Mark van Wasbeek, Mariya Badeva, Rebecca Fiorentino, Nefeli Stamatari, Michele Tavola, Aleksandra Wypiór
Ontwerp – Oplevering/Design – Completion:
2018–2023
Opdrachtgever/Client:
Flow Development, Amsterdam
Aannemer/Contractor:
G&S Bouw, Amsterdam
Constructeur/Structural engineer:
Van Rossum Raadgevende Ingenieurs, Amsterdam
Installatieadviseur/Building services consultant:
Bosman Bedrijven, Leusden
Bouwfysica/Building physics:
DGMR, Den Haag/The Hague
Co-Architect:
Powered by EGM, Dordrecht
Landschapsarchitect/Landscape architect:
Deltavormgroep, Utrecht
Interieurarchitect/Interior designer:
Concrete, Amsterdam
Projectmanagement/Project management
Toussaint Project Management, Berkel en Rodenrijs
Bouwkostenmanagement/ Construction management
BBN adviseurs, Amsterdam
Bruto vloeroppervlak/Gross floor area:
60.000 m²
Verhuurbaar vloeroppervlak/Lettable floor area:
47.059 m²
Duurzaamheid/Sustainability:
WELL Platinum; BREEAM-NL Outstanding

p. 42
Civic Architects & VDNDP
Faculteit ITC / Faculty ITC
Hallenweg 8
Enschede

Architect:
Civic Architects, Amsterdam; VDNDP, Amsterdam
Betrokkenheid bij ontwerpfases/Involvement in design phases:
SO-TO: ontwerp en tekenwerk/design and drawings
UO-U: ontwerp en tekenwerk inclusief esthetische begeleiding/design and drawings including aesthetic supervision Projectarchitecten/Project architects:
Rick ten Doeschate, Jan Lebbink, Ingrid van der Heijden, Gert Kwekkeboom, Nico Hesseling, Fred Jager, Theresia van Koppen, Wouter Zwerink, Marc Wools, Don van Dasler, Wilma Visser
Medewerkers/Contributors:
Fernanda Romeu, Rick Hospes, Laura Berasaluce Achaerandio, Manca Kranjic, Maeve Corke Butters, Ana Celina Rubio, Patrick Hof, Robert Bruggeman, Hidayet Yalci, Maik Groenia
Ontwerp – Oplevering/Design – Completion:
2019–2023
Opdrachtgever/Client:
University of Twente, Enschede
Aannemer/Contractor:
Dura Vermeer Bouw, Hengelo; Trebbe, Enschede
Constructeur/Structural engineer:
Schreuders Bouwtechniek, Hengelo
Installatieadviseur/Building services consultant:
Valstar Simonis, Amsterdam
Bouwfysica/Building physics:
Arup, Amsterdam
Bouwdirectie/Construction management:
BBC Bouwmanagement, Etten-Leur
Landschapsarchitect/Landscape architect:
DS Landschapsarchitecten, Amsterdam
Interieurarchitect/Interior designer:
Studio Groen+Schild, Deventer
Kale bouwsom/Net building costs:
€ 32.050.000
Bouwkosten per m²/Net building costs per m²:
€ 2.165
Bruto vloeroppervlak/Gross floor area:
14.806 m²
Verhuurbaar vloeroppervlak/Lettable floor area:
12.881 m²
Duurzaamheid/Sustainability
GPR: energie: 9,4; gemiddeld: 8,0; BENG: energiebehoefte: 47 kWh/m² per jaar; primair energiegebruik: 22,5 kWh/m² per jaar; hernieuwbare energie: 48,9%; MPG: 0,63 €/m²; Energielabel: van G naar A+++/GPR (Municipal Practice Guideline) energy rating: 9.4, average 8.0, energy demand 47 kWh/m² per year, primary energy use: 22.5 kWh/m² per year; renewable energy: 48.9%, Environmental Building Performance rating (MPG) 0.63 €/m²; energy rating upgraded from G to A+++

p. 46
Team V Architectuur
Neuron
De Zaale, TU Eindhoven
Eindhoven

Architect:
Team V Architectuur, Amsterdam
Betrokkenheid bij ontwerpfases/Involvement in design phases:
SO-TO: architectonisch en bouwkundig ontwerp, tekenwerk en coördinatie ontwerpteam/ architectural and structural design, drawings and design coordination
UO: controle tekenwerk en esthetische directievoering/supervision of drawing and aesthetic management
Projectarchitect/Project architect:
Do Janne Vermeulen

Medewerkers/Contributors:
Annette Bos, Bart-Jan Hopman, Alessia Biffi, Jan van Wel, Martijn Perik, João Carolino, Valentino Gigante, Sanne Buser, Patrick Bil
Ontwerp – Oplevering/Design – Completion:
2018–2023
Opdrachtgever/Client:
Technische Universiteit Eindhoven
Aannemer/Contractor:
Bouwcombinatie Laplacetransformatie (Berghege Heerkens bouwgroep, Tilburg; CroonWolter&Dros TBI, Rotterdam)
Constructeur/Structural engineer:
Royal HaskoningDHV, Amersfoort
Installatieadviseur/Building services consultant:
Royal HaskoningDHV, Amersfoort
Bouwfysica, duurzaamheid en brandveiligheid/ Building physics, sustainability and fire safety
DGMR, Arnhem
Bouwdirectie/Construction management:
BBC Bouwmanagement B.V. Etten-Leur, Centraal Bureau Bouwbegeleiding B.V., Arnhem
Landschapsarchitect/Landscape architect:
MTD Landschapsarchitecten, 's-Hertogenbosch
Interieurarchitect/Interior designer:
Team V Architectuur, i.s.m./with Müller van Tol
Kunstenaar/Artist:
Hella Jongerius, Jongeriuslab, Arnhem
Bruto vloeroppervlak/Gross floor area:
12.329 m² BVO
Verhuurbaar vloeroppervlak/Lettable floor area:
8.305 m²
Duurzaamheid/Sustainability:
Gerenoveerd volgens nieuwe bouwstandaarden; veel ingebouwde flexibiliteit, grotendeels voorzien van een nieuwe isolerende gebouwschil; nieuwe energiezuinige installaties, PV-panelen; delen van de dak hergebruikt; nieuwe atriumstructuur gemaakt van gelamineerd hout, gebruikte hoeveelheid hout (Horizontaal Gelamineerd Vuren 70% PEFC) 67 m³, waardoor 41.714 CO2 wordt vastgelegd/Renovated to new construction standards; a lot of built-in flexibility, mostly equipped with a new insulating building envelope; new energy-efficient building services, PV panels; sections of roof structure reused, new atrium structure is made of laminated wood, amount of wood used (Horizontally Laminated Spruce 70% PEFC) is 67 m³, sequestering 41,714 CO₂

p. 50
Maarten van Kesteren architecten
Nimeto
Smijerslaan 2
Utrecht

Architect:
Maarten van Kesteren architecten, Den Haag/ The Hague
Betrokkenheid bij ontwerpfases/Involvement in design phases:
SO-TO: ontwerp en tekenwerk/design and drawings
U: esthetische begeleiding/aesthetic supervision
Projectarchitect/Project architect:
Maarten van Kesteren
Medewerkers/Contributors:
Jesse van der Ploeg, Kees Fritschy, Meng Ye, Eline Degenaar, Camillo Fiorito, Leonardo Rossi
Ontwerp – Oplevering/Design – Completion:
2018–2023
Opdrachtgever/Client:
Mbo-vakschool Nimeto, Utrecht
Ontwerpend onderzoek op initiatief van/Design research initiated by:
Stichting Mevrouw Meijer, Amsterdam
Aannemer/Contractor:
Van Miltenburg, Utrecht (bouwkundig/structure) en/and Scherrenberg, Nieuwegein (terrein/site)
Bouwkundige ondersteuning/Structural support:
VDNDP, Amsterdam
Constructeur/Structural engineer:

JVZ ingenieurs, Deventer
Installatieadviseur/Building services consultant:
Galjema, Zoetermeer
Bouwfysica, akoestiek en brandveiligheid/Building
physics, acoustics and fire safety:
ZRi, Den Haag/The Hague
Bouwmanagement/ Construction management:
Building for Tomorrow, Amsterdam
Bewegwijzering/Way-finding:
Silo, Den Haag/The Hague
Landschapsarchitecten/Landscape architects:
**Maarten van Kesteren architecten, Den Haag/
The Hague en/and Tomas Degenaar, Amsterdam**
Interieurarchitect/Interior designer:
**Maarten van Kesteren architecten, Den Haag/
The Hague**
Kale bouwsom/Net building costs:
€ 12.100.000 excl. btw
Bouwkosten per m²/Net building costs per m²:
€ 770 excl. btw
Bruto vloeroppervlak/Gross floor area:
15.700 m²

p. 54
**Powerhouse Company, & de Architekten Cie.
i.s.m./with Marc Koehler Architects
Jakoba Mulderhuis**
Rhijnspoorplein 2
Amsterdam

Architecten/Architects:
**Powerhouse Company, Rotterdam
de Architekten Cie., Amsterdam
Marc Koehler Architects, Amsterdam**
Betrokkenheid bij ontwerpfases/Involvement in
design phases:
**SO-DO ontwerp en tekenwerk/design and drawings
UO-U: esthetische begeleiding en controle/
aesthetic supervision**
Projectarchitect/Project architect:
Stefan Prins, Marc Koehler & Pi de Bruijn
Medewerkers/Contributors:
**Team Marc Koehler Architects: Carlos Moreira,
Drazen Krickovic, Elisa Diaz-Llanos Lorenzo,
Kevin Laurence Snel, Loed Stolte, Maarten
Verhelst, Thomas Wellink
Team Powerhouse Company: Antoine van Erp,
Ard-Jan Lootens, Jessie Andjelic, Joan Marion,
Sander Apperlo, Giovanni Coni, Sybren Woudstra
Team de Architekten Cie.: Jolein Haeck, Rink
Alberda, Ron Garritsen, Louis Afonso, Nicola
Placella, Andrew Page, Arjan Jansen, Paulos
Kinfu, Boris van Gorkom, Jaco de Koning**
Ontwerp – Oplevering/Design – Completion:
2014–2023
Opdrachtgever/Client:
Hogeschool van Amsterdam (HvA)
Aannemer/Contractor:
Visser en Smit Bouw, Amsterdam | Unica, Zwolle
Constructeur/Structural engineer:
BreedID i.s.m./with ABT, Delft
Installatieadviseur/Building services consultant:
Royal Haskoning DHV, Amersfoort
Bouwfysica/Building physics:
LBT Sight, Nieuwegein
Bouwdirectie/Construction management:
**Aronsohn Bouwmanagement tijdens ontwerp en
aanbestedingsfase/building management during
design and tendering, Building For Tomorrow
tijdens uitvoeringsfase/during implementation**
Interieurarchitect/Interior designer:
Ex Interiors en Studio Groen+Schild
Bruto vloeroppervlak/Gross floor area:
25.000 m²
Duurzaamheid/Sustainability
BREEAM Excellent

p. 58
**Geurst & Schulze architecten
Kindcentrum Diamant / Diamant Children's Centre**
Diamanthorst 181-181a
Den Haag/The Hague

Architect:
Geurst & Schulze architecten, Den Haag/The Hague
Betrokkenheid bij ontwerpfases/Involvement in
design phases:
**SO-DO: ontwerp en tekenwerk/design and
drawings
TO: uitwerking technisch ontwerp inclusief
bestek t.b.v. aanbesteding/elaboration of
technical design including tender specifications
UO: uitwerking bouwkundige tekeningen
uitvoeringsgereed ontwerp/elaboration
structural drawings of construction-ready
design
U: begeleiding en controle op architectuur en
bouwkunde/supervision & monitoring of
architecture and engineering**
Projectarchitecten/Project architects:
Jeroen Geurst, Rens Schulze
Medewerkers/Contributors:
**Elco van de Kreke, Jan Paulus Hoogterp,
Maarten Plomp**
Ontwerp – Oplevering/Design – Completion:
2018/2023
Opdrachtgever/Client:
Stichting Lucas Onderwijs, Den Haag/The Hague
Aannemer/Contractor:
Blanksma bouwbedrijf BV, Alphen a/d Rijn
Constructeur/Structural engineer:
IMd Raadgevend Ingenieurs, Rotterdam
Installatieadviseur/Building services consultant:
Vintis Installatieadviseurs, Zoetermeer
Bouwfysica/Building physics:
Buro Bouwfysica, Capelle aan den IJssel
Bouwdirectie/Construction management:
**CBB, Arnhem; De Beleving BV, Amersfoort
(meubilair interieur/interior furnishings)**
Kale bouwsom/Net building costs:
€ 5.201.657 excl. btw
Bouwkosten per m²/Net building costs per m²:
€ 1.884 excl. btw
Bruto vloeroppervlak/Gross floor area:
2.760 m²
Duurzaamheid/Sustainability:
**BENG en Frisse Scholen klasse B thema's
ventilatie en temperatuur; EPC onderwijsfunctie
0.20/meets BENG requirements and Frisse
Scholen class B standards for ventilation and
temperature; educational energy performance
coefficient (EPC) = 0.20**

p. 68
**Korteknie Stuhlmacher Architecten
Woonhuis / House**
Van Asch van Wijckskade 6
Utrecht

Architect:
Korteknie Stuhlmacher Architecten, Rotterdam
Betrokkenheid bij ontwerpfases/Involvement in
design phases:
**SO-TO: ontwerp en tekenwerk/design and
drawings
DO: aanvraag omgevingsvergunning/
environmental permit application
UO-U: technische controle en esthetische
begeleiding, directievoering/technical and
aesthetic supervision, management**
Projectarchitect/Project architect:
Rien Korteknie
Medewerkers/Contributors:
Rutger Brouwers, Leonie Boelens, Joppe Douma
Ontwerp – Oplevering/Design – Completion:
2020–2023
Opdrachtgever/Client:
Jan Zonderland en/and Noor van Mierlo
Aannemer/Contractor:
Bouwbedrijf De Wit, Montfoort
Bouwer houtconstructie/Builder of timber structure:
JM Concepten, Den Bosch
Meubelmaker/Furniture maker:
Stumpf & Van Dongen, Rotterdam
Trap en taatsdeur/stair and pivot door:

Elmer Koopmans, Delft
Metaalwerk/metal work:
Mevrouw van Staal, Rotterdam
Hekwerken/Railings:
Lens, Rotterdam
Betonnen gevelelementen/Concrete facade
elements:
PSD beton, Rotterdam
Schuifpuien/Sliding doors:
Tifabos, Goudriaan
Constructeur/Structural engineer:
Goudstikker De Vries, Jaap Dijks, Den Bosch
Installatieadviseur/Building services consultant:
Trecodome, Chiel Boonstra, Roosendaal
Bouwfysica/Building physics:
Trecodome, Chiel Boonstra, Roosendaal
Bouwdirectie/Construction management:
Korteknie Stuhlmacher Architecten, Rotterdam
Interieurarchitect/Interior designer:
Korteknie Stuhlmacher Architecten, Rotterdam
Bruto vloeroppervlak/Gross floor area:
186 m²

p. 72
**Architecten aan de Maas
Nedlin**
Business Park Stein 133
Elsloo

Architect:
Architecten aan de Maas, Maastricht
Betrokkenheid bij ontwerpfases/Involvement in
design phases:
**SO-DO: ontwerp en tekenwerk/design and
drawings
UO-U: esthetische ondersteuning, en begeleiding
van de technische controle/aesthetic support,
and supervision of technical management**
Projectarchitect/Project architect:
Han Westelaken
Medewerkers/Contributors:
**Jan de Jong, Amber de Vrede, Ramon Grooten,
Pierre van Neer, Erwin de Jong, Jacques Penders**
Verantwoordelijke stedenbouwer/Urban planner:
Gemeente Stein
Ontwerp – Oplevering/Design – Completion:
2019–2023
Opdrachtgever/Client:
Nedlin, Elsloo
Aannemer/Contractor:
Willems Bouwbedrijf, Venlo
Constructeur/Structural engineer:
Adviesbureau Brekelmans, Maastricht
Installatieadviseur/Building services consultant:
K+ Adviesgroep, Echt
Bouwfysica/Building physics:
K+ Adviesgroep, Echt
Bouwdirectie/Construction management:
Architecten aan de Maas, Maastricht
Landschapsarchitect/Landscape architect:
Architecten aan de Maas, Maastricht
Interieurarchitecten/Interior designers:
Han Westelaken, Luuk de Win
Kale bouwsom/Net building costs:
€ 18.500.000
Bouwkosten per m²/Net building costs per m²:
€ 925
Bruto vloeroppervlak/Gross floor area:
20.000 m²
Duurzaamheid/Sustainability:
BREEAM Outstanding

p. 76
**Team V Architectuur
CROSSOVER**
Gelrestraat 30-46
Amsterdam

Architect:
Team V Architectuur, Amsterdam
Betrokkenheid bij ontwerpfases/Involvement in
design phases:

SO-DO: architectonisch en bouwkundig ontwerp,
incl. sleuteltekeningen/architectural and
structural design, incl. key drawings
TO-UO: controle tekenwerk en esthetische
directievoering/supervision of drawing and
aesthetic management
Projectarchitect/Project architect:
Jeroen van Schooten
Medewerkers/Contributors:
**Anne van Schooten, Joeri Apontoweil, Margarida
Konig dos Santos, Jan van Wel, Aisling Cleary,
Coen Ooijevaar, Patrick Bil**
Ontwerp – Oplevering/Design – Completion:
2017–2023
Opdrachtgever/Client:
AM Wonen; AM Real Estate Development, Utrecht
Aannemer/Contractor:
BAM wonen, Bunnik
Constructeur/Structural engineer:
Pieters Bouwtechniek, Amsterdam
Installatieadviseur/Building services consultant:
Valstar Simonis, Amsterdam
Bouwfysica/Building physics:
DGMR, Den Haag/The Hague
Bouwdirectie/Construction management:
Drees & Sommer, Schiphol-Rijk
Landschapsarchitect/Landscape architect:
Bosch Slabbers, Den Haag/The Hague
Interieurarchitect/Interior designer:
Team V Architectuur, Amsterdam
Bruto vloeroppervlak/Gross floor area:
23.479 m²
Verhuurbaar vloeroppervlak/Lettable floor area:
**Kantoor: 12.900 m²; wonen: 6.790 m² BVO;
parkeren: 2.950 m²; horeca: 395 m²; retail (Square):
500 m²/Office 12.900 m²; housing: 6.790 m² BVO;
parking: 2.950 m2; eateries: 395 m²; retail (Square):
500 m²**
Duurzaamheid/Sustainability:
**EPC = 0, thermische energieopslagsysteem,
PV-panelen op het dak, prefab bouwelementen
om afval te voorkomen; raamkozijnen afgewerkt
met bamboe, buitengalerijen zijn afgewerkt met
FSC-gecertificeerd hout, de gevels van de
woningen zijn opgetrokken in houtskeletbouw; het
kantoorgedeelte heeft een demontabele staal-
constructie, het gebouw krijgt een materialen-
paspoort/EPC = 0, thermal energy storage
system; PV panels on roof; prefab construction
elements to prevent waste; window frames
finished in bamboo, exterior galleries finished
using FSC-certified wood, residential facades
erected using timber frame construction; office
section has a demountable steel structure; the
building will receive a materials passport**

p. 80
**De Zwarte Hond & Loer Architecten
Transformatie Rode Weeshuisstraat
Transformation of Rode Weeshuisstraat**

**De Zwarte Hond & Loer Architecten
Mercado**
Rode Weeshuisstraat 6
Groningen

Architecten/Architects:
**Loer Architecten, Rotterdam; De Zwarte Hond,
Groningen, Rotterdam, Keulen/Cologne**
Betrokkenheid bij ontwerpfases/Involvement in
design phases:
**SO-UO: ontwerp, tekenwerk en advies/design,
drawings and advise
U: esthetische begeleiding/aesthetic support**
Projectarchitecten/Project architects:
**Frank Loer (Loer Architecten), Henk Stadens
(De Zwarte Hond)**
Medewerkers/Contributors:
**Team Loer Architecten: Jesús Macias, Tijs
Niessen, Rianne Vossen, Steef Meijer
Team De Zwarte Hond: Bas Frieling, Buddy De Kleine**
Verantwoordelijke stedenbouwer/Urban planner:

Frank Loer (Loer Architecten); Henk Stadens (De Zwarte Hond)
Ontwerp – Oplevering/Design – Completion:
2018–2023
Opdrachtgever/Client:
MWPO/Beauvast, Groningen
Aannemer/Contractor:
Plegt-Vos Noord, Assen
Constructeur/Structural engineer:
Dijkhuis Ingenieurs, Groningen
Installatieadviseur/Building services consultant:
ABT Wassenaar, Groningen
Bouwfysica/Building physics:
Noorman Bouw- en milieu advies, Groningen
Landschapsarchitect/Landscape architect:
Areaal, Middelstum
Interieurarchitect/Interior designer:
Architectencombinatie De Zwarte Hond en Loer Architecten (excl. horeca in plint/street-level eateries)
Kale bouwsom/Net building costs:
€ 14.975.000 excl. btw (prijspeil/price level 2019)
Bouwkosten per m²/Net building costs per m²:
€ 1.775,- excl. btw/m² BVO (prijspeil/price level 2019)
Bruto vloeroppervlak/Gross floor area:
8.436 m²
Verhuurbaar vloeroppervlak/Lettable floor area:
833 m² VVO
Duurzaamheid/Sustainability:
Woningen: A+++ (gasloos, warmtepomp i.c.m. bodemlussen, triple glas/gas-free, heat pump with ground loop, triple glazing) Commercieel: A+++ en A++ (gasloos, luchtwarmte-pomp/gas-free, air source heat pump)/ Apartments energy rating A+++ (natural gas-free, heat pump, triple glazing), commercial ground floor energy rating A+++ and A++ (natural gas-free, air heat pump)

p. 80
De Zwarte Hond
Het Groot Handelshuis
Grote Markt 21
Groningen

Architect:
De Zwarte Hond, Groningen, Rotterdam, Keulen/ Cologne
Betrokkenheid bij ontwerpfases/Involvement in design phases:
**SO-DO: ontwerp, tekenwerk en modelleerwerk/ design, drawing, modelling
TO: technisch ontwerp, tekenwerk en modelleer-werk/technical design, drawing, modelling
UO: uitvoeringsgereed ontwerp, tekenwerk en modelleerwerk/construction-ready design, drawing, modelling
U: esthetische begeleiding en controle/aesthetic supervision**
Projectarchitect/Project architect:
Henk Stadens
Medewerkers/Contributors:
Henk stadens, Erik Roerdink, Nick Domhof, Joren Moorman, Tjeerd Jellema
Verantwoordelijke stedenbouwer/Urban planner:
De Zwarte Hond, Groningen, Rotterdam, Keulen/ Cologne; Jeroen de Willigen
Ontwerp – Oplevering/Design – Completion:
2019–2022
Opdrachtgever/Client:
MWPO, Groningen
Aannemer/Contractor:
Bouwbedrijf Kooi, Appingedam
Constructeur/Structural engineer:
Ingenieursbureau Dijkhuis, Groningen
Installatieadviseur/Building services consultant:
Nijboer Hage Technisch Adviseurs, Assen
Bouwfysica/Building physics:
Noorman Bouw- en milieuadvies, Groningen
Bouwdirectie/Construction management:
MWPO Groningen, 's-Hertogenbosch

Kale bouwsom/Net building costs:
ca. € 9.000.000
Bouwkosten per m²/Net building costs per m²:
€ 769 m²/BVO/GFA
Bruto vloeroppervlak/Gross floor area:
14.275 m²/BVO/GFA
Verhuurbaar vloeroppervlak/Lettable floor area:
12.200 m²/NO/UFA

p. 80
De Zwarte Hond
The Warehouse
Rode Weeshuisstraat 7
Groningen

Architect:
De Zwarte Hond, Groningen – Rotterdam – Keulen/Cologne
Betrokkenheid bij ontwerpfases/Involvement in design phases:
**SO-DO: ontwerp, tekenwerk en modelleerwerk/ design, drawing, modelling
TO: technisch ontwerp, tekenwerk en modelleer-werk/technical design, drawing, modelling
UO: uitvoeringsgereed ontwerp, tekenwerk en modelleerwerk/construction-ready design, drawing, modelling
U: esthetische begeleiding en controle/aesthetic supervision**
Projectarchitect/Project architect:
Henk Stadens
Medewerkers/Contributors:
Erik Roerdink, Henk Stadens, Tjeerd Jellema, Nick Domhof, Joren Moorman
Verantwoordelijke stedenbouwer/Urban planner:
De Zwarte Hond, Groningen, Rotterdam, Keulen/ Cologne; Jeroen de Willigen
Ontwerp – Oplevering/Design – Completion:
2017–2020
Opdrachtgever/Client:
MWPO/Beauvast, Groningen
Aannemer/Contractor:
Bouwbedrijf Kooi, Appingedam
Constructeur/Structural engineer:
Ingenieursbureau Dijkhuis, Groningen
Installatieadviseur/Building services consultant:
VM Consultancy, Groningen
Bouwfysica/Building physics:
Noorman Bouw- en milieuadvies, Groningen
Bouwdirectie/Construction management:
MWPO, Groningen
Kale bouwsom/Net building costs:
€ 2.500.000
Bouwkosten per m²/Net building costs per m²:
€ 863 m² BVO
Bruto vloeroppervlak/Gross floor area:
2.895 m² BVO
Gebruiksoppervlakte/usable area:
2.344 m²

p. 84
Powerhouse Company
BunkerToren
John F. Kennedylaan 3
Eindhoven

Architect:
Powerhouse Company, Rotterdam
Betrokkenheid bij ontwerpfases/Involvement in design phases:
**SO-UO: ontwerp en tekenwerk/design and drawings
U: esthetische ondersteuning, en begeleiding van de technische controle/aesthetic support and supervision of technical management**
Projectarchitect/Project architect:
Meagan Kerr
Medewerkers/Contributors:
Nanne de Ru, Stijn Kemper, Paul Stavert, Meagan Kerr, Daan Masmeijer, Stefan de Meijer, Gerben Knol, Sanja Kralj, Martijn Ravia, Romano van den Dool, Thomas Ponds, Maarten Diederix, Erwin van

Strien, Gert Ververs, Giovanni Coni, Bjørn Andreassen, Yoon Kyun (Peter) Lee, Ahmad Hallak, Robbert Verheij, Philip Weber, Lesia Topolnyk, Antonia Pohankova, Loz Mills, Sven Janse
Verantwoordelijke stedenbouwer/Urban planner:
Gemeente Eindhoven
Ontwerp – Oplevering/Design – Completion:
2015–2023
Opdrachtgever/Client:
RED Company, Being Development
Aannemer/Contractor:
Van Wijnen, 's-Hertogenbosch
Constructeur/Structural engineer:
IMd Raadgevende ingenieurs, Rotterdam
Installatieadviseur/Building services consultant:
Deerns, Den Haag/The Hague
Bouwfysica/Building physics:
Deerns, Den Haag/The Hague
Bouwdirectie/Construction management:
Laride, Veldhoven; DVP, Den Haag/The Hague
Landschapsarchitect/Landscape architect:
DELVA Landscape Architecture & Urbanism, Amsterdam
Interieurarchitect/Interior designer:
Powerhouse Company
Kunstenaars/Artists:
Joep van Lieshout, Rotterdam
Bruto vloeroppervlak/Gross floor area:
32.640 m²
Verhuurbaar vloeroppervlak/Lettable floor area:
3.700 m²
Duurzaamheid/Sustainability:
Ca. 3.000 m² Bunker gerecycled; dak: mos-sedum, 400 PV-panelen; appartementen op WKO aangesloten, gasloos; BunkerPark: 13.000 m² groen met wadi's/c. 3000 m² of original building reused, moss-sedum roof with 400 PV panels, apartments connected to thermal energy storage system, completely natural gas-free, creation of BunkerPark with 13,000 m² of green space, rain gardens for water retention and irrigation

p. 88
Caruso St John Architects
Veemgebouw
Torenallee 80-110
Eindhoven

Architect:
Caruso St John Architects, Londen/London
Betrokkenheid bij ontwerpfases/Involvement in design phases:
**SO-DO: ontwerp en tekenwerk en belangrijkste ontwerpdetails/design and drawings and key design details
TO-UO: esthetische begeleiding en controle/ aesthetic supervision
U: esthetische ondersteuning, en begeleiding van de technische controle/aesthetic support, and supervision of technical management**
Projectarchitecten/Project architects:
**Adam Caruso, Peter St John
Florian Zierer (prijsvraag/competition: 2007– 2008); Bernd Schmutz-Steffi Wedde (ontwerpfase/design phase: 2011–2014); Will Pirkis (bouw/construction: 2020–2022)**
Medewerkers/Contributors:
V/Architecten, Nuth
Ontwerp – Oplevering/Design – Completion:
2007–2023
Opdrachtgever/Client:
Trudo, Eindhoven
Aannemer/Contractor:
Stam & De Koning, Eindhoven
Constructeur/Structural engineer:
Adviesbureau Tielemans, Eindhoven
Installatieadviseur/Building services consultant:
Visietech, Nieuwendijk
Bouwfysica/Building physics:
Peutz, Mook
Bouwdirectie/Construction management:
Willem Zaat – Trudo, Eindhoven

Landschapsarchitect/Landscape architect:
Buro Lubbers, Vught
Kunstenaars/Artists:
Lichtarchitect Peter van Kempen
Kale bouwsom/Net building costs:
€ 36,3 mln.
Bouwkosten per m²/Net building costs per m²:
€ 1.150
Bruto vloeroppervlak/Gross floor area:
31.600 m²
Verhuurbaar vloeroppervlak/Lettable floor area:
15.100 m² + 320 parkeerplaatsen/parking spaces
Duurzaamheid/Sustainability:
Appartementen hebben het collectieve EQW₂-warmtepompsysteem; PV-panelen op dak produceren stroom voor collectieve warmte-pompen/Apartments connected to EQW₂ thermal energy storage system; PV panels on roof provide electricity for the energy storage system

p. 102
Wiegerinck
Tergooi MC
Laan van Tergooi 2
Hilversum

Architect:
Wiegerinck, Arnhem
Betrokkenheid bij ontwerpfases/Involvement in design phases:
**SO-UO: ontwerp en tekenwerk/design and drawings
U: esthetische begeleiding/aesthetic support**
Projectarchitect/Project architect:
Jörn-Ole Stellmann
Medewerkers/Contributors:
Bert Muijres, Jasper Vrugte, Gert van Rijssen, Mark Kreijkes, Milee Herweijer, Koen Arts, Jarno Nillesen, Stephanie Klein Holkenborg, Abel Brouwer, Menno Roefs, Joris Alofs, Roel van Brussel, Maurice van Dinther
Verantwoordelijke stedenbouwer/Urban planner:
Wiegerinck, Arnhem
Ontwerp – Oplevering/Design – Completion:
2011– 2023
Opdrachtgever/Client:
Tergooi MC, Hilversum
Aannemer/Contractor:
BAM Bouw en Techniek, Bunnik
Constructeur/Structural engineer:
Royal HaskoningDHV, Amersfoort
Installatieadviseur/Building services consultant:
Deerns, Den Haag/The Hague
Bouwfysica/Building physics:
Royal HaskoningDHV, Amersfoort
Bouwdirectie/Construction management:
ABT, Velp
Landschapsarchitect/Landscape architect:
Bosch Slabbers, Den Haag/The Hague
Interieurarchitect/Interior designer:
Wiegerinck, Arnhem
Kale bouwsom/Net building costs:
€ 145 mln.
Bouwkosten per m²/Net building costs per m²:
€ 2.636
Bruto vloeroppervlak/Gross floor area:
55.000 m²
Duurzaamheid/Sustainability:
Energieklasse A+++ (EPC 0,7)/ energy rating A+++ (EPC 0.7)

p. 106
KAAN Architecten
Museum Paleis Het Loo
Koninklijk Park 16
Apeldoorn

Architect:
KAAN Architecten, Rotterdam
Betrokkenheid bij ontwerpfases/Involvement in design phases:
SO-UO: ontwerp en tekenwerk/design and drawings

U: esthetische en functionele ondersteuning, directievoering, technische controle en kwaliteitsbewaking, revisies/aesthetic and functional support, management, technical supervision and quality control, revisions
Projectarchitecten/Project architects:
Kees Kaan, Vincent Panhuysen, Dikkie Scipio
Medewerkers/Contributors:
Valentina Bencic, Dennis Bruijn, Javier Cuartero, Sebastian van Damme, Katarzyna Ephraim, Paolo Faleschini, Christiaan Frankin, Michael Geensen, Aleksandra Gojnic, Julia Gousset, Narine Gyulkhasyan, Niels de Hart, Joost Harteveld, Walter Hoogerwerf, Martine Huijsmans, Antony Laurijsen, Nicki van Loon, Loes Martens, Marija Mateljan, Edyta Milczarek, Laura Ospina, Floris Sikkel, Christian Sluijmer, Niels Vernooij, Roel Wijmans, Samara Zukoski
Ontwerp – Oplevering/Design – Completion:
2016–2023
Opdrachtgever/Client:
Stichting Paleis Het Loo Nationaal Museum, Apeldoorn
Aannemer/Contractor:
Volker Staal en Funderingen, Dordrecht; Koninklijke Woudenberg, Ameide; BAM Bouw en Techniek – Integrale Projecten Oost, Apeldoorn; Heijmans Utiliteit/Infra, Apeldoorn; Draisma bouw, Apeldoorn; Bouwbedrijf Van Laar, Wapenveld
Constructeur/Structural engineer:
WSP Nederland, Breda
Installatieadviseur/Building services consultant:
Valstar Simonis, Apeldoorn
Bouwfysica/Building physics:
DGMR, Arnhem
Bouwdirectie/Construction management:
Draaijer en partners, Groningen
Landschapsarchitect/Landscape architect:
Copijn, Utrecht
Interieurarchitect/Interior designer:
KAAN Architecten, Rotterdam
Kale bouwsom/Net building costs:
€ 100.000.000
Bouwkosten per m²/Net building costs per m²:
€ 5.000
Bruto vloeroppervlak/Gross floor area:
20.045 m²
Duurzaamheid/Sustainability:
BREEAM In-Use 'Excellent'

p. 110
Mecanoo architecten
Raadhuis en stadskantoor / Town hall and municipal offices
Geleenstraat 25
Heerlen

Architect:
Mecanoo architecten, Delft
Betrokkenheid bij ontwerpfases/Involvement in design phases:
SO-UO: ontwerp en tekenwerk/design and drawings
U: esthetische begeleiding/aesthetic supervision
Projectarchitecten/Project architects:
Francine Houben, Luuk van Wijlick, Seger Bekkers
Medewerkers/Contributors:
Gijs Sluijter, Rodrigo Louro, Marloes Dijkink, Luuk Verweij, Anne-Marie van der Weide
Verantwoordelijke stedenbouwer/Urban planner:
Mecanoo architecten, Delft
Ontwerp – Oplevering/Design – Completion:
2017–2023
Opdrachtgever/Client:
Gemeente Heerlen
Aannemer/Contractor:
Jongen, Landgraaf
Constructeur/Structural engineer:
ABT, Velp
Installatieadviseur/Building services consultant:
ABT, Velp

Bouwfysica/Building physics:
ABT, Velp
Landschapsarchitect/Landscape architect:
Mecanoo architecten, Delft
Interieurarchitect/Interior designer:
Mecanoo architecten, Delft
Kunstenaars/Artists:
Paul Koenen (zitobject/seating, Geleenstraat)
Kale bouwsom/Net building costs:
€ 38 mln. (incl. € 9 mln. installatie, € 1 mln. landschap)
Bruto vloeroppervlak/Gross floor area:
16.498m² (raadhuis/town hall 6.940 m²; stadskantoor/municipal offices 9.558 m²)
Duurzaamheid/Sustainability:
EPC < 0 (-0.13); GPR gem raadhuis 8,4; GPR gem stadskantoor 8,6/EPC < 0 (-0.13); GPR (Municipal Practice Guideline) average, town hall 8.4, municipal offices 8.6

p. 114
Happel Cornelisse Verhoeven
Historisch Centrum Limburg
Navolaan 83
Heerlen

Architect:
Happel Cornelisse Verhoeven, Rotterdam
Betrokkenheid bij ontwerpfases/Involvement in design phases:
SO-TO: ontwerp en tekenwerk/design and drawings
UO-U: esthetische en technische begeleiding en controle/aesthetic supervision
Medewerkers/Contributors:
Ninke Happel, Floris Cornelisse, Paul Verhoeven, Corné Schep, Anouk Sweringa, Jan Konings
Ontwerp – Oplevering/Design – Completion:
2018–2023
Opdrachtgever/Client:
Gemeente Heerlen
Aannemer/Contractor:
Laudy Bouw, Sittard
Constructeur/Structural engineer:
Ingenieursbureau Van der Werf en Nass, Maastricht
Installatieadviseur/Building services consultant:
Huygen Installatie adviseurs, Geleen
Bouwfysica/Building physics:
LBP Sight, Nieuwegein
Bouwdirectie/Construction management:
Gemeente Heerlen, Heerlen
Landschapsarchitect/Landscape architect:
Happel Cornelisse Verhoeven, Rotterdam
Interieurarchitect/Interior designer:
Happel Cornelisse Verhoeven, Rotterdam
Kale bouwsom/Net building costs:
€ 6.850.000
Bouwkosten per m²/Net building costs per m²:
€ 1.658
Bruto vloeroppervlak/Gross floor area:
4.130 m²
Duurzaamheid/Sustainability:
BENG; PV-panelen op dak; doos-in-doos waardoor u een onverwarmd tussenklimaat is; behoud gevel, nieuwe geïsoleerde binnengevel; warmteterugwinning; gereedgemaakt voor toe-komstige aansluiting op mijnwater ('collectieve warmtepomp')/Meets BENG requirements; PV panels on roof; box-in-box construction allowing unheated intermediate climate; preservation of original facade, new insulated inner facade; heat recovery system; prepared for future connection to collective heat pump

p. 118
KAAN Architecten
Netherlands American Cemetery Visitor Center
Amerikaanse Begraafplaats 1
Margraten
Architect:
KAAN Architecten, Rotterdam

Betrokkenheid bij ontwerpfases/Involvement in design phases:
SO-TO: ontwerp en tekenwerk/design and drawings
UO-U: esthetische begeleiding en controle/aesthetic supervision
Projectarchitecten/Project architects:
Kees Kaan, Vincent Panhuysen, Dikkie Scipio
Medewerkers/Contributors:
Rita Alessio, Alessandro Arcangeli, Andrea Gentilini, Bas Barendse, Alice Colombo, Claudio Zampaglione, Thomas Hagemeijer, Adam Kelly, Nicki van Loon, Edoardo Mancini, Alexis Oh, Frane Stancic
Ontwerp – Oplevering/Design – Completion:
2018–2023
Opdrachtgever/Client:
American Battle Monuments Commission, Arlington (VS)
Aannemer/Contractor:
Groep Van Roey, Rijkevorsel
Constructeur/Structural engineer:
Pieters Bouwtechniek, Delft
Installatieadviseur/Building services consultant:
HP Engineers, Gent/Ghent
Bouwfysica/Building physics:
DGMR, Arnhem
Bouwdirectie/Construction management:
iNeX Architecten, Maastricht
Landschapsarchitect/Landscape architect:
Karres en Brands landschapsarchitecten B.V., Hilversum
Interieurarchitect/Interior designer:
KAAN Architecten
Kale bouwsom/Net building costs:
€ 6.000.000
Bouwkosten per m²/Net building costs per m²:
€ 10.000
Bruto vloeroppervlak/Gross floor area:
600 m²
Verhuurbaar vloeroppervlak/Lettable floor area:
499 m²

p. 122
Lichtstad Architecten
Sporthal Bredius / Bredius sports hall
Maxisweg 20
Muiden

Architect:
Lichtstad Architecten, Eindhoven
Betrokkenheid bij ontwerpfases/Involvement in design phases:
SO-UO: ontwerp en engineering/design and technical drawings
U: esthetische ondersteuning, en begeleiding van de technische controle/aesthetic support, and supervision of technical management
Projectarchitecten/Project architects:
Rob van Vugt, Maron Vondeling
Medewerkers/Contributors:
Elke Dierx, Max Pereboom
Verantwoordelijke stedenbouwer/Urban planner:
SVP, Amersfoort
Ontwerp – Oplevering/Design – Completion:
2020–2023
Opdrachtgever/Client:
Gemeente Gooise Meren
Aannemer/Contractor:
Rotsbouw, Aalten
Constructeur/Structural engineer:
JVZ, Deventer
Installatieadviseur/Building services consultant:
Breman Utiliteit, Zwolle
Bouwfysica/Building physics:
RBG adviesbureau voor brandveiligheid, Duiven; TIG akoestiek, Almelo
Bouwdirectie/Construction management:
Bert Vossebelt, Gemeente Gooise Meren
Interieurarchitect/Interior designer:
Lichtstad Architecten, Eindhoven & The rendem series, Schoonebeek

Kale bouwsom/Net building costs:
€ 6.000.000
Bouwkosten per m²/Net building costs per m²:
€ 1.770
Bruto vloeroppervlak/Gross floor area:
3.390 m²
Verhuurbaar vloeroppervlak/Lettable floor area:
2.950 m²
Duurzaamheid/Sustainability:
Circulair; interactief materiaalpaspoort/Circular; interactive materials passport

p. 134
Shift architecture urbanism
Domūs Houthaven
Houthavenweg 21
Amsterdam

Architect:
Shift architecture urbanism, Rotterdam
Betrokkenheid bij ontwerpfases/Involvement in design phases:
SO-DO: ontwerp en tekenwerk/design and drawings
TO-U: esthetische begeleiding en controle/ aesthetic supervision
Projectarchitect/Project architect:
Oana Rades
Medewerkers/Contributors:
Harm Timmermans, Thijs van Bijsterveldt, Marinda Verschoor, Paul Voorbergen, Philip de Klerk, Martina Drys, Elise Osterloo
Verantwoordelijke stedenbouwer/Urban planner:
PPHP (Sjoerd Soeters), Amsterdam
Ontwerp – Oplevering/Design – Completion:
2017–2023
Opdrachtgever/Client:
Synchroon bv, Utrecht
Aannemer/Contractor:
Van Wijnen, Haarlemmermeer
Aannemer Interieur/Contractor interiors
Blom, Sneek
Constructeur/Structural engineer:
ABT, Delft (ontwerp/design); Vericon, Veldhoven (uitwerking/elaboration)
Installatieadviseur/Building services consultant:
ABT, Delft
Bouwfysica/Building physics:
ABT, Delft
Bouwdirectie/Construction management:
Centraal Bureau Bouwbegeleiding B.V., Arnhem
Bouwkundig tekenwerk/Architectural drawings
LMV bouw+kundig adviesbureau, Rotterdam
Landschapsarchitect/Landscape architect:
Flux landscape architecture, Utrecht
Interieurarchitect/Interior designer:
Shift architecture urbanism, Rotterdam, i.s.m./ with …,staat, Amsterdam
Kale bouwsom/Net building costs:
€ 32.000.000
Bouwkosten per m²/Net building costs per m²:
€ 1.495
Bruto vloeroppervlak/Gross floor area:
21.400 m²
Verhuurbaar vloeroppervlak/Lettable floor area:
11.273 m² woningbouw/housing; 1.600 m² commercieel/retail
Duurzaamheid/Sustainability:
EPC=0,15/EPC=0.15

p. 138
Natrufied Architecture
De Warren
Nydia Ecurystraat 31
Amsterdam

Architect:
Natrufied Architecture, Bergen (NH)
Betrokkenheid bij ontwerpfases/Involvement in design phases:
SO-U: ontwerp en tekenkwerk/design and drawings, directievoering/design and drawings,

site management
Projectarchitecten/Project architects:
Boris Zeisser, Anja Verdonk
Medewerkers/Contributors:
Dinand Kruize, Sebastiaan van Kints, Gabriela Manrique
Ontwerp – Oplevering/Design – Completion:
2019–2023
Opdrachtgever/Client:
Wooncoöperatie De Warren
Aannemer/Contractor:
Toekomstgroep, Andijk
Constructeur/Structural engineer:
Pieters Bouwtechniek, Delft
Installatieadviseurs/Building services consultants:
Duurzaam aan de Zaan, Markenbinnen; GWBO, Kampen
Bouwdirectie/Construction management:
Natrufied architecture, Bergen (NH)
Bruto vloeroppervlak/Gross floor area:
3.070 m²
Verhuurbaar vloeroppervlak/Lettable floor area:
2.740 m²
Duurzaamheid/Sustainability:
EPC -0,16; hybride houtconstructie en hergebruik van de houten gevelbekleding/EPC -0.16; hybrid-timber construction, reuse of timber facade cladding

p. 142
LEVS architecten
Stepstone
Gustav Mahlerlaan 1528
Amsterdam

Architect:
LEVS architecten, Amsterdam
Betrokkenheid bij ontwerpfases/Involvement in design phases:
SO-DO: ontwerp, tekenwerk en modelleerwerk/design, drawing, modelling
TO: technisch ontwerp, tekenwerk en modelleerwerk/technical design, drawing, modelling
UO: uitvoeringsgereed ontwerp, tekenwerk en modelleerwerk/construction-ready design, drawing, modelling
U: esthetische begeleiding en controle/aesthetic supervision
Projectarchitecten/Project architects:
Adriaan Mout, Jurriaan van Stigt, Marianne Loof, Surya Steijlen, Christiaan Schuit
Medewerkers/Contributors:
Natalia Yakovleva, Marijn Luijmes, Ingeborg van Lent, Maikel Blouw
Verantwoordelijke stedenbouwer/Urban planner:
Gemeente Amsterdam Dienst Zuidas, Amsterdam
Ontwerp – Oplevering/Design – Completion:
2019–2023
Opdrachtgever/Client:
Woonstichting Lieven de Key, Amsterdam
Aannemer/Contractor:
VORM Bouw, Rotterdam
Constructeur/Structural engineer:
Pieters Bouwtechniek, Amsterdam
Installatieadviseur/Building services consultant:
J. van Toorenburg, Rijswijk
Bouwfysica/Building physics:
Buro Bouwfysica, Capelle aan den IJssel
Landschapsarchitect/Landscape architect:
Smit Groenadvies, Schagen
Kale bouwsom/Net building costs:
€ 30.300.000 excl. btw
Bruto vloeroppervlak/Gross floor area:
12.700 m²
Verhuurbaar vloeroppervlak/Lettable floor area:
7.600 m²
Duurzaamheid/Sustainability:
Warmte-koude-opslag/Thermal energy storage

p. 146
Architectuur MAKEN
Hortus Ludi
Dobbelmannweg
Nijmegen

Architect:
Architectuur MAKEN, Rotterdam
Betrokkenheid bij ontwerpfases/Involvement in design phases:
SO-UO: ontwerp en tekenwerk/design and drawings
U: esthetische ondersteuning, en begeleiding van de technische controle/aesthetic support, and supervision of technical management
Projectarchitecten/Project architects:
Nina Aalbers, Ferry in 't Veld
Medewerker/Contributor:
Noëlle Dooper
Ontwerp – Oplevering/Design – Completion:
2021–2023
Opdrachtgever/Client:
Dura Vermeer, 's-Hertogenbosch
Aannemer/Contractor:
Dura Vermeer, 's-Hertogenbosch
Constructeur/Structural engineer:
Croes bouwtechnisch ingenieursbureau, Nijmegen
Installatieadviseur/Building services consultant:
Toonen BV, Wijchen; J&S Elektrotechniek, Oeffelt
Bouwfysica/Building physics:
Buro Bouwfysica, Capelle aan den IJssel
Bouwdirectie/Construction management:
Laminated Timber Solutions LTS, Moorslede
Landschapsarchitect/Landscape architect:
Buro Lubbers, Vught
Kale bouwsom/Net building costs:
ca. € 7.600.000
Bruto vloeroppervlak/Gross floor area:
3.448 m²
Duurzaamheidskeurmerk/Sustainability:
Milieuprestatiegebouw (MPG); € 0,44 MKI/m² BVO/jr; materiaalgebonden CO₂-uitstoot; 166,96 kg CO2-eq/m² BVO; materiaalgebonden CO₂-opslag (totaal); 39,5 ton CO₂-eq; materiaalgebonden CO₂-opslag (per m²); 119,88 kg CO₂-eq/m² BVO; BCI 65%;127 nestkasten voor 5 soorten/Environmental Building Performance (MPG); € 0.44 ECI/m² (GFA) per year; material-bound CO₂-emissions; 166.96 kg CO₂-eq/m² (GFA); material-bound CO₂ storage (total): 39.5 tonnes CO₂-eq; material-bound CO₂ storage per m²; 119.88 kg CO₂-eq/m² (GFA); BCI (Building Circularity Index) 65%; 127 nest boxes for 5 different species

p. 150
Studioninedots
HIGHnote
Bodestraat 199-523
Almere

Architect:
Studioninedots, Amsterdam
Betrokkenheid bij ontwerpfases/Involvement in design phases:
SO-DO: ontwerp en tekenwerk/design and drawings
TO-U: esthetische controle/aesthetic supervision
Projectarchitecten/Project architects:
Albert Herder, Vincent van der Klei, Metin van Zijl
Medewerkers/Contributors:
Stijn de Jongh, Eva Souren, Ania Bozek, Sem Holweg, Isabel Albert Lopez, Marina Bonet
Verantwoordelijke stedenbouwer/Urban planner:
Gemeente Almere
Ontwerp – Oplevering/Design – Completion:
2018–2023
Opdrachtgever/Client:
AM Noordwest, Utrecht; Rockfield Real Estate, Amsterdam
Aannemer/Contractor:
Heddes Bouw & Ontwikkeling, Zaandam

Constructeur/Structural engineer:
Van der Vorm Engineering BV, Delft
Installatieadviseur/Building services consultant:
Huygen Installatie Adviseurs, Utrecht
Bouwfysica/Building physics:
Cauberg Huygen, Amsterdam
Bouwdirectie/Construction management:
Heddes Bouw & Ontwikkeling, Zaandam
Landschapsarchitect/Landscape architect:
Flux landscape architecture, Utrecht
Interieurarchitect/Interior designer:
Project & Design R. Valent, Wormerveer
Kale bouwsom/Net building costs:
ca. € 30 mln.
Bouwkosten per m²/Net building costs per m²:
ca. € 2.025/m² BVO
Bruto vloeroppervlak/Gross floor area:
16.200 m²
Verhuurbaar vloeroppervlak/Lettable floor area:
ca. 975 m² VVO commerciële plint/retail base, ca. 10.500 m² GBO woningen (excl. verkeersruimtes)/c. 10,500m² GFA dwellings (excl. circulation spaces)
Duurzaamheid/Sustainability:
Zelfdragende, geprefabriceerde gevelelementen t.b.v. kortere bouwtijd, verminderde uitstoot en flexibele indeling in de toekomst/Self-supporting, prefabricated facade elements which shortened construction time and reduced emissions, flexible layout with eye to future modifications

p. 154
J.O.N.G.architecten
Kop-hals-klooster / Farmhouse monastery
It Westerhûs 1
Hijlaard

Architect:
J.O.N.G.architecten, Balk
Betrokkenheid bij ontwerpfases/Involvement in design phases:
SO-DO: ontwerp en tekenwerk/design and drawings
TO: technisch ontwerp/technical design
UO: technische uitwerking/elaboration of technical design
U: esthetische ondersteuning, technische controle/aesthetic support, and supervision of technical management
Projectarchitecten/Project architects:
Wytze Bouma, Kees de Haan
Medewerkers/Contributors:
Gert-Jan Groenewoud, Geert de Heij, Marjolijn Schotsman, Esther Postma, Jan Eric Valkema, Marlies van der Ziel, Jacqueline Hofman
Ontwerp – Oplevering/Design – Completion:
2018–2023
Opdrachtgever/Client:
Stichting Nijkleaster, Hijlaard
Aannemer/Contractor:
Bouwbedrijf Kolthof BV, Stiens
Constructeur/Structural engineer:
Econstruct BV, Leeuwarden
Installatieadviseur/Building services consultant:
Innax Noord, Heerenveen
Bouwfysica/Building physics:
Innax Noord, Heerenveen
Bouwdirectie/Construction management:
Stevens Van Dijck, Leeuwarden
Landschapsarchitect/Landscape architect:
Noordpeil, Sneek
Interieurarchitect/Interior designer:
J.O.N.G.architecten
Kale bouwsom/Net building costs:
€2.500.000
Bouwkosten per m²/Net building costs per m²:
€ 1.724
Bruto vloeroppervlak/Gross floor area:
1.450 m² (met kloostergang)
Duurzaamheid/Sustainability:
Woningen hebben eneergielabel A; gebouw is

gasloos; regenwatertanks voor grijswatervoorzieningen (30.000 liter); er is gebruikgemaakt van bestaande materialen/Dwellings have A energy rating; building is gas-free; rainwater tanks for grey water supply (30,000 litres); existing materials recycled

p. 158
Marlies Rohmer Architecture & Urbanism
Apart Together
De Velst 100-146
Heemskerk

Architect:
Marlies Rohmer Architecture & Urbanism, Amsterdam
Betrokkenheid bij ontwerpfases/Involvement in design phases:
SO-TO: ontwerp en tekenwerk & omgevingsvergunning/ design and drawings & environmental permit
UO-U: esthetische begeleiding en controle (UO uitgewerkt door BURO BIM) i.o.v. De Nijs/ aesthetic supervision (UO by BURO BIM) for De Nijs Projectontwikkeling
Projectarchitect/Project architect:
Marlies Rohmer
Medewerkers/Contributors:
Reinoud Buurman, Etienne de Mortier, Kilian Mol, Mariska van Eldonk, Jonathan de Veen, Edward O'Neil
Verantwoordelijke stedenbouwer/Urban planner:
Marlies Rohmer Architecture & Urbanism, Amsterdam; Stefan Bödecker (Studio Vinke)
Ontwerp – Oplevering/Design – Completion:
2016–2023
Opdrachtgever/Client:
Gemeente Heemskerk (Fred Mens), uitvoering/ execution De Nijs projectontwikkeling
Aannemer/Contractor:
Bouwbedrijf De Nijs, Warmenhuizen
Constructeur/Structural engineer:
Bouwadvies bureau Strackee, Amsterdam
Installatieadviseur/Building services consultant:
ZRI, Den Haag/The Hague
Bouwfysica/Building physics:
ZRI, Den Haag/The Hague
Bouwdirectie/Construction management:
Bouwbedrijf De Nijs, Warmenhuizen
Landschapsarchitect/Landscape architect:
Marlies Rohmer Architecture & Urbanism, Amsterdam
Kale bouwsom/Net building costs:
€ 9.192.000
Bouwkosten per m²/Net building costs per m²:
€ 2.059
Bruto vloeroppervlak/Gross floor area:
4.464 m²
Verhuurbaar vloeroppervlak/Lettable floor area:
3.870 m²
Duurzaamheid/Sustainability:
Energieneutrale woningen A++/Energy-neutral homes, energy rating A++

p. 162
M3H architecten
Lariks
Revaleiland
Amsterdam

Architect:
M3H architecten, Amsterdam
Betrokkenheid bij ontwerpfases/Involvement in design phases:
SO-DO: ontwerp en tekenwerk/design and drawings
TO-U: esthetische begeleiding en controle/ aesthetic supervision & support
Projectarchitecten/Project architects:
Marc Reniers, Sebastiaan van Heusden
Medewerkers/Contributors:
Tobias Bader, Jeroen Caderius van Veen, Brigitte

Kwa, Quita Schabracq, Machiel Spaan,
Menno Ubink
Verantwoordelijke stedenbouwer/Urban planner:
PPHP, Amsterdam
Ontwerp – Oplevering/Design – Completion:
2018–2023
Opdrachtgever/Client:
Lieven de Key, Amsterdam
Aannemer/Contractor:
Hillen & Roosen, Amsterdam
Constructeur/Structural engineer:
Strackee, Amsterdam
Installatieadviseur/Building services consultant:
Humble Buildings, Utrecht
Bouwfysica/Building physics:
Humble Buildings, Utrecht
Bouwdirectie/Construction management:
BBA, Heemskerk
Landschapsarchitect/Landscape architect:
Smit Groenadvies (hovenier), Schagen
Kale bouwsom/Net building costs:
€ 22.586.000
Bouwkosten per m²/Net building costs per m²:
€ 1.486
Bruto vloeroppervlak/Gross floor area:
15.200 m²
Verhuurbaar vloeroppervlak/Lettable floor area:
10.140 m²
Duurzaamheid/Sustainability
**Conform wettelijke eisen t.t.v. aanvraag bouw-
vergunning maart 2020/In accordance with legal
requirements at the time of building permit
application in March 2020**

Colofon
Acknowledgements

Samenstelling/Edited by
Uri Gilad, Stephan Petermann, Annuska Pronkhorst

Teksten/Texts
Uri Gilad, Stephan Petermann, Annuska Pronkhorst

Vormgeving/Design
Joseph Plateau, Amsterdam

Vertaling/Translation
Robyn de Jong-Dalziel

Beeldredactie/Picture editing
Ingrid Oosterheerd

Tekstredactie/Text editing
Robyn de Jong-Dalziel

Projectleiding/Project coordinator
Marja Jager & Marcel Witvoet, nai010 uitgevers/publishers
i.s.m./with
Cato de Beer & Nicky Rijks

Uitgever/Publisher
nai010 uitgevers/publishers

Druk en lithografie/Printing and lithography
Drukkerij die Keure, Brugge/Bruges

Sponsorwerving/Sponsorship recruitment
RSM
Sixhavenweg 8
1021 HG Amsterdam
+31 (0)20-7708481
reinhart@rsminfo.nl
www.rsminfo.nl

Omslagfoto/Cover photo
Pim Top – Shift architecture urbanism, Domüs Houthaven, Amsterdam

Foto's projecten/Project photos
Roos Aldershoff 159, 160, 161
Maarten van Apeldoorn 147, 148, 149
BASEphotography 123, 124, 125
Mike Bink 42
Eva Bloem 32, 33
Stijn Bolleart 44, 45
Civic Architects 44
Sebastian van Damme 54, 56, 57, 82, 85, 86, 87, 150, 152, 153
Philip Driessen 113
Ossip van Duivenbode 34, 36, 37, 38, 40, 41, 110, 112, 113, 142, 144, 145
Winny Fast 90, 91
Haags Gemeentearchief/Dienst voor de Stadsontwikkeling 36
MWA Hart Nibbrig 50, 52, 53
HCVA 117
Bart van Hoek 40
Marcel IJzerman 80
Maarten van Kesteren architecten 53
Luuk Kramer 162, 164
LEVS architecten 145
Jannes Linders 47, 48, 49, 76, 78, 79
Mecanoo 112
Simon Menges 106, 108, 109, 118, 120, 121
William Moore 104
Stefan Müller 58, 60, 61
Jeroen Musch 138, 140, 141
Anna Odulinska 86, 87
Norbert van Onna 90, 91
Oana Rades 136
ScagliolaBrakkee (Daria Scagliola en/and Stijn Brakkee) 30, 33
Andreas Secci 160, 161
John Sondeyker Photography 73, 74, 75
Marcel Steinbach 79
Jacques Tillmans 32
Maurice Tjon a Tham 69, 70, 71
Pim Top 134, 137
TU/e 48, 86
TU/e, met dank aan/courtesy Loraine Bodewes, TU/e Kunstcollectie (Hella Jongerius, *Loom Room*, 2022–2023) 48ro
Klaus Tummers 113
Het Utrechts Archief 70
Igor Vermeer 89
Jeroen Verplanke 44
Jan Vonk 79
Rufus de Vries 164, 165
René de Wit 115, 116, 117, 136
Thijs Wolzak 154, 156, 157
Hanne van der Woude 102, 105
Your Captain Luchtfotografie 104
Ronald Zijlstra 83
De Zwarte Hond 82, 83

Foto's teksten/ Texts photos
Sebastian van Damme 92
Diederendirrix (archief onbekend/archive unknown) 100
EVA architecten 92
Frank Hanswijk 95
Bart van Hoek 100
Jensens (Wikimedia Commons) 97
Rubén Dario Kleimeer 126, 128, 131, 132
Jeroen Musch 98
Stijn Poelstra 96
RAU 96
Arjen Schmitz 99
Superuse Studios 95
Superuse Studios 95

Infographics
Bengüsu Hoşafcı met/with Stephan Petermann (MANN) 10, 12, 16-17, 18, 21, 22, 28-29

nai010 uitgevers is een internationaal georiënteerde uitgever, gespecialiseerd in het ontwikkelen, produceren en distribueren van boeken over architectuur, beeldende kunst en verwante disciplines.
nai010 publishers is an internationally orientated publisher specialized in developing, producing and distributing books on architecture, visual arts and related disciplines.
www.nai010.com
info@nai010.com

nai010 books are available internationally at selected bookstores and from the following distribution partners:
North, Central and South America – Artbook | D.A.P., New York, USA, dap@dapinc.com Rest of the world – Idea Books, Amsterdam, the Netherlands, idea@ideabooks.nl
For general questions, please contact nai010 publishers directly at sales@nai010.com or visit our website www.nai010.com for further information.

Printed and bound in Belgium
ISBN 978-94-6208-844-3

Architectuur in Nederland 2023-2024
is ook verkrijgbaar als e-book/ is also available as e-book:
ISBN 978-94-6208-861-0

Sluishuis
Amsterdam

CUBE
Tilburg

Binck Kade
Den Haag

Stepstone
Amsterdam

Theater De Stoep
Spijkenisse

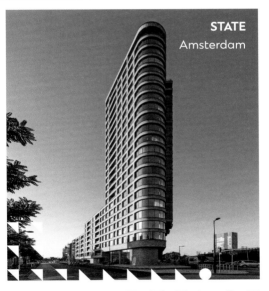

STATE
Amsterdam

Een betaalbare en unieke woning in een leefbare wijk voor iedereen

Bouwen, ontwikkelen, renoveren, verduurzamen en onderhouden. Wij zijn een familiebedrijf. Al heel lang. VORM bestaat ruim 105 jaar. Wij ontwikkelen en bouwen innovatief en mensgericht aan mooie, uitdagende projecten en buurten in zowel de woning- als utiliteitsbouw. Niet door te praten, maar door te doen. De mouwen opstropen en aan de slag gaan. Samen met onze opdrachtgevers verkennen wij nieuwe wegen om een leefbare, betaalbare en duurzame toekomst waar te maken. Slim en snel.

Vorm de toekomst | **VORM**

zonneveld
ingenieurs

Zonneveld ingenieurs heeft 40 jaar ervaring in het ontwerpen van draagstructuren voor onder andere hoogbouw, utiliteitsbouw, woningbouw en infrastructurele kunstwerken. Zowel nieuwbouw-projecten als herontwikkeling en monitoring behoren tot onze referenties. Daarnaast zijn we gespecialiseerd in seismic & safety engineering, onder andere op het gebied van bestendigheid van gebouwen tegen aardbevingen en de impact van mogelijke terreurdaden. We maken hierbij gebruik van geavanceerde software en methodieken die deels inhouse ontwikkeld zijn, waaronder 3D-modellering, 3D-FEM rekensoftware voor draagstructuren en simulaties en visualisaties met behulp van virtual twins.

Zonneveld ingenieurs: toonaangevend op het gebied van complexe analyses van hoofddraagconstructies.

40 JAAR
ZONNEVELD
INGENIEURS

Postbus 4398, 3006 AJ Rotterdam | Delftseplein 27H, 3013 AA Rotterdam | Telefoon +31(0)10 452 88 88
Leonard Springerlaan 17, 9727 KB Groningen | Telefoon +31(0)50 200 45 10 | www.zonneveld.com

daadkracht in
ontwikkeling

MWPO

Het Groot Handelshuis \ Groningen

The Warehouse \ Groningen

Mercado \ Groningen

mwpo.nl